海の領主忽那氏の中世

山内　譲

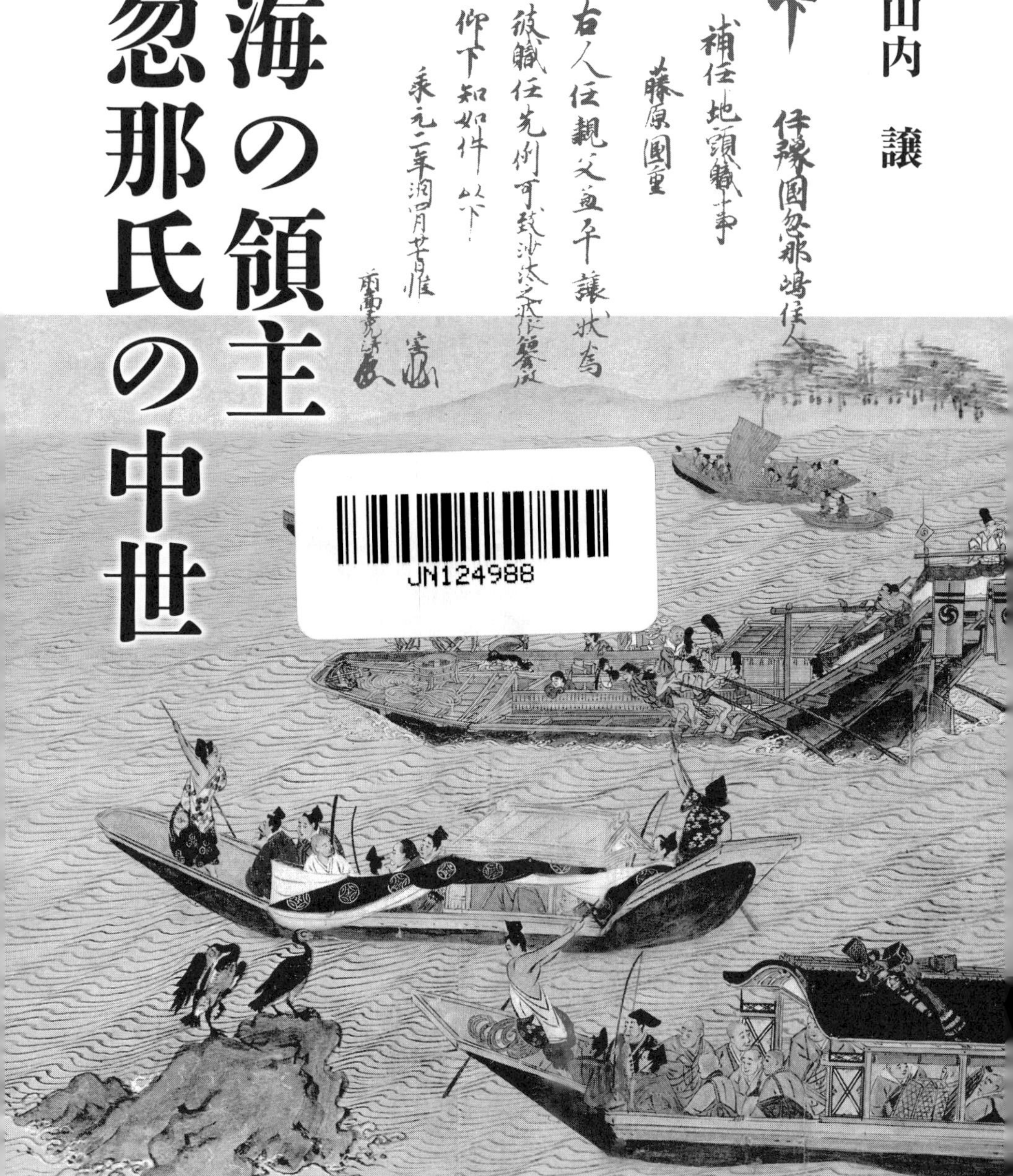

高志書院

はじめに

忽那《くつな》氏は、伊予国忽那島（現在は愛媛県松山市中島）を拠点にして活動した海の領主である。その忽那島は、中国地方の周防国（山口県東・中部）と四国の伊予国（愛媛県）との間にまたがって点在する防予《ぼうよ》諸島のひとつである。防予諸島の伊予寄りの島々は、忽那諸島ともよばれるが、その中心となるのが忽那島である。そして本書のねらいは、この忽那島や忽那氏の歴史を描くことにある。もちろん、島社会の地域性は大切にしたいが、一方では、一つの島、一つの氏族の歴史にはとどまらない要素も加わることになると思う。ひとつは、瀬戸内海という海の世界とのかかわりである。忽那島は瀬戸内海のにおいを色濃くまとわりつかせている地域だから、その歴史もおのずから海の世界の歴史とつながっていくことになる。

かつて私は、海の民でもある海賊の歴史に取り組んだことがある（拙著『瀬戸内の海賊〈増補改訂版〉』）。そこで主に取り上げたのは、芸予《げいよ》諸島の海賊村上氏であったが、同じ海にかかわる者でありながら、忽那氏は村上氏とは異なる性格を持っているように思われる。それは、両者の主要な活動舞台である西瀬戸内海の防予諸島と、中部瀬戸内海の芸予諸島との地域性の違いによるところもある。けれどもそれ以上に、時代とのかかわり方、海とのかかわり方に違いがあるのではないだろうか。忽那氏の歴史を通して、海賊村上氏から見たのとは異なる、もう一つの海の世界を明らかにしたいと思っている。

忽那氏の足跡は、瀬戸内海を越えた外の世界にまで広がっている。この外の世界とのつながりが、忽那氏の歴史に加わるもう一つの要素である。忽那氏と外の世界とのつながりが最も顕著だったのは南北朝時代である。忽那氏の行動範囲は、畿内はもとより、時には東国の信濃国や南九州の薩摩にまで及んでいる。その忽那氏の姿を追って地域の外の世界へも視野を広げ、忽那島と外の世界のつながりや交流についてもできるだけ筆を延ばしたいと思う。

そうすることによって、海とかかわりながら日本の中世を生きた領主の一つのあり方を示すことができるのではないだろうか。

本書では、そのような忽那氏を「海の領主」ととらえた。そうすると「海の領主」とは何かということが問題になる。最初に「海の領主」という言葉を意識的に使い始めたのは、網野善彦氏であろう。それまで陸の歴史中心であった日本の歴史を、海からの視点で見直すことの重要性を強調した網野氏は、「海の領主」を、「海民」を支配下に入れている海の武士団であると定義し、流通路を押さえて商業活動に従事したり、関所を設けて通行料を徴収したりすることも「海の領主」の一部ととらえている。網野氏が「海の領主」の例としてあげているのは、摂津の渡辺党、伊予の忽那氏、熊野の小山氏、西海の松浦《まつら》党、津軽の安藤《あんどう》氏などである(「西海の海民社会」「海の領主、海の武士団」)。

網野氏のように「海の領主」を海上での活動を事とする武士団ととらえると、「海の領主」と海賊とは、どのような関係にあるのかという疑問がわいてくる。この問題については、のちほど改めて考えることにするが、結論からいえば、私は「海の領主」は、海賊とは異なると考えている。また、「海の領主」を正しくとらえるためには、海上活動だけでなく、同時に陸上での活動にも留意する必要があると思っている。

そこで網野氏の定義にいくつかの視点を加えて、当面、次のように考えておきたい。すなわち、「海の領主」とは、島嶼部や海辺部に活動の拠点があり、陸地部の所領経営にもかかわりつつ、海運や商業活動、漁業など海にかかわる諸業に従事し、その過程で蓄積した水軍力を駆使して、海上での軍事活動に加わることもあった存在である、と。

なお、忽那氏には豊富な伝来文書(古文書)が残っているので、地域史研究の対象として早くから取り上げられてきた。とりわけ景浦勉氏は、初めて「忽那家文書」全文の翻刻に取り組み、その成果をベースにして精緻な忽那氏研究を進めてきた。忽那氏像の基本的な枠組みは、景浦氏によって形づくられたといっても過言ではない(『伊予史料集成第一巻 忽那家文書』『中島町誌』など)。本書も、こうした地道な地域史研究の成果に多くを負っていることはいうまでもない。

目次

はじめに——1
凡例——7
第1章　内海島嶼の鎌倉御家人……9
1　文書と由緒　10
2　本領安堵の御家人　20
3　争う一族　39
第2章　南北朝の内乱と海上ネットワーク……49
1　忽那重清の軍忠　50
2　忽那義範の台頭　67
3　懐良親王の来島　75
4　軍忠の記録　90

5　熊野海賊との連携　99
6　足利直冬からの誘い　112
第3章　守護河野氏との結びつき……131
1　河野氏の内紛に巻き込まれる　132
2　応仁の乱の時代を生きる　146
第4章　西瀬戸内海の戦国……159
1　海城と港の支配　160
2　もう一人の海の領主　178
3　二神氏の海上活動　189
おわりに……205
注――217
文献・史料一覧――226
関係略年表――233

初出一覧――238
あとがき 239
索　引 i

凡　例

1　本文や注で引用あるいは参照した文献については、本文中に執筆者名・書名(論文名)のみを示し(ただし副題は省略)、雑誌名・掲載図書名、号数、出版社、発行年については、巻末の「引用・参考文献一覧」に示した。

2　史料を引用する際には、基本的に書き下しにしたが、必要に応じて、原文のまま示したり、口語訳したりした場合もある。また、史料を引用した場合は、本文中には史料名のみを示し(例「長隆寺文書」)、典拠となる史料集名を巻末の「引用史料の典拠一覧」に示した。ただ、「忽那家文書」については煩を避けるため、表記を省略した。

3　注は最小限度にとどめ、巻末に一括して示した。注には、本文で叙述すると煩雑になるが、研究上必要であると考えられることがらを中心に記した。

4　年代表記は、和年号(西暦)の形で示したが、南北朝期に限っては、南北両朝の年号が紛らわしいので、西暦(和年号)の形で示した。

第1章　内海島嶼の鎌倉御家人

1　文書と由緒

古文書と系図

忽那《くつな》氏の歴史について述べる前に、その前提になる伝来文書と、活動舞台になる忽那島の概略を紹介しておこう。

忽那島在住の忽那氏の子孫の家に代々伝えられてきた「忽那家文書」の特色は、次のように整理できるのではないかと思う(平成二十一年に重要文化財に指定、現在は愛媛県美術館寄託)。

①文書の点数が多い。

②鎌倉時代、南北朝時代など古い時代の文書の割合が高い。

③特異な様式の文書が含まれている。

①についていえば、中世文書の総数は、一〇九通である。中世武家文書が一〇〇通を超えている例は全国的にも珍しく、この数値は特筆すべきものといえよう。そのうち一〇七通は、「忽那島相伝之証文《くつなじまそうでんのしょうもん》」と題された三巻の巻子《かんす》に整理され、他の二通は、それぞれ個別の巻子に仕立てられている。「忽那島相伝之証文」の巻子別の文書数は、第一巻二三通、第二巻四四通、第三巻四〇通となる。個別の巻子のうち一巻は、「忽那一族軍忠次第」と題されたもので、表題のとおり、鎌倉末〜南北朝期における忽那一族の活動を列挙した

ものである。もう一巻は、建武元年（一三三四）十二月二十日付後醍醐《ごだいご》天皇綸旨《りんじ》である。これらは、文書が巻子に整理される時、忽那一族にとって特別に重要な文書と認識されて、他の文書とは別に成巻されたのであろう。

一般に、各地に残された中世文書を時代別に分類してみると、当然ながら古い時代のものが少なく、時代が新しくなるにしたがって点数が増えるのが通例であるが、「忽那家文書」においては必ずしもそうなっていないことを指摘したのが②である。「忽那家文書」を時代別に整理してみると、ほぼ次のようになる。

鎌倉時代　　　　二二通
南北朝時代　　　四七通
室町～戦国時代　四〇通

これをみると、南北朝時代が最も多いのが注目される。そして鎌倉時代の文書がその半数におよんでいる。これは鎌倉時代の文書の残存率としてはかなり高いといえよう。中世文書といえば、室町～戦国時代のものが大半を占めるというのが一般的であるが、そのなかで「忽那家文書」は、南北朝時代のものが最も多く、鎌倉時代の文書も相対的に多く残っているという特色をそなえているのである。

「忽那家文書」を巻子ごとに通覧すると、第二巻の途中から他の文書とは姿の異なる極端に小さな文書が連続して見られるようになるのが目を引く。そのことを指摘したのが③である。この小さな文書を古文書学では、小切紙《こきりがみ》とよんでいる。一般の竪紙《たてがみ》の四分の一ほどの大きさで、南北朝時代の軍勢催促状や綸旨《りんじ》として使用されることが多く、秘密性の強い文書であるところから、「髻《もとどり》の綸旨」「髻の文《ふみ》」などとよばれることもある。この小切紙が多く残っているということは、南北朝時代に忽那氏が南朝と多くの文書をやり取りしていたことを表わしている。

またさきに述べた「忽那一族軍忠次第」も、ある意味では特異な文書である。忽那一族の軍忠を四九ヶ条にわたって列挙したものだが、そこには忽那氏の事績のみならず、南北朝時代のさまざまなできごとが記されている。形式が特異であると同時に、内容的にも時代の動きにかかわる貴重な史料である。

「忽那家文書」の中には、このような中世文書のほかに、家の由緒を伝える系図や由緒書も残されていて、中世文書を読み解く上での重要な史料である。系図は、「伊予国忽那藤原相伝系図」と題されたもので、神代の天常立尊《あめのとこたてのみこと》から始まって藤原鎌足《かまたり》に続き、藤原一族の系譜を記したあと、その子孫として藤原朝臣親《ちか》賢《かた》をあげ、そこから忽那一族の系譜につなげていく（以下「忽那家系図」と略記する）。末尾記事は、慶応二年（一八六六）に死去したとされる忽那通済という人物であるから、現在のような形にまとめられたのは江戸末期になるが、内容的には、古代から中世末期まで同筆で書かれ、そのあとが別筆で追記されている。したがって、古代〜中世の部分については、かなり早い時期に成立していたものと考えることができる。

系図とは別に忽那一族の由緒書ともいうべき「忽那島開発記」も残されている（以下必要に応じて「開発記」と略記する）。忽那氏の祖とされる藤原親賢から筆を起こし、歴代当主を中心とした系譜、主要な事績などをまとめたもので、記述の内容は系図よりも詳細である。また、必要に応じて文書も引用している。最終記事は、天正十三年（一五八五）の豊臣秀吉の四国平定のとき、小早川隆景《たかかげ》が忽那島に攻め寄せてきて一門が残らず滅び、城々が落城したとする記述である。奥書には、天正十五年（一五八七）に忽那亀寿丸《かめじゅまる》が記した旨があって、亀寿丸の名の下には黒印と花押が重なって据えられている。

亀寿丸は、天正期の当主通著の嫡子とされる人物で、「忽那家系図」には天正七年（一五七九）に父通著が戦死した際には、当時の伊予の戦国大名河野《こうの》氏から感状を与えられたと記されている。その感状は現存しているので（「愛媛県歴史文化博物館所蔵文書」）、奥書に記されているように、天正十五年（一五八七）に「開発記」をまとめたとしても不思議ではない人物である。とはいえ、亀寿丸の花押が、先に押された黒印の上に書き加えられているのは、中世の様式としては異例である。また河野氏側の記録では（「予陽河野家譜」）、亀寿丸はその後、河野氏家臣南《みなみ》氏の家を継いで南通具《みちとも》と名乗り、その南通具は、天正十五年七月、河野氏が湯築《ゆづき》城を小早川隆景に明け渡して伊予を離れる際、近臣の一人として随従したと記される。とすると、天正十五年の時点で、忽那亀寿丸と名乗っていたとは考えにくい。

このようなことを考えると、「開発記」は、すでに指摘されているように（石野弥栄「中世瀬戸内島嶼群の史的性格について」）、上記のような亀寿丸の経歴を知らない後世の者が、天正期に実在した亀寿丸に仮託してまとめた可能性が高いのではないだろうか。したがって、「開発記」を活用するにあたっては、このことを念頭においておく必要があろう。

なお、「忽那家文書」以外にも、忽那氏に関する史料がいくつか伝えられている。ひとつは、「忽那トラ家文書」である。本文書は、原文書が伝わらず、東京大学史料編纂所所蔵の影写本などによってその姿を知ることができる文書である。

鎌倉時代の文書二通と系図（「忽那トラ家系図」と表記する）を含んでいるが、いずれも「忽那家文書」を補完するものとして貴重である。とくに系図は、古体をとどめていて、「忽那家系図」とは異なる忽那氏の一面を伝えている。天常立尊から始まって平安末期の藤原親賢に至り、そこから忽那一族の系譜が始まっていく点は「忽那家系図」と同じであるが、本系図の特徴はなんといっても、本宗家の系譜に対する記述が南北朝期の惣領重清《しげきよ》の子の世代で終わっていることにある。

この特徴は、「忽那トラ家系図」の成立時期が南北朝期からさほど遠くない時期、おそらく南北朝の前期である可能性を示しているのではないだろうか。(1) そうすると、鎌倉〜南北朝初期の記述内容についての信憑性は、かなり高いことになる。「忽那家系図」と併用することで、より正確を期すことができるものと期待される。

「忽那家文書」を補完するもう一つの重要な史料は、忽那氏の菩提寺長隆寺《ちょうりゅうじ》に伝えられた「長隆寺文書」である。同文書の多くは寺領の寄進状だが、なかには、本来「忽那家文書」として伝えられていたはずの文書や、「忽那家文書」の写しを一紙にまとめたものも含まれていて(なかにはすでに原本が失われたものもある)、これらは「忽那家文書」と一体のものと理解すべきである。

本書では、これら忽那氏に関係する史料を一通一通読み解きながら、忽那氏の歴史を叙述していきたい。(2)

忽那氏の海

その前に、忽那氏の活動舞台となった忽那島や忽那諸島を紹介しておこう。四国松山の三津浜《みつはま》港から中国地方の柳井《やない》(山口県)に向かうフェリーに乗り、松山沖の興居島《ごごしま》を通過したあたりで右手前方(北方)を望むと、

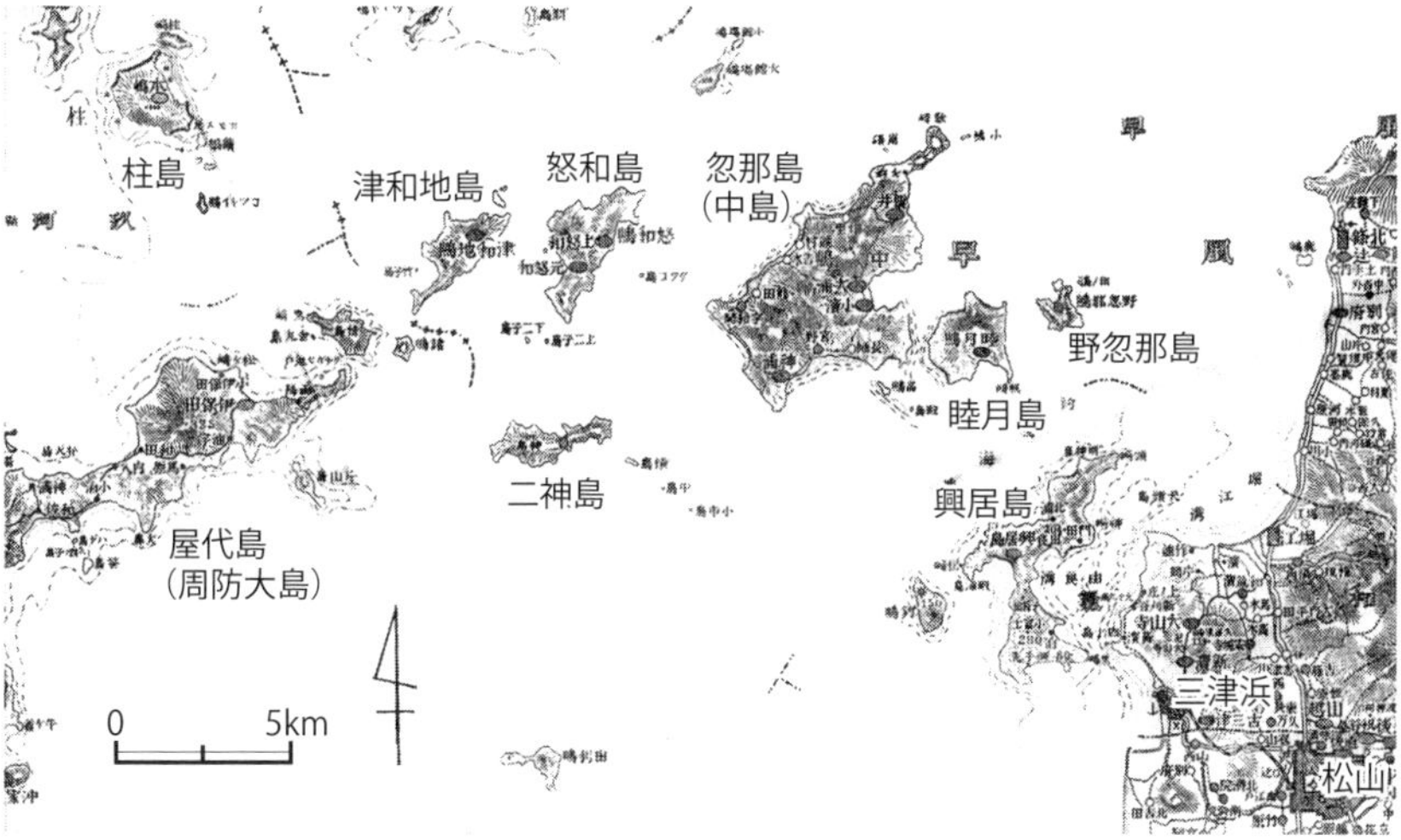

図1―1　忽那諸島
(平凡社『歴史地名大系愛媛県の地名』所収　輯製二十万分の一図による)

点在する島々が目に入る。ここが忽那氏の活動舞台となった海域である(図1―1参照)。

島々は東から順に、野忽那島《のぐつなじま》、睦月島《むづきじま》、忽那島(中島)と続く。船は島々を遠望しながら西へ進み、やがて、二つの峰が突き出た独特の山容を示す島が見えてくる。この島は、忽那氏と並ぶ海の領主二神《ふたがみ》氏の本拠二神島である。二神島の北方には、怒和島《ぬわじま》、津和地島《つわぢじま》が遠望されるが、ここまでが忽那氏の海ともいうべき忽那諸島である。さらに船が進んでゆくと、ひときわ大きな島の姿が近づいてくる。屋代《やしろ》島《じま》(周防大島)である。ここはもう周防国の海域である。

このように忽那諸島は、伊予国と周防国をつなぐ防予《ぼうよ》諸島のうち、伊予よりの島々のことである。防予諸島は四国と中国をつなぐ役割をはたすと同時に、瀬戸内海における一つの境界をなしている。防予諸島より西側(西瀬戸内海)は、九州に接する海域で、当然ながら九州の諸勢力の影響が強くなる。一方、防予諸島の東側(中部瀬戸内海)は、安芸・備後と伊予との間に多くの島々が集まっている海域で

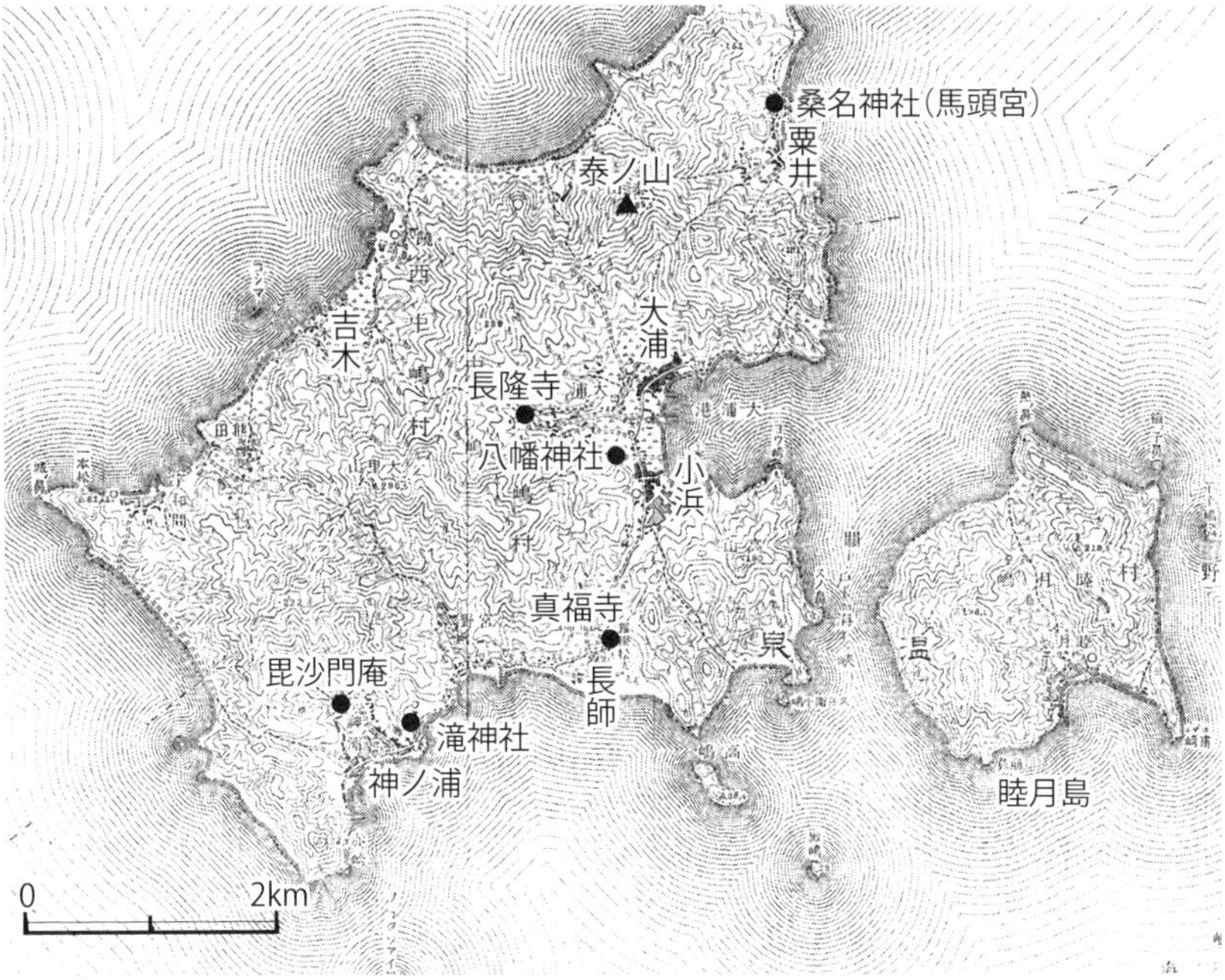

図 1―2　忽那島（中島）
（大日本帝国陸地測量部明治 36 年測量　五万分の一「三津浜」を縮小して使用）

（芸予《げいよ》諸島）、そこではさまざまな海上勢力の活動がみられる。

　そして西瀬戸内海と中部瀬戸内海を行き来する船舶が通過するのが、二神島、津和地島、怒和島にはさまれた海域である。西から来た船はここを抜けて山陽沿岸航路を利用して畿内に向かい、東から西に向かう船はここを抜けて赤間関《あかまがせき》（山口県下関市）を経て北九州へ、あるいは豊予《ほうよ》海峡を経て南九州へ向かう。忽那氏は、このような境界領域に拠点を置いて、西瀬戸内海と中部瀬戸内海の双方を活動舞台にしたといえよう。

　忽那諸島のうち最大の面積を有するのは忽那島で、ここが忽那氏の本拠である（図1―2参照）。忽那島は、面積約二一平方キロメートル、周囲約三〇キロメートルで、東岸が大きく湾入し、その奥に港が開けている。港の位置する海岸に沿って大浦《おおうら》・小浜《おばま》の集落が広がり、ここが島の中心地である。

忽那島の歴史は古い。奈良時代の天平十九年（七四七）に著された法隆寺の財産目録ともいうべき「法隆寺伽藍縁起并流記資材帳《ならびにるきしざいちょう》」によると、法隆寺の荘園が伊予国に一四ヶ所存在し、そのなかに「骨奈島一処」が含まれていた。これは、いわゆる初期荘園で、後世の荘園のように荘園支配の体制が整っていたものではなかったので早くに衰退していったが、奈良時代の段階ですでに忽那島に法隆寺の影響が及んでいたことは注目に価する。

その後、平安時代になって、貞観十八年（八七六）に忽那島のことが記録に表われる。『三代実録』の同年十月十三日条に次のようなことが記されている。

伊予国から政府に対して、忽那島では牛馬を飼育し、これまで毎年馬四匹、牛二頭を貢上していたが、それが増えすぎて農作物を害し、百姓の愁いとなっているので貢上する以外の牛馬を売却し、その価額を正税に含めたいと願い出があったので、これを許可した。

忽那島の牛馬については、『延喜式』（巻二八兵部省）にも記述があり、兵部省《ひょうぶのしょう》の管轄する「馬牛牧」が忽那島にあったことがわかる。それによると、毎年十月に一定数の牛馬を左右馬寮《さゆうめりょう》に貢上することが定められていた。先の『三代実録』の記事は、兵部省の「馬牛牧」の牛馬が増えすぎて、害をなすようになった事態を伝えたものであろう。

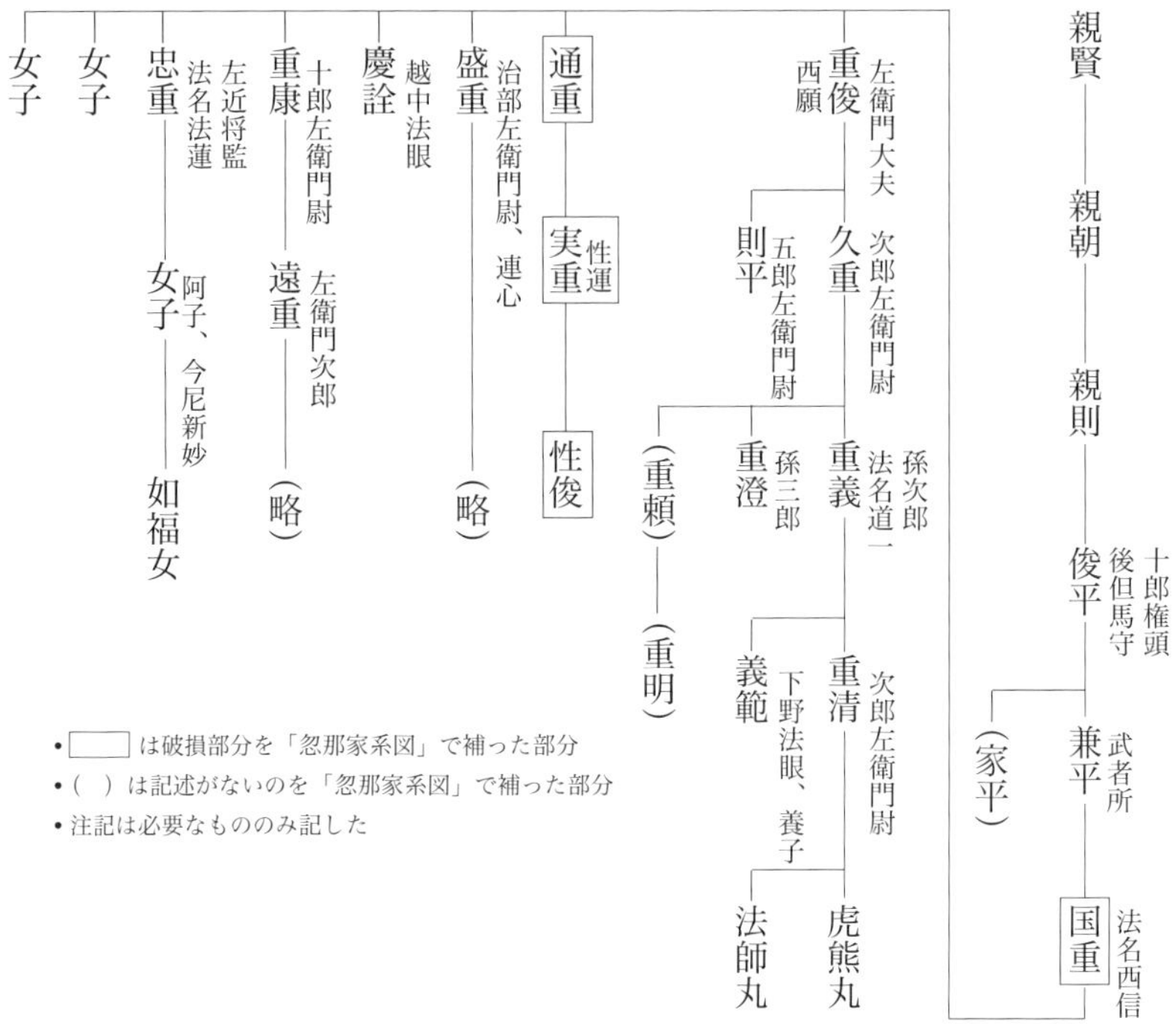

図1—3　忽那氏略系図(1)(「忽那トラ家系図」による)

「忽那島開発領主」

その忽那島に平安時代末期になって姿を現わすのが、忽那氏である。忽那氏の出自は定かではない。おそらく忽那島で生まれ、その開発領主として成長してきた一族と思われるが、後世にはさまざまな由緒が語られている。最も早い時期に由緒を記したのは、南北朝ころの成立と考えられる「忽那トラ家系図」である。さきにも少しふれたように、この系図によると、藤原道長《みちなが》の曽孫にあたる親賢なる人物が「忽那島開発領主」とされ、忽那氏の先祖として位置づけられている(もちろん藤原氏の系譜のなかには親賢という人物は存在しない)。

「忽那トラ家系図」をみると、すでに南北朝時代には、藤原摂関家につながる一族で、親賢を家祖とするという由緒が出来上がっていたことがわかる。しかしそこに見られるのは、親賢を「開発領主」とするという簡単な記述のみであるが、それが時代を経るにしたがってストーリー化され、より詳細なものに変化していく。

室町時代の文明十五年(一四八三)に書かれた菩提寺長隆寺の縁起には、次のように記されている(「長隆寺文書」)。

「山狩山長龍寺《やまがりさん》」の開闢《かいびゃく》の由来は、「御堂関白道長《みどうかんぱく》」の「裔孫親賢《えいそん》」が「西遷《せいせん》」してこの島に船を停めて住み着いたことにある。親賢が山中で狩猟をしていたとき、林の中で光り輝くものを見つけ、探し出してみると、それは三尺二寸の千手観音《せんじゅかんのん》であった。親賢は、この地と自分との「三世《さんぜ》の機応《きおう》」を感じ、それ以後、「開発領主」として忽那を名乗るようになった。また、見つけ出した千手観音を本尊として寺を開き「山狩」と称した。

ここでは、親賢が忽那島の「開発領主」であると同時に、長隆寺の開山としても位置づけられていて、その人物像がより多様になっている。そしてその親賢が「御堂関白道長」の「裔孫」で、「西遷」して忽那島に漂着したという点に注目するならば、これは一種の貴種流離譚《きしゅりゅうりたん》ということもできよう。さらに近世に入ってから成立した「忽那島開発記」では、親賢は大浦など忽那島の六浦を開いて、鎌倉の若宮八幡宮を勧請したとするなどの事績が追加され、さらに、忽那島漂着の時には、「河野為綱《ためつな》」なる人物の援助を得たと記して、これ以後、伊予の有力領主となる河野氏との縁も強調されるようになる(図1—3忽那氏略系図(1)参照)。

このように時代を経るにしたがって、由緒にはさまざまな要素が追加されていくことになる。最も基本的な部分は、藤原親賢を「開発領主」とし、一族の祖とする認識であろう。その際、実在しない親賢を「開発領主」と位置づけていることが興味深い。忽那島に漂着したとされる親賢が一代で忽那島を「開発」することは実際にはあり得ないが、そこには忽那氏自身の開発領主としての歴史が投影されているのではないだろうか。すなわち、自分たちの一族の開発領主としての歴史を藤原氏の系譜に結び付けることによって成立したのが、前記のような由緒であると考えることができる。

忽那氏のような地方豪族がその出自を都下りの貴種に仮託するのはよくあることだが、その対象がなぜ藤原摂関家であったのかということは考えてみる必要があるにしても、今のところその答えを見出すことはできない。

2　本領安堵の御家人

北条時政からの下知状

忽那氏の由緒で「開発領主」とされている親賢の曽孫に位置づけられている俊平《としひら》が、同時代の一次史料において最初に姿を見せる人物である。その史料とは次のような文書である。

〔史料1〕（「忽那家文書」）

早く親父俊平の譲「状の旨」に任せて知行すべき伊予国忽那島西方「松吉名《まつよしみょう》の事」

右、家平《いえひら》申状の如くんば、当島内東「方武藤名《たけふじみょう》」は、舎兄兼平《しゃけいかねひら》之を譲得す、同西方「松吉名は」、家平譲得の処、兼平「乱妨を致すと云々、事」若し実ならば、尤も以て不便、早く兼「平の妨を停止し、譲状に任せ」家平領知せしむべきの状、鎌倉「殿の仰せに依り下知」件の如し

元久二年五月六日

遠江「守平（花押）」

（本文書は破損によって一部が失われており、「　」は、破損を「長隆寺文書」で補った部分であることを示す）

この文書は、関東下知状とよばれる形式のもので、元久二年（一二〇五）五月六日付で執権北条時政《しっけんほうじょうときまさ》が発給者となって、鎌倉殿（三代将軍実朝《さねとも》）の命令を伝えたものである。この文書を読むと、次のような事情がわかる。

俊平には、兼平・家平という二人の息子がいた。俊平は兄の兼平に島内の東方武藤名を、弟の家平に西方松吉名を譲与した。東方とは島内の東部、現在の大浦あたりで、西方とは島内の西部、現在の吉木《よしき》あたりをさすものと思われる。ところが、兄の兼平が家平の松吉名に干渉し、家平はそのことを幕府に訴えた。それに対して幕府は、家平の訴えを認めて兼平に干渉をやめるように命じた。

ここに忽那兼平・家平兄弟の父親として俊平の名前が確認され、この人物が実質的に忽那氏の家祖といえるのではないだろうか。また俊平は、忽那島を荘園化した人物でもある。後年、忽那氏が荘園領主と下地支《したじ》配をめぐって争ったときの文書には、俊平が長講堂に所領を寄進し、「田畠所当《しょとう》二百余石」を弁済《べんさい》したと記されている（「長隆寺文書」）。長講堂は、もとは後白河上皇が造営した持仏堂であったが、上皇の権勢によっ

て多くの荘園が寄進され、長講堂領とよばれる膨大な荘園群が集積された(以下、「荘園」という語については歴史用語として定着しているので、そのまま使用する。固有名詞としての荘園の呼び名については、史料表記にしたがって「庄」字を使用する)。

おそらく俊平は、後白河上皇周辺勢力の働きかけをうけて、自ら開発した所領を二百余石の年貢を納めるという条件で、長講堂に寄進したのであろう。そして自らは下司《げし》(荘園の現地管理者)の地位についたものと思われる。

俊平が忽那島を長講堂に寄進するに至った事情については明らかでない。ただ、後述するように、俊平の子の兼平が武者所《むしやどころ》を名乗っていたことは注目される。年未詳六月三日付二階堂行村《ゆきむら》書状(後掲史料3)において、兼平子息の国重《くにしげ》の身元を述べる中で、「父武者所兼平」と記しているのがそれである。武者所とは、院中《いんちゅう》に置かれて御所《ごしょ》や院の警固にあたった武士のことで、後白河院の時にも何人かの武士が武者所に任じられていたことが知られている。本当に兼平が武者所に属していたとすれば、俊平による忽那島庄の寄進についてもその線から考えることができるが、逆に、長講堂領忽那島庄という縁によって武者所を自称した可能性も考えられる。この問題については今後検討が必要である。

建久二年(一一九一)には、長講堂に納める「課役」を書きあげた長講堂所領注文が作成されている(「京都大学文学部所蔵文書」。近年本文書は、建長二年(一二五〇)に作成されたものであるとの見解が示されている。河合佐知子・遠藤基郎「建長二年十月宣陽門院領六条殿分公事注進状の成立」)。それによると忽那島庄は、二百余石の年貢のほかに、公事《くじ》として御簾《みす》・畳《たたみ》・続松《たいまつ》などの産品と兵士役を負担している。

なお、兼平と家平の争いがその後、どのように展開したのか明らかではないが、史料1の半年後、元久二年十一月には次のような文書が幕府から出されている。

〔史料2〕（「長隆寺文書」）

御判

下　伊予国忽那島住人

補任　地頭職の事

藤原兼平

右人、彼の職に補任するの状件の如し、以て下す

元久二年十一月十二日

この文書は、原本が失われており、「長隆寺文書」の写しによって、その姿を知ることができるものである。「御判《ごはん》」というのは、他の文書の例から判断して、源実朝の花押が据えられていたことを示している。この文書は、実朝が忽那島の住人に命令を下す形をとって、兼平を忽那島の地頭職《じとうしき》に任命したことを伝えたものである(このような文書は御判下文《ごはんくだしぶみ》とよばれる)。幕府は、史料1では家平の訴えを認めて兼平の行為を不当としたが、史料2ではその兼平を正式に地頭に任じたのである。

なお、この史料2は、この時期の幕府政治を考えるうえでも重要な意味を持っている文書である。という

のは、史料1の発給者である北条時政が、元久二年閏七月に、将軍実朝を廃して後妻牧方《まきのかた》との間に生まれた娘の婿平賀朝雅《ひらがともまさ》を将軍につけようとはかった事件と関係するからである。この時政のたくらみは、政子《まさこ》や義時《よしとき》の反対にあって失敗し、時政は失脚する。史料2は、その直後にわずか三通だけ発給された、実朝の花押の据えられた下文のうちの一通なのである。

このの ち幕府の意志を伝える文書は、実朝の花押のない将軍家政所《しょうぐんけまんどころ》下文などに変わっていくから、史料2を含む一連の実朝の花押のある御判下文は、北条時政失脚という政治的混乱のもと、政子や義時が新たな統治形態を模索する中で選択された文書様式と考えられている（高橋典幸「文書にみる実朝」）。

史料1・2は、鎌倉時代初期の忽那氏に関する重要な事実も伝えている。忽那氏は、鎌倉幕府から直接文書の発給を受ける、いわゆる本領安堵《ほんりょうあんど》の鎌倉御家人《ごけにん》であるという事実である。鎌倉幕府の御家人制というのは、東国武士と源氏の棟梁との間に徐々に形成されてきた主従関係を、幕府のもとで制度的に整えたものである。すなわち、御家人は、地頭等に任命されることによって、父祖伝来の土地を安堵されたり、新しい領地を与えられたりして、鎌倉殿から御恩を受け、そのかわり京都大番役《おおばんやく》（御所の警固）や鎌倉番役《ばんやく》をつとめたり、戦時には、命をかけて戦闘に参加するなどして、奉公に励むのである。

したがって、このような来歴を持つ御家人制は、本来は東国武士と鎌倉将軍との間に成立するものであった。鎌倉将軍の面前で実際に戦闘に参加し、手ずから恩賞を授けられることができる東国御家人の場合に初めて、鎌倉将軍との間に強固な精神的紐帯を形成し得たのである。

鎌倉将軍の指揮のもとでともに戦ったり、直接見参《げざん》したりする機会がほとんどない西国武士の場合は、おのずから事情が異なっていて、彼らは武士たちの名前を書き連ねた名簿《みょうぶ》を鎌倉将軍に提出して臣従を誓い、初めて御家人として認められるのが普通であった。

忽那氏の場合、どのような事情で御家人の地位を得るようになったのかはわからない。たとえば、同じ伊予国の御家人である河野氏の場合は、源平争乱の過程で早くから源氏に味方して活動しており、その働きぶりが御家人の地位を得る前提になったことがはっきりしている。ところが、忽那氏の場合は、源平の争乱時にどのような活動をしたのかは明らかでない。なんらかの功績があれば、由緒のどこかに記されるはずだが、そうした由緒を語らないということは、源平争乱時に格別の功績があったわけではないのだろう。このように鎌倉御家人の地位を得るに至った契機は定かでないが、一般の西国御家人とは異なる、本領安堵の御家人としての地位は、これ以後の忽那氏の歴史にとって大きな意味を持つようになる。

なお、所領支配をめぐって兄兼平と争った家平は、こののち、当時伊予国で最有力の御家人の地位を得ていた河野通信《みちのぶ》との結びつきを強め、その支配下に入ったようである(3)。

長講堂領忽那島庄

兼平の跡を継いだのは、子の国重である。国重は、承元二年(一二〇八)閏四月に幕府から発せられた文書によって父兼平の譲状に任せて地頭職に任じられ(4)(写真1―1参照)、その地頭職は、さらに承久三年(一二二一)閏十月に、執権北条義時の名で出された関東下知状によって安堵されている(「長隆寺文書」)。

なお、国重はこの関東下知状において、かつて家平の知行するところであった松吉名の「沙汰」をも認め

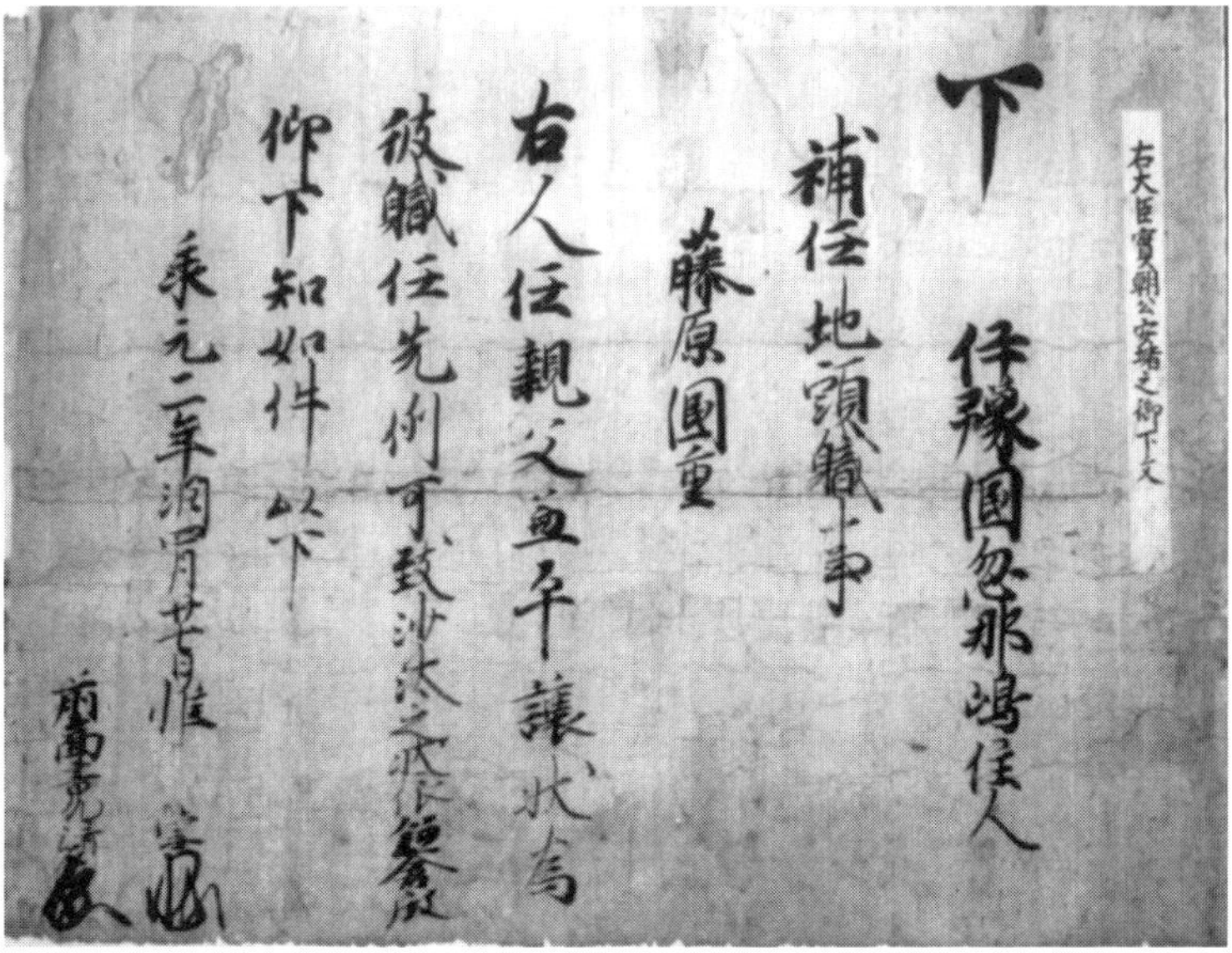

写真 1―1　忽那国重を地頭に任じる文書

られている。これは、家平が河野通信の支配下に入ったことと関係があるかもしれない。河野通信は、承久の乱において京方に味方して没落したが、家平も行動をともにして所領を没収され、惣領家である国重の手に戻ったということも考えられるからである。

この国重の時期の重要なできごとは、荘園領主との間に訴訟相論《そうろん》がおこったことである。この相論については、貞永元年（一二三二）七月に六波羅《ろくはら》下知状、天福元年（一二三三）十二月には関東下知状が出され（ともに「長隆寺文書」）、幕府の判断が示されている。それらをみると相論の状況は、以下のようなことであった（六波羅下知状は、幕府の出先機関である京都の六波羅探題から出された命令文書）。

ことの発端は、長講堂領の領家《りょうけ》が雑掌《ざっしょう》（荘園に関する訴訟を担当する役人）を通して、国重の所行《しょぎょう》を六波羅探題に訴えたことにある。領家の言い分は、忽那島の下司である国重が「新儀を巧みにし」、松吉名を「押領」（不当に支配すること）した、ということであった。訴えを受けた六波羅探題は、国重に事情を問い合わせる文書を出した。それに対して国重は、逆に松吉名の支配を妨げているのは、雑掌であると返答している。これらのやり取りをふまえて六波羅探題の判断が貞永元年に下された。その大意は、承久三年の関東下知状（前記）を見てもわかるとおり、国重が松吉名の領知を認められていることは明らかであって、国重が松吉名を「押領」しているという領家の訴えは「虚訴」であり、関東下知状の旨に任せて国重の当島地頭職と松吉名の領知を認める、というものであった。

この六波羅探題の判断に不服であった領家は、翌天福元年に改めて鎌倉の幕府法廷に訴えたが、幕府は先の六波羅探題の判決を追認し、国重に対して、度々の成敗の旨に任せて違乱なく支配するように命じている。なお、この相論の過程で国重が提出した文書によって、忽那島は祖父俊平が、田畠の年貢として二〇〇余石を「弁済」することを条件に長講堂に寄進したものであること、松吉名は、田三町、畠一三町の所領であることなどがわかる。

忽那氏側の史料を見る限り、本来忽那氏の所領で、一族の家平が領知していたはずの松吉名の支配に対して、荘園領主が口をはさむいわれはないように思われる。確かな史料はないものの、承久の乱で没収処分となった松吉名は、すんなり兼平や国重の手に戻ったわけではなく、場合によっては忽那氏の手を離れ、荘園領主支配下の領地となる可能性も残されていたのだろう。いずれにしても、松吉名を国重が取り戻し、しかも幕府からの安堵も得ている。このなりゆきを荘園領主側は、「新儀を巧みにする」行為として異議を申し立てたものと思われる。このように地頭と荘園領主が下地支配をめぐって争うケースはこのころ各地で頻発していたが、国重は鎌倉御家人としての立場を最大限に利用してその領地を守ったのである。

ところで、その忽那氏と争った荘園領主はこの時期どうなっていたのだろうか。さきに述べたとおり、忽那俊平の寄進によって後白河院の管領する長講堂領としての忽那島庄は成立し、長講堂領として集積されていた荘園群は、こののち、後白河院から愛娘の宣陽門院《せんようもんいん》覲子《きんし》内親王《ないしんのう》に譲られた。したがって、この時期の忽那島庄は、正確にいえば、宣陽門院の領知する長講堂領の一つということになる。

ただし、宣陽門院が所有していたのは本家職《ほんけしき》で、荘園支配に直接関与することはなかったと考えられる。実際に忽那氏と争ったのは、領家職《りょうけしき》（史料上には預所《あずかりどころ》と記される場合もある）の所有者であろう。その領家についてはわからないことが多いが、相論のあった時期に近い、嘉禎三年（一二三七）二月付の、平業光《たいらのなりみつ》という人物の譲状には、「いよのくつな」を「せんさい御前」なる女性に譲ることがみえる（「勧修寺家文書」、この譲状は、中村直勝「勧修寺家領に就いて」において詳しく紹介されている）。

平業光というのは、『尊卑分脈』（諸氏の系図を集大成したもの）によると、平業兼《なりかね》の子で、その業兼の母は高階栄子《たかしなのえいし》であるという。高階栄子は丹後局《たんごのつぼね》ともよばれ、後白河院の寵《ちょう》を得て、鎌倉初期の朝廷で権勢をふるった女性として知られる。とくに草創期の鎌倉幕府との交渉に腕を振るい、源頼朝をはじめとする幕府の面々の手ごわい交渉相手となった。

さきの宣陽門院は、この丹後局と後白河院との間の子である。とすると業兼は宣陽門院の異父兄弟ということになり、その関係で忽那島庄の領家職を与えられ、それが子の業光の手にわたったのであろう（図1—4参照）。

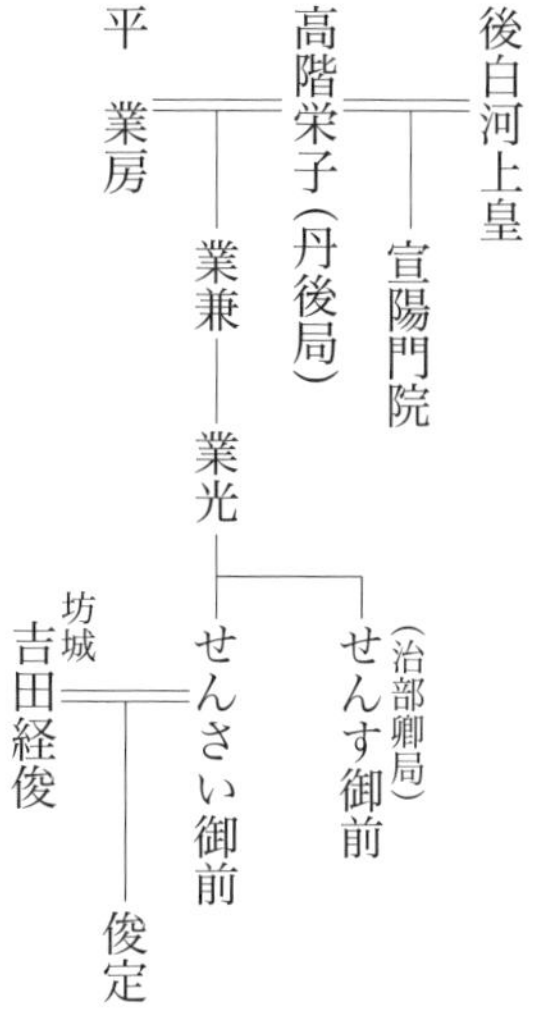

図１—４　忽那島庄にかかわった人々

業光は、父業兼から受けついだ所領の多くを子の治部卿局《じぶのきょうのつぼね》（「せんす御前」とも記される）に譲ったが、忽那島庄のみを「せんさい御前」に譲った。業光は、譲状の中で治部卿局に対して、「せんさい御前」と「中よく、たがいに思あひて」過ごすように諭しているので、両者は姉妹だったのであろう。

ところで、『尊卑分脈』の吉田（坊城《ぼうじょう》）俊定《としさだ》の項には、母が平業光の娘である旨が記されている。俊定の父は鎌倉時代の貴族日記『経俊卿記《つねとしきょうき》』の筆者である吉田経俊である。そうすると、業光の娘が嫁した先は、吉田経俊であったことがわかる。経俊はその日記の文応元年（一二六〇）七月二十九日条に、忽那島庄のことについて「相国禅門」（西園寺実氏《さいおんじさねうじ》）に重ねて申し入れをした旨を記している。西園寺氏は、実氏の父公経《きんつね》以来、伊予国の知行国主の地位にあり、忽那島庄にも影響力を持っていて、それを頼ったものと思われる。(5)

二階堂氏との「縁」

忽那国重の時代のもう一つの興味深いできごとは、年未詳六月三日付で沙弥《しゃみ》を名乗る人物から宇都宮入道なる人物にあてて出された書状が「忽那家文書」に伝来していることである。それは次のようなものである。

〔史料3〕（「忽那家文書」）

（端裏書）「二階堂隠岐入道殿御状　」

見参の時申すべきの由存じ候の程、思忘れ候て申さず候、伊予国忽那島地頭十郎馬允《うまのじょう》国重は、聊《いささ》か縁に触れ、行西《ぎょうせい》を相憑《あいたの》む者に候、父武者所兼平も故大臣殿の御時《おんとき》、安堵の御下文を申し給はり候ひ了《おわんぬ》、相継いで同じく安堵せしめ候、而《しか》るに先々においては相叶わずと雖《いえど》も、守護所候国地に船往還の間、御代官事に触れ煩いを成さるの由歎き申し候、此の如く行西の為執り申す者便宜の事、芳心すべきの由、御代官の許、御一行を給わり、彼に与え給るべく候、恐々謹言

六月三日　沙弥（花押）

謹上　宇都宮入道殿

差出者の沙弥は、文中で自ら行西と名乗っていること、端裏書《はしうらがき》（文書を受け取った者が文書の端裏に書き付けたメモ）に二階堂隠岐入道と記されていることから判断して、二階堂行村《ゆきむら》（法名行西）であると考えられる。二階堂氏は、幕府の実務官僚をつとめる家で、鎌倉の永福寺《ようふくじ》（別名二階堂）付近に住んだのでこの名がある。行村の父行政《ゆきまさ》は、幕府政所の執事をつとめ、文官として幕府内で重きをなした人物である。一族の中には、政所執事《しつじ》、評定衆《ひょうじょうしゅう》、引付衆《ひきつけしゅう》などの重要な職にあった者が多くいる。行村自身も、嘉禎元年（一二三五）～暦仁元年（一二三八）には評定衆をつとめた。

一方、受け取り手の宇都宮入道は、宇都宮頼綱《よりつな》と考えられる。頼綱も、北条時政の女婿となるような幕府

の有力御家人である。頼綱は、元久二年（一二〇五）に時政が後妻牧方とはかって女婿平賀朝雅を将軍に就けようとした事件のあおりを受けて幕府から討伐軍を差し向けられるなど窮地に陥ったこともあったが、そのとき出家して難を逃れ、それ以後は蓮生《れんしょう》と名乗った。また頼綱は、藤原定家《さだいえ》の弟子となって歌道に精進し、その和歌は、当時の多くの歌集に収められている。

二階堂行村と宇都宮頼綱は、文書の冒頭に「お会いした時にお願いしようと思っていたのに忘れていました」などと記されていることからもわかるように、親しい間柄であったものと思われる。文書の年代は、行村が出家したのが建保七年（一二一九）、死去したのが暦仁元年（一二三八）なので、その間のものと考えることができる。

内容は書状の常として当事者以外にはわからないことも多いが、ほぼ以下のような諸点を読み取ることはできよう。

○　伊予国忽那島地頭十郎馬允国重は、行西（行村）といささか縁があって行西を「相憑む」者であること。

○　その父武者所兼平も、故大臣殿（実朝）の時に、安堵の御下文を賜り（史料2として示した元久二年十一月の実朝御判下文のことであろう）、それ以後も相継いで安堵の文書を賜っている（つまり、忽那氏はしっかりした御家人の家である）。

○　その忽那国重が、守護所の所在地である「国地」（伊予本土のことであろう。守護所は、府中とよばれた現今治市に所在したと考えられている。38ページ、図1―5参照）に「船往還」をするとき、「御代官」（すなわち守護代）が「事に触れ煩いを成す」と訴えてきたので、国重に便宜を図ってやるように御代官に伝えてほしい。

ここには、興味深いことがいくつか示されている。

第一は、忽那氏に直接かかわることではないが、伊予の守護に関する情報である。鎌倉初期の伊予の守護は、佐々木盛綱《もりつな》が任じられていたことが知られているが、ここでは、文面から判断して、宇都宮頼綱が守護になっていることが明らかである。この文書は、伊予の守護が佐々木氏から宇都宮氏に代わったことを示す最初の史料として重要な意味を持っている。

第二は、忽那氏が伊予国の政治的中心である守護所の地に「船往還」をしていたという点である。忽那氏が海の領主として活発な海上活動を展開することは次章で詳しく述べるが、この「船往還」の語は、忽那氏が鎌倉期においても島内だけでなく、島外へも広く進出していたことを示している。ただ、「船往還」の目的は何だったのか、忽那氏の「船往還」に守護代が煩いをなしたのはなぜなのか、などの諸点については明らかではない。

第三は、忽那氏と二階堂氏との密接なつながりである。行村は、「聊か縁に触れる」と記すのみであるが、鎌倉の文官御家人と西国の内海島嶼の御家人との間には、どのような「縁」があったのだろうか。後世の「系図」や「開発記」をみると、国重の項に「母は二階堂吉村の女」との記述を残している(吉村は行村の誤記か)。もし記述が事実であれば、二階堂氏と忽那氏は婚姻関係によって結びついていることになるが、事実かどうかについては検討の余地があろう。

二階堂氏の側の系図には、忽那氏との婚姻関係は記されていない。したがって、史料3の文書を前提にして、のちに忽那氏の側で国重の母を「二階堂吉村の女」とする記述が生まれた可能性も考えられる。

一方、忽那氏との結びつきを二階堂氏の立場から考えてみようとする研究もある。松岡久人氏は、二階堂氏の所領には相模国懐島《ふところじま》（神奈川県茅ヶ崎市）、伊勢国増田庄《ますだ》（三重県桑名市）、肥前国鏡社《かがみしゃ》（佐賀県唐津市）など、海上交通の要衝におかれたところが多くあって、二階堂氏が海上進出を図っていたことが考えられるところから、瀬戸内海に活動拠点をもつ忽那氏との結びつきを、二階堂氏が求めたのではないかとの見通しを示している（「忽那水軍と南北朝の動乱」）。

さらにまた網野善彦氏は、松岡氏の所説をうけて、政所執事を世襲する二階堂氏は政所との結びつきが強かったから、「船」を操る忽那氏を政所の管轄下に置こうとした可能性もあると指摘している（「「海の領主」をめぐって」）。これらの説については、史料的にもう少し詰める必要があるように思うが、二階堂氏の側にも忽那氏と結びつこうとする契機があったことは間違いないであろう。

京都大番役

忽那氏と二階堂氏の結びつきは、国重と行村の代にとどまらなかった。年未詳六月二日付忽那二郎左衛門尉あて前常陸介《さきのひたちのすけ》（二階堂行顕《ゆきあき》）書状も残されているからである。差出者の行顕は、行村の曽孫に当たる人物で、宛先の二郎左衛門尉は、おそらく国重の孫に当たる久重《ひさしげ》のことであろう。(6) この書状は、京都大番役のことについて「此の寄子《よりこ》として年来勤仕《ごんじ》の条、異儀に及ばず候」と、忽那氏が京都大番役を年来勤仕してきたことを確認し、さらに、その大番役が来る七月に止められることを告げ、それへの対応について指示したものである。注目すべきは、「此の寄子として」（原文「為此寄子」）という表記で、これは、忽那氏が二階堂氏の寄子の地位にあったことを示している。

入間田宣夫氏によれば、一定の単位に寄り合って御家人役を勤仕するやり方は鎌倉時代には広く見られた慣行で、大番役においても「寄合」のリーダーとしての頭人《とうにん》とメンバーとしての寄子による頭人—寄子関係によって勤仕されることがあったという（「延応元年五月廿六日平盛綱奉書について」）。これをふまえれば、忽那氏が二階堂氏の寄子となり、頭人二階堂氏の指示のもとで大番役を勤仕している状況を読み取ることができる。守護の催促によって大番役を勤めるのが一般的であった西国御家人のなかにあって、ここにみえる忽那氏の大番役勤仕のあり方は、かなり異例といえる。

いずれにしても、京都大番役という御家人にとっては最も重要な任務について忽那氏が二階堂氏から情報を得る関係にあったことは間違いなく、行顕と久重の結びつきには、かなり密接なものがある。あるいは、さきに史料3において二階堂行村が国重のことを「聊か縁に触れる」といっていた「縁」というのは、このような頭人—寄子関係のことを指していたのかもしれない。

二階堂氏と忽那氏の結びつきはこれにとどまらず、鎌倉末期まで続いていた可能性が高い。それは、すでに萬井良大氏も指摘しているように（「伊予忽那氏と大番催促」）、「長隆寺文書」の中に残された、一〇通の忽那氏関係文書を写した忽那氏文書案の紙背《しはい》や端裏書《はしうらがき》に次のような記述がみられるからである。

（紙背の貼紙）京都にて元弘三年九月一日、左衛門三郎入道殿行本出す分、正文を写し取り、後日見の為

に注し置くなり、正文は皆行本之を帯す

（端裏書）

二階堂隠岐入道殿同常陸介□

忽那島代々御下文等案

　これによると、この一連の文書は、元弘三年（一三三三）九月に左衛門三郎入道行本《ぎょうほん》が所持していた正文《しょうもん》（原文書）を後日のために写し取ったもので、もとの正文はみな行本が所持しているというのである。二階堂氏が実名にも法名にも「行」字を多く使うこと、端裏書の記述に二階堂氏の名があることなどを考えれば、行本は二階堂氏の一族である可能性が高い。『尊卑分脈』によれば、前記行顕の子貞行《さだゆき》が三郎左衛門尉を名乗っているので、その人物の法名と考えることができる。その二階堂氏が忽那氏の関係文書一〇通の正文を所持していたというのはどういうことであろうか。

　行本が所持していた一〇通の文書の大半が、源実朝御教書や将軍家政所下文、裁判にかかわる関東下知状など、公験《くげん》ともいうべき所領所職の根拠となる文書であることを考えると、何らかの訴訟に備えたと考えることができるが、この時期の行本の立場が明確でないので判然としない。ただ、この一〇通の文書の所在の状況が元弘三年時点での二階堂氏と忽那氏の密接な関係をよく示している。

　元弘三年九月といえば、五月に鎌倉幕府が滅亡し、六月に後醍醐天皇が帰京して新政権の活動が始まった直後である。この年忽那氏は、次章で詳述するように、二月に反幕府の兵を挙げ、伊予国やその周辺での戦いに勝利し、その余勢を駆って他の反幕府勢力とともに入京した可能性が高い。もしそうであるとすると、後醍醐天皇方軍として入京した忽那氏が、二階堂行本と接触し、行本所持の文書を写したということも考えられる。写された一〇通の文書のうち二通は末尾に「自余之を略す」「要を取り之を略す」と記していて、途中で写し取るのを省略している。混乱する状況の中で忽卒《こつそつ》のうちに書写しようとしたのだろう。なお、行本所持の一〇通のうち、さきに史料1としてあげた元久二年の関東下知状や建永二年の源実朝御教書など四通は現在の「忽那家文書」の中に正文が残されているから、後に何らかの機会に二階堂氏から忽那氏に戻されたものと思われる。

大仏氏と瀬戸内の警固所

これまで忽那氏と二階堂氏の関係を見てきたが、忽那氏が結びつきを強めた鎌倉幕府要人は、二階堂氏だけではなかった。二階堂氏同様、大仏《おさらぎ》氏との間にも密接な関係がうかがわれるのである。大仏氏は、北条時政の子時房《ときふさ》を祖とする有力な北条一族で、時房が鎌倉大仏の近くに居所を構えたところからこの名がある。忽那氏との関係がみられるのは、そのうちの時房の孫宣時《のぶとき》である。宣時は引付頭人《ひきつけとうにん》や評定衆を務めたのち、連署《れんしょ》にもなったことからもわかるように、いわば幕府内のトップクラスの人物である。宣時はまた、『徒然草《つれづれぐさ》』の中にその名が記されていることでも知られている。同書第二一五段には、宣時の昔語りとして、ある時最明寺入道《さいみょうじにゅうどう》(時頼《ときより》)に呼ばれて酒を酌み交わしたが、夜中のことで酒の肴もなく、台所の片隅に味噌が少々あったので、それを肴にして酒を飲んだ、という話が記されている。この話は、北条時頼の質素な生活ぶりを伝える話としてよく知られている。

その宣時が、連署としての職責上名前を連ねた文書は「忽那家文書」の中にもいくつか残されているが、それ以外にいわば私的に発給した文書が残されているのは重要である。それは元応元年(一三一九)六月五日に、僧円成という人物が能勢判官代《のせほうがんだい》という人物にあてて出したもので、文書の袖に宣時の花押が据えられている。宣時の意をうけて僧円成が出したものと思われる。内容は、「忽那島松吉内末重名地頭兼西浦惣追捕使次郎兵衛入道性運」(性運《しょううん》は忽那実重《さねしげ》の法名で、さきに名の見えた久重のいとこにあたる。18ページ、図1―3参照)の訴えをうけて、能勢判官代に対して、違乱を停止し、「抑留物」を返却するように命じたものである。相手である能勢判官代の人物像がわからないので(わずかに正中二年〈一三二五〉に丹波国大山庄での活動が知られる)状況は判然としないが、宣時が忽那実重の利益擁護のために動いていることは間違いない。

このように「忽那家文書」の中に残っている宣時の私的な文書はこの一通のみであるが、実際にはもっと多くの文書が忽那氏あてに出されていた可能性がある。それは、「長隆寺文書」の中に残されている忽那氏文書目録(忽那氏あての文書一三通のリスト)の中に、正和四年(一三一五)に忍昭《にんしょう》(宣時の法名)名で出された「永園寺殿(宣時のこと)御書」、同じ年に宣時の袖判で出された「永園寺殿御状」が含まれていること、さらに、「忽那トラ家系図」の実重の項に、正和三年に「永園寺殿御避状《さりじょう》」を賜ったこと、実重のいとこにあたる「阿子、今尼新妙」なる女性の項にも、「永園寺殿御避状」を賜ったとの記述があるからである。これらを見ると、忽那氏と大仏氏の結びつきもまた、二階堂氏とのそれと同様にきわめて密接であったことがわかる。

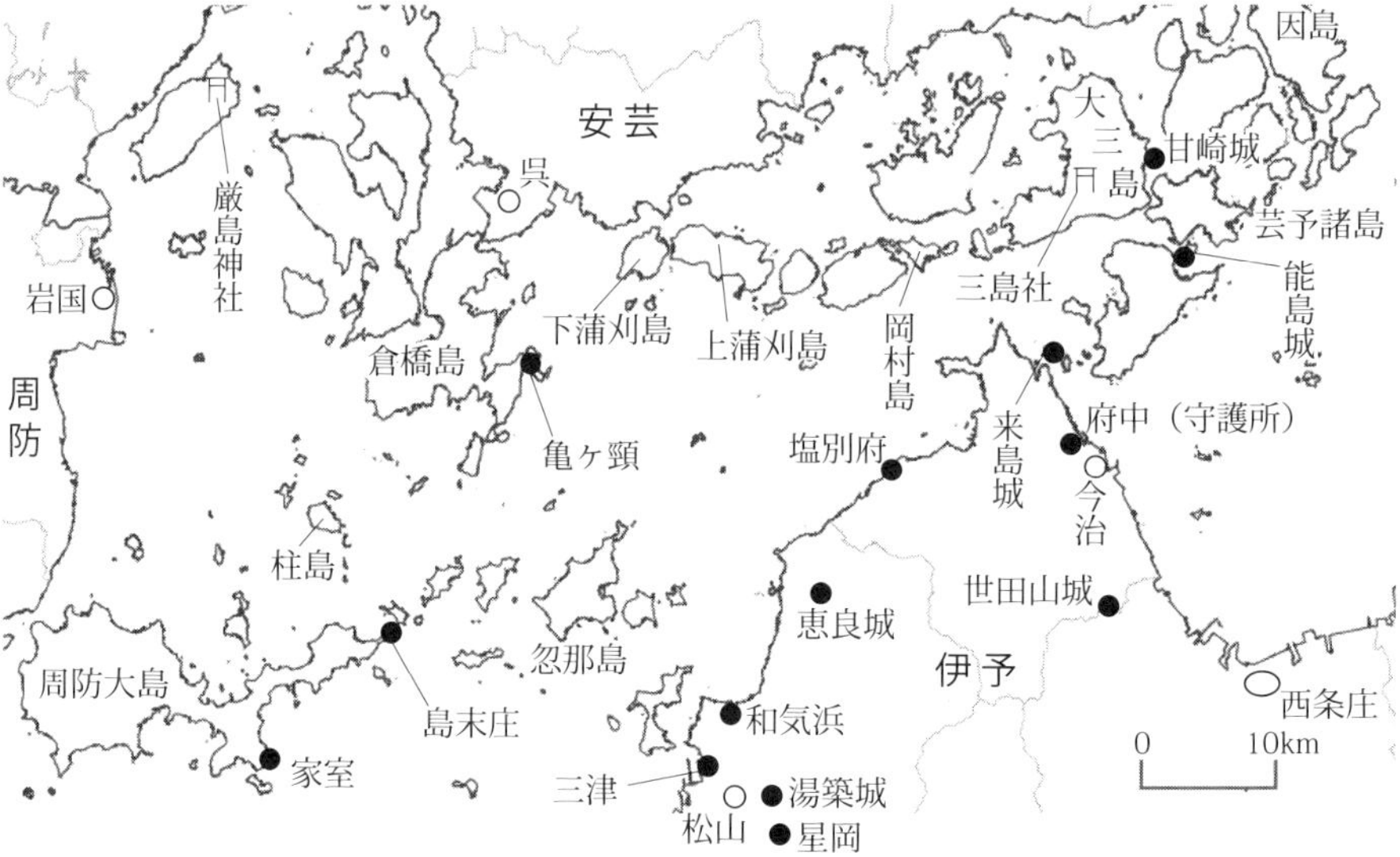

図1—5　鎌倉〜南北朝期の忽那氏の足跡（○は現代の都市）

このような忽那氏と大仏氏との結びつきは、幕府の海上警固政策にも影響を与えたと考えられる。網野善彦氏によると、鎌倉幕府は、徳治三年（一三〇八）から翌延慶二年にかけての、西海や熊野浦における大規模な海賊蜂起をうけて海上警固を強化することになったが、とくに元応二年（一三二〇）に六波羅探題は、国ごとに有力者を両使（二人がペアとなって幕府の命令を遂行する使節）に定め、さらに地頭御家人を番に編成して海上警固体制を制度化した。この制度は、瀬戸内海周辺の各国に一〜二ヶ所の警固所を定め、海辺三里中に所領を持つ地頭御家人などを編成して役人・警固人とし、一ヶ月単位で海上勤仕させようとするものであった（「鎌倉幕府の海賊禁圧について」「太平洋の海上交通と紀伊半島」）。その警固所を置いた場所に、安芸国亀頸《かめがくび》（広島県呉市倉橋島）とともに忽那島が含まれている。元応三年二月に六波羅探題が両使河野通有《みちあり》と土居通増《みちます》にあてた文書には、伊予国海上警固のことについて、「忽那島役人注文ならびに事書」を遣わすので厳密に対処すべし、などと記されている（「尊経閣文庫所蔵文書」）。

亀頸は、倉橋島の東端に位置し、そこから南東に海上約一二キロメートルを隔てたところに忽那島が位置する（図1―5参照）。この両地点に警固所を設けることによって防予諸島を通航する船舶を監視しようとしたのであろう。そして、この海上警固強化策をすすめたのが当時六波羅探題の地位にあった大仏維貞《これさだ》で、維貞は前記宣時の孫にあたる。維貞と忽那氏を直接結びつける史料は見当たらないが、維貞が海上警固強化策を進めるにあたって、宣時以来の忽那氏との結びつきを意識しなかったはずはないであろう。

以上、しばらく忽那氏と鎌倉幕府の中枢にいた有力御家人との関係に焦点を合わせてきたが、その間、忽那氏自身の忽那島支配はどうなっていたのだろうか。忽那島内部に視点を戻してみることにする。

3　争う一族

分割相続と一族の内紛

鎌倉後期の忽那氏の歴史は、一族の内紛の歴史であった（実際には、内紛ばかりというわけではなかったのだろうが、忽那氏が裁判にかかわる幕府発給文書を選択的に残したから、どうしてもそのように見えてしまう）。忽那氏の内部で争いが多発した原因は、国重の、子の世代への所領譲与の仕方にあったのではないかと思われる。国重は、みずからが保持してきた所領所職を細かく分割して子供たちに分与した（石野弥栄「伊予国の地

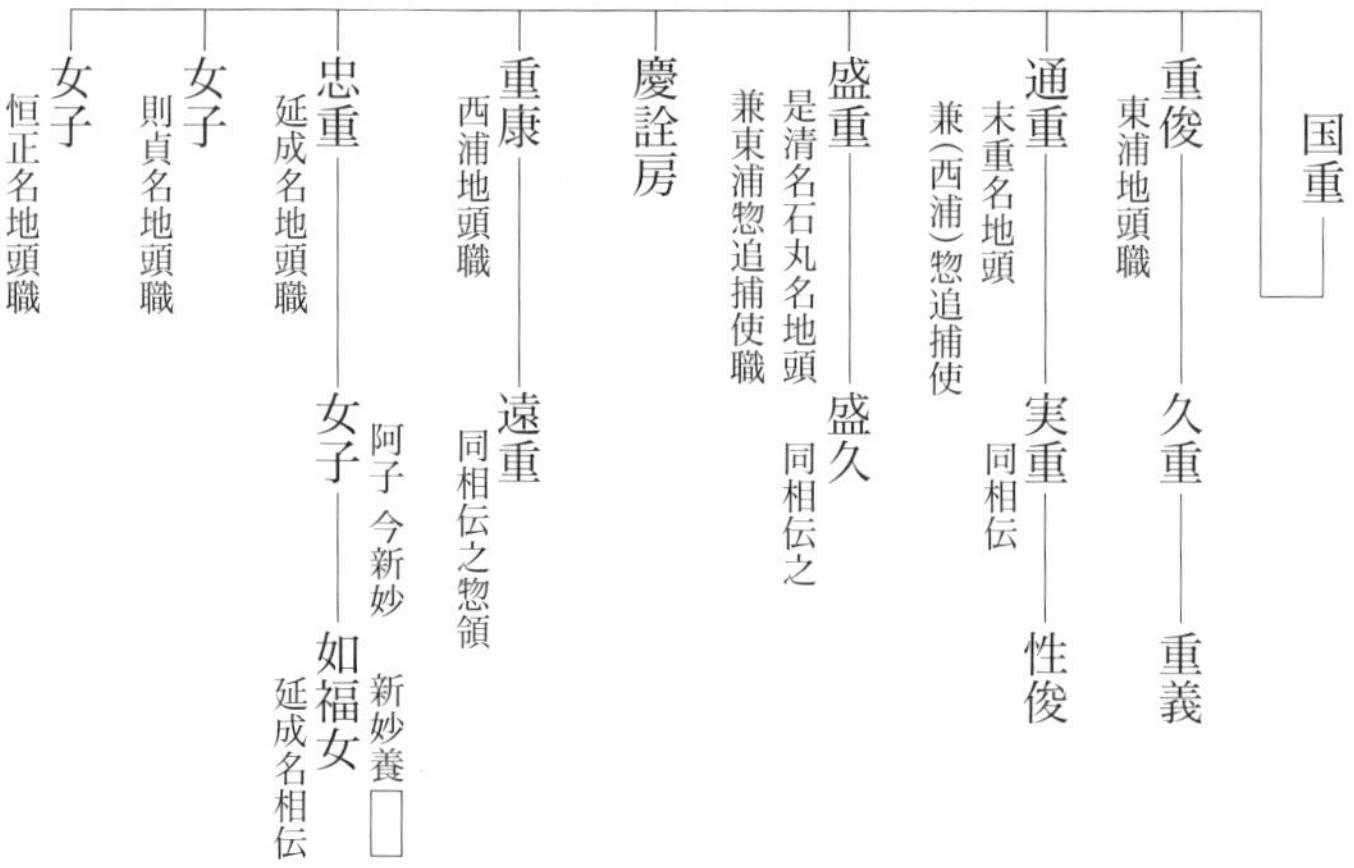

図1—6　忽那国重の子孫たち
(「忽那トラ家系図」による。注記は必要なもののみ記した)

頭御家人忽那氏について」)。その状況を示すのが、「忽那トラ家系図」である。図1—6は、同系図のうち、国重から子孫たちへの所領譲与に関する部分を抜き出して示したものである。「忽那トラ家系図」がどの程度当時の所領相続の実態を伝えているのかは定かでないが、同系図が南北朝期頃の成立であること、記述の内容が一次史料と一致する部分が多いことなどを考えれば、かなり正確に実態を伝えていると考えてよいのではなかろうか。

それによると、まず忽那島の地頭職が東浦と西浦の二つに分割され、東浦地頭職が長男の重俊《しげとし》に、西浦地頭職が五男の重康《しげやす》に与えられた。東浦は東方ともよばれる、忽那島東部の中心地域で、そこには地頭名として武藤名が所在していた。現在の大浦や小浜の集落のあたりを指すのであろう(写真1—2)。また、西浦は、西方ともよばれ、松吉名が所在していた。現在の吉木やその周辺の集落を指すものと思われる。さらに地頭職とは別に惣追捕使職《そうついぶししき》なるものが設定されている。実態はよくわからないが、地頭職の権利の一部が割か

写真 1—2　忽那島東浦の故地と考えられる島の東部の集落

れたもののようにみえる(追捕使というのは本来、律令政府が凶徒・凶賊を追討するために設けた官職であるが、平安後期には荘園などさまざまなところに設けられるようになって本来の意味は失われた)。そして、東浦惣追捕使職が三男の盛重《もりしげ》に、西浦惣追捕使職が二男の通重《みちしげ》に与えられた。またこれらとは別に、前記武藤名、松吉名内の一部と覚しき末重名《すえしげみょう》、是清名《これきよみょう》などの名田《みょうでん》が、それぞれに地頭職の名を冠して各人に分与されている。名田は、男子だけでなく、二人の女子にも分与されている。

系図には分割相続によって最終的に固まった状況が示されているのであって、ここに至るまでには、さまざまな紛争が引き起こされた。まず、建長六年(一二五四)に、重俊が重康を幕府に訴えた。重俊の言い分は、重康が所有している国重(法名西信)の譲状は偽書《ぎしょ》であるということであった。その譲状は現存していないが、おそらくそこには、重俊に東浦地頭職を、重康に西浦地頭職を譲るということが記されていたのではないかと思われる。重

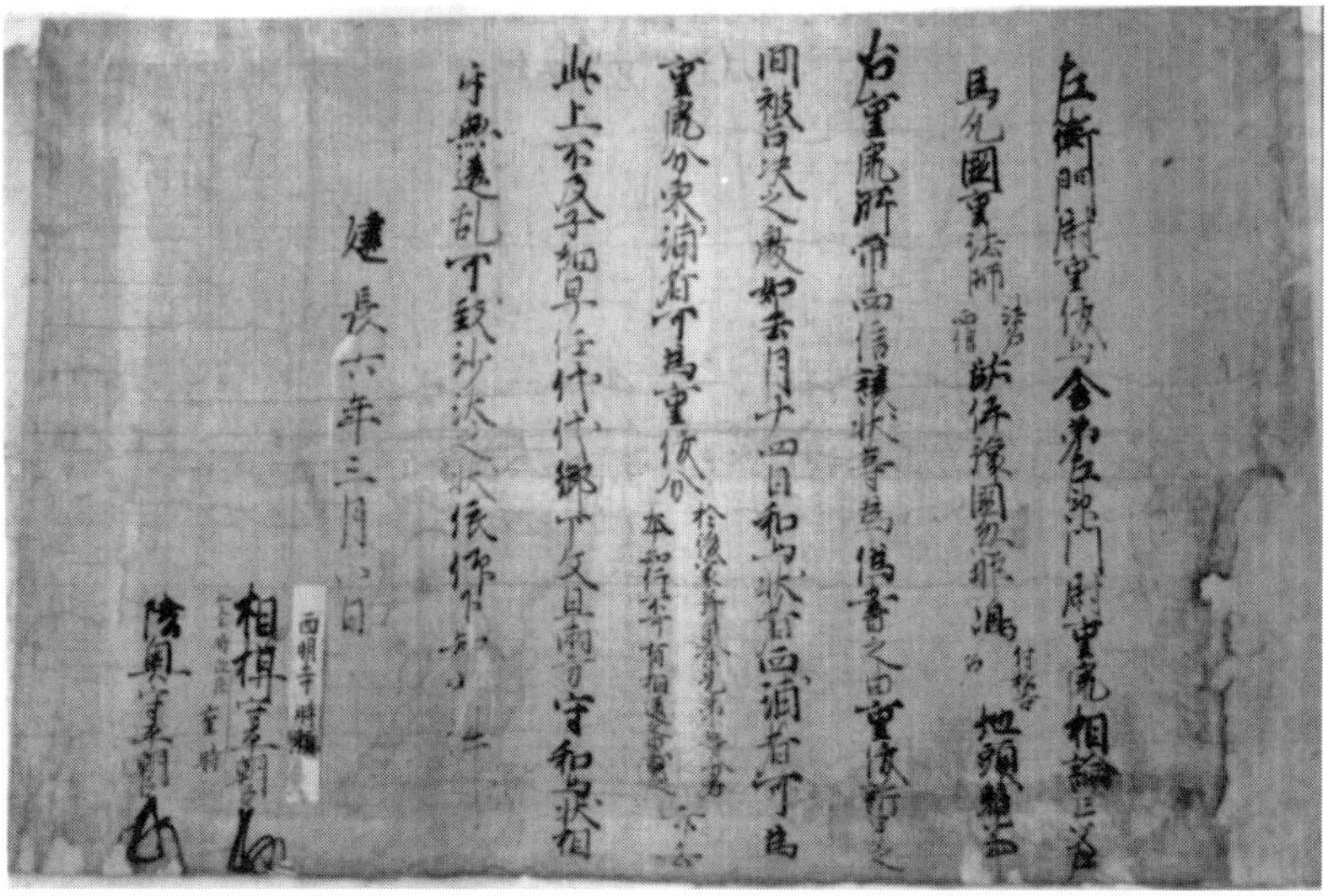

写真1―3　建長6年の関東下知状

俊は、その譲状が偽書であることを述べて、西浦分が重康の手に渡ることを阻止しようとしたのであろう。それに対する幕府の判断を示したのが、写真1―3の文書である。これは、関東下知状とよばれる様式のもので、署判を据えているのは、時の執権北条時頼(相模守)と連署北条重時(陸奥守)である。

　下知状に示されている判決の内容は、すでに和与状《わよ》(和解が成立したときに作成される文書)が作られていて、東浦が重俊分、西浦が重康分と記されているのだから、それに従うべし、というものであった。この判決によって忽那島全体の地頭職を相続しようとした重俊の目論見は外れ、西浦地頭職が重康の手に渡ることになった。

　ほかにも一族内の所領争いがある。正応元年(一二八八)ころ、二男通重の子実重(法名性運)が、重康の子遠重《とおしげ》を訴えた。遠重は、父重康から西浦地頭職を受け継いでいた。同年六月に出された幕府の裁許状(判決)によると、事情は以下のようなことだったらしい。実重の言い分は、実重が亡父通重から相続した西浦惣追捕使職に対して、遠重が「違乱」をしたということであった。これに対して遠重は、不法行為の事実を否定し、この職は通重にいったん与えられたが、通重の死後取り戻されたものである、と弁明した。

このあと両者の間で幕府を間にして何度か文書のやり取りがなされている。当時の訴訟では、訴えた側＝訴人（実重）と、訴えられた側＝論人（遠重）がそれぞれに訴状と陳状《ちんじょう》を幕府に提出し、その訴陳状《そちんじょう》をもとに幕府が判決を下すのが一般的なやり方である。幕府が下した最終的な判断は、実重が提出した、国重から通重への譲状、その内容を確認する建長八年七月付の幕府からの下文（これは現物が残っている）などを根拠に実重の主張を認めるものであった。遠重に対して幕府は、不当に西浦惣追捕使職の領有を主張するのは「甚だ奸謀《かんぼう》たるか」と厳しく譴責《けんせき》を加えている。

こうして西浦地頭職のほかに、西浦惣追捕使職をも手中にして西浦支配を強固なものにしようとした遠重の目論見は失敗し、西浦惣追捕使職とそれに関連するいくつかの名田は実重の領知が認められた。なお、実重は、これらを徳治三年（一三〇八）に嫡子侍従房性俊《じじゅうぼうしょうしゅん》と女子辰熊《たつくま》に譲与している。[7]

さきに、国重の所領分与に際して女子にも所領が譲られたことを述べた。女子相続に関しては興味深い文書が残されているので、紹介しておこう。図1―6をみると、延成名《のぶなりみょう》地頭職を譲られた六男忠重《ただしげ》は、この職を阿子（のちに尼新妙《しんみょう》と名乗る）という女子に譲っている。事情はわからないが、おそらく男子がいなかったので女子が相続することになったのだろう。さらに尼新妙（文書では真妙）は、その延成名地頭職を養女如《にょ》福《ふく》女に譲与することになった。その譲状が残されている。

元亨四年(一三二四)七月付の尼真妙譲状によると、譲与の対象になったのは、延成名とその耕作に従事する所従であった。真妙は譲状のなかで、「当名田畠地頭職は、真妙重代相伝の私領なり、しかるに男女一子無きの間、如福女を養子と為し、永代譲り渡す所也、全く他の妨げ有るべからず」と記している。さらに譲状の裏には、幕府の執権北条守時《もりとき》と連署金沢貞顕《さだあき》が内容を確認する署判(これを安堵の外題《げだい》とよぶ)を加えている。

また、これより先、延慶二年(一三〇九)には、一族の女性と覚しき藤原氏が、忽那重則《しげのり》を訴えるというできごとも起こっている。藤原氏の言い分は、重則が重安名《しげやすみょう》の田地などを「押領」し、得分物《とくぶんぶつ》を「抑留」したということであった。

この二つの例は、男子にかわって所領の譲与を受けて自分の財産を形成し、それを養女に継がせたり、自分の財産を守るために一族の者と相論を起こすといった、忽那氏の女性の姿を伝えている。鎌倉時代の武士社会では、女性たちは亡き夫や息子にかわって御家人役をつとめたり、所領経営を行なったりするなど、その社会的地位は低いものではなかったことが知られているが、忽那氏の女性たちの姿も、鎌倉時代の女性の一面をよく伝えているといえよう。

荘園領主との相論

一族内での所領所職をめぐる争いとは別に、忽那島庄の荘園領主との相論(紛争)も見られる。さきに、忽那島庄を含む長講堂領が後白河院から宣陽門院に譲られたことをみたが、宣陽門院の手中にあった長講堂領は、承久の乱後、一時的に幕府に没収され、返還後は持明院統《じみょういんとう》の皇族によって伝領されていった。領家職についてては、前記の平業光や「せんさい御前」以後は史料を欠いている。

鎌倉時代後期の荘園の内部構造についても荘園領主側に史料が残っていないので詳細なことはわからない。そうしたなかで、正和五年(一三一六)に作成された忽那島損耗検見《そんもうけみ》目録は、現地の状況を知る上で貴重な史料である(「忽那トラ家文書」)。この文書は、自然災害などによって被害を受けた田地の状況を調査してまとめたもので、後欠のために作成主体がわからないのが惜しまれる。作成したのが荘園領主側か、それとも忽那氏側かによって記述内容の理解が変わってくるが、ここでは一応、忽那氏の内部で作成され、忽那氏配下の所領の状況を記したものと理解しておきたい。そこから知られる田地の状況は以下のように復原できる(後欠のため畠地に関する記載はない)。
○　島内の田地面積の総合計は、約四九町二反余。
○　それから公田(預所など荘園領主側の関係者に与えられた土地か)、菩提寺山狩寺(長隆寺)に与えられた土地、庶子分などを差し引いた残りが三六町余。
○　そのうち、河川の氾濫などによって荒地になった土地、田地が畠地化してしまった土地などを除いて、見作田《げんさくでん》(実際に耕作されている土地)が三二町三反余。
○　そのうち、八幡宮・三島新宮など庄内の寺社に与えられて年貢免除になった土地が四町四反余ある。目録ではその後が欠けているため正確ではないものの、計算すれば約二八町が実際に忽那氏の支配下にあって耕作されている土地ということになる。

さきにも述べたように、これらの田地は大きく東浦と西浦に分かれ、東浦には地頭名として武藤名、西浦には松吉名が所在し、さらにその内部が、末重名、石丸名、是清名、延成名、恒正名《つねまさみょう》などに細分化され、それぞれ一族の者に分割相続されていたのであろう。

荘園領主との相論は、当の荘園領主の姿が見えないのでわからないことも多いが、いくつかの例を見てみよう。

永仁三年(一二九五)五月には、荘園領主側の雑掌(裁判担当者)道覚《どうかく》と、東浦地頭重俊の代官蓮性《れんしょう》、西浦地頭遠重の代官重継《しげつぐ》との相論について、幕府から裁許が下されている(「長隆寺文書」)。この裁許状は、「長隆寺文書」の中に残された写しで、しかも冒頭のみで後半が省略されているので、詳細はわからないが、正安四年(一三〇二)七月の裁許状にその一部が要約して引用されている。

それによると、荘園領主側の主張は、島内の松吉名と武藤名は地頭名で、それ以外の土地は本所(荘園領主)の支配地であるにもかかわらず、地頭西願《せいがん》(重俊の法名)と遠重が「押領」している、ということであった。この訴えに対して永仁三年に判決が下されたのだが、荘園領主側は不満だったようで、再度幕府に訴えている。この重ねての訴えに対して幕府が下したのが正安四年の判決である。このときの忽那氏側の当事者は、先の西願(重俊)の孫で東浦地頭の重義《しげよし》と、西浦地頭遠重およびその弟康久《やすひさ》であった。

この裁許状も後半を写し取るのを省略しているので相論の帰趨はわからないが、これらの相論が起きた背景には、忽那氏側が地頭名である武藤名と松吉名以外の荘園領主の支配地に手を延ばそうとしたことによって起こっていることは間違いないようである。鎌倉後期には、地頭が自領を拡大するために荘園侵略を進めて荘園領主とトラブルになる例が全国で多発しているが、忽那島においても同様の動きが見られたということであろう。

塩別府の譲状

これまでは、忽那氏の島内支配を中心に見てきたが、実は忽那氏は、島内ばかりでなく島外にも所領を有していた。それを示すのは、元亨二年(一三二二)八月に作成された譲状である(「布施巻太郎氏所蔵文書」)。譲状を作成したのは、道一《どういち》・道覚という二人の人物で、譲られたのは、機雲殿という女性である。道一は、系図によれば忽那重義の法名で、道覚は、「開発記」によれば重義の甥重明《しげあき》の法名である。これらの人物たちは、鎌倉末〜南北朝期の忽那氏の惣領やそれに近い者で、この譲状は、彼らが近親の女性機雲殿に所領の一部を譲与したものとみることができる。

譲与の対象になった所領は、大井郷《おおい》塩別府《しおべっぷ》というところに散在する名田の一部である。大井郷塩別府は、現在の愛媛県今治市大西町(以下、愛媛県内の地名については県名を省略する)の沿岸部に別府という地名が残っているので、その地にあてることができよう。忽那島から東北方に海上約二五キロメートルを隔てる場所である(図1—5参照)。譲状には、譲与の対象となった所領の詳細な位置が記されているので、それをもとにして現地比定を試みてみると、塩別府は、沿岸部の砂丘と背後の丘陵にはさまれた狭小な低地であることがわかる。その地名から判断して、おそらく塩入荒野(満潮時には海水が侵入する低湿地)を開発して成立した耕地であろう(拙稿「塩入荒野の開発」)。おそらく忽那氏が開発した土地であろうが、伊予本土の沿岸部にも忽那氏が進出して所領を有していたことに注目しておきたい。

これまで見てきたように、鎌倉時代の忽那氏は、内海島嶼の御家人として、外に向かっては二階堂氏や大仏氏などの幕府要人との間に「縁」を結び、島内においては、所領の分割相続とそれに起因する内部対立を繰り返し、他方では、長講堂領忽那島庄の地頭として荘園領主との相論をも度々起こしていた。このようなできごとの積み重ねの中で、内海島嶼の領主としての力を蓄積した忽那氏は、やがて、鎌倉幕府の滅亡、南北朝の内乱という大きな社会的変動の中でその力を発揮していくことになる。

第2章　南北朝の内乱と海上ネットワーク

1　忽那重清の軍忠

反幕府の兵を挙げる

鎌倉幕府のあり方に不満を持つ後醍醐天皇の周辺ではひそかに討幕の計画が進められていたが、いち早くそれを察知した幕府は、正中元年(一三二四)九月、天皇側近の日野資朝《すけとも》らを捕らえた(正中の変)。しかし、後醍醐天皇の討幕の意志は抑えがたく、元弘元年(一三三一)五月には再び討幕を実行に移そうとした(元弘の変)。これを知った六波羅探題は、後醍醐天皇を捕えようとしたが、天皇はひそかに京都を脱出して南山城の笠置山《かさぎやま》に難を避けた。しかし、このたびは、七年前の正中の変のときとは状況が大きく異なっていた。幕府に対する反感は各地の武士たちの間に広まり、後醍醐天皇に心を寄せる者が多く現われたからである。その先頭に立ったのは楠木正成《まさしげ》で、正成は、後醍醐天皇が笠置山に行幸した直後に河内国赤坂城で反幕府の兵を挙げた。後醍醐天皇はやがて捕らえられて翌元弘二年隠岐《おき》に流されたが、反幕府の機運はやまず、同年十一月には、天台座主の地位にあった尊雲法親王《そんうんほっしんのう》が還俗して護良《もりよし》親王と改めて吉野で挙兵し、元弘三年(一三三三)正月には、赤松則村《のりむら》(円心《えんしん》)も播磨で兵を挙げた。

伊予国は、畿内以外では播磨国と並んで最も早く反幕府の動きがおこったところで、その先陣を切ったのが忽那氏であった。「忽那家文書」の中に、「忽那一族軍忠次第」とよばれる文書がある。鎌倉末〜南北朝期

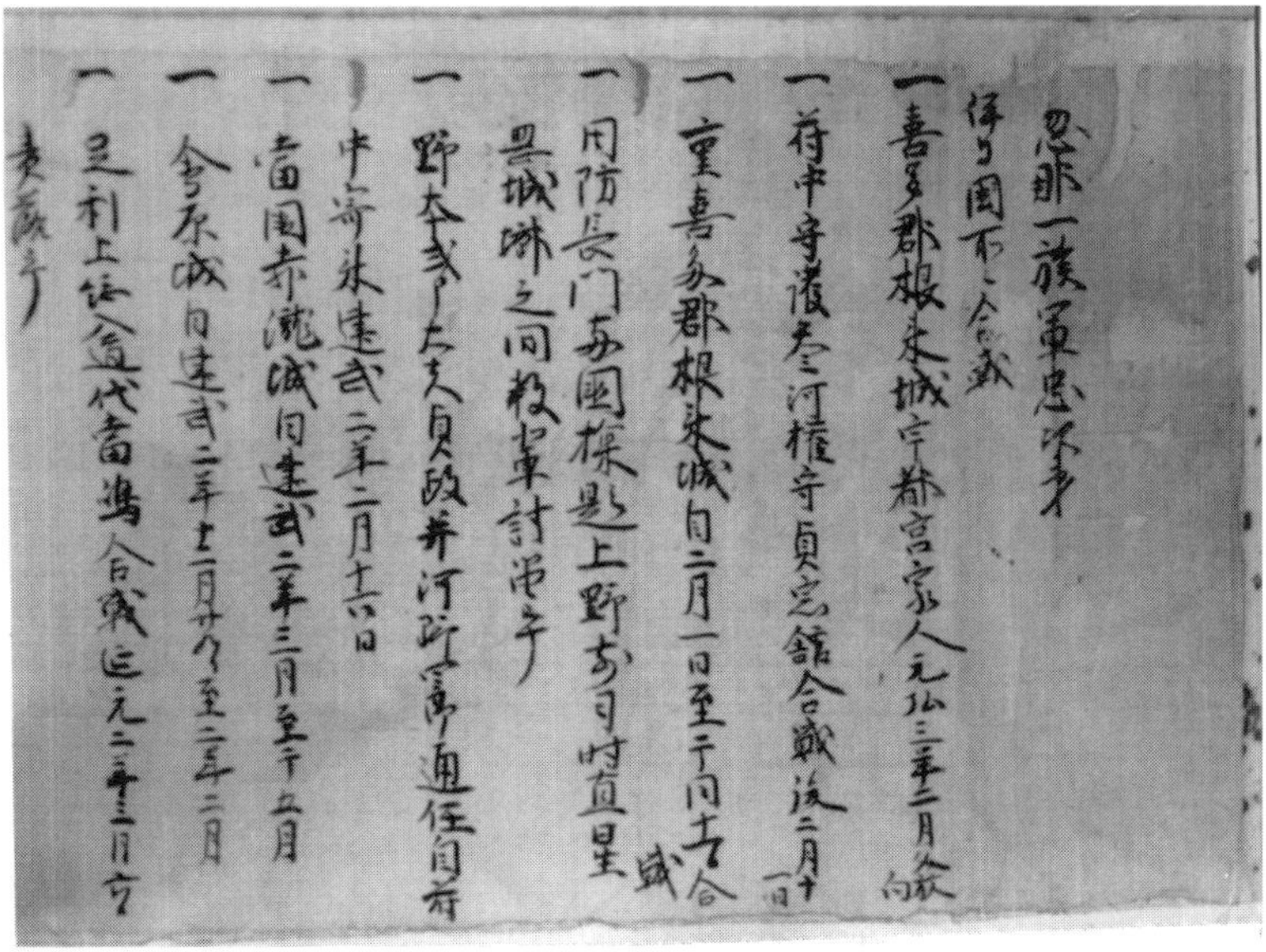
忽那一族軍忠次第
伊予国所々合戦
一 喜多郡根来城宇都宮家人元弘三年二月発向
一 府中守護宇都宮三河権守貞宗館合戦 後二月十一日
一 重喜多郡根来城自二月一日至于同十一日合戦
一 周防長門両国探題上野前司時直星岡城攻之間殺害討死了
一 野本式部大夫貞政并河野宮内通任自府中寄来建武二年二月十六日
一 当国赤滝城自建武二年三月至于五月
一 今張城自建武二年十二月廿八日至三年二月
一 足利上総入道代当嶋合戦延元二年三月十六
東蔵寺

写真2―1　忽那一族軍忠次第(冒頭)

の忽那氏の活動歴を四九ヶ条にわたって列挙したもので、この時期の忽那氏の歴史を見ていく上で極めて重要な史料である。その成立事情や史料的性格についてはのちほど詳しく述べることにするが(本章第4節)、このあと度々引用することになるので、ここに一括して掲出しておくことにする(52〜53ページ)。なお、引用にあたっては、文頭に付した番号を使用し、「軍忠次第」①のように記すこととする(写真2―1)。

その「軍忠次第」の冒頭(①)に記されているのは、次のような記事である。

喜多郡根来城、宇都宮家人、元弘三年二月発向

これによると忽那氏は、元弘三年二月に宇都宮氏の家人《けにん》を討つために喜多郡《きたぐん》(大洲市とその周辺)根来《ねごろ》城へ出陣したことがわかる。そのような行動を起こしたのは、そこが伊予の守護宇都宮氏の拠点だったからである。守護館のある守護所は、府中(今治市)

〔史料1〕

忽那一族軍忠次第

伊与国所々合戦

①一 喜多郡根来城宇都宮家人元弘三年二月発向

②一 荷中守護参河権守貞宗館合戦後二月十一日

③一 重喜多郡根来城自二（三カ）月一日至于同十一日合戦

④一 周防長門両国探題上野前司時（北条）直星岡城墎之間
数輩討留畢

⑤一 野本式部大夫貞政并河野四郎通任自荷中寄来
建武二年二月十六日

⑥一 当国赤瀧城自建武二年三月至于五月

⑦一 會原城自建武二年十二月廿九日至于二（三カ）年二月

⑧一 足利上総入道代当島合戦延元二年三月六日責
落畢

⑨一 和介濱大将細河三位懸合々戦追返畢

⑩一 河野彦四郎入道桑原城懸合々戦延元二年四月
廿四日

⑪一 井門合戦自延元二年四月至于五月

⑫一 高井城自延元三年六月至于同七月合戦責落畢

⑬一 河野城発向同四月廿六日

⑭一 和介濱合戦同年七月十日河野対馬入道善恵、同十二日、宮山城押寄即責落畢、同十三日道
前西条城責落畢

⑮一 延元三年九月廿九日播磨塚合戦、同十三日左
河々原合戦

⑯一 延元五年二月十二日大濱城後措

⑰一 興国元年十月十日当島泰山城安芸国守護武田
寄来或討留或追返畢

⑱一 同二年十二月廿日道後合戦、同恵良城籠

⑲一 同三年三月湯築城責

⑳一 同年七月十四日道前土肥城後措

㉑一 同九月三日中道前懸合々戦

他国合戦
㉒一　元弘三年讃岐鳥坂合戦大将河野通綱通増
㉓一　紀伊国飯森城大将足利尾張守建武元年
㉔一　山道海道合戦大将洞院[右]大将殿（于時左衛門督）建武二
年至于同三年
㉕一　山門両度臨幸祇候京都度々発向
㉖一　淡路合戦
㉗一　和泉堺濱合戦
㉘一　京八幡城籠
㉙一　周防国加室合戦延元四年七月七日
㉚一　安芸国波多見合戦
㉛一　周防国屋代島大将中院殿
㉜一　備後国鞆合戦
㉝一　供御料足事
㉞一　御佛事料足事
㉟一　征西将軍宮当島渡御供御并御手人々兵粮事
㊱一　同宮御服調進事
㊲一　同宮鎮西御下向御出立并路次供御以下事
㊳一　同御手十二人衣装兵粮沙汰事三ヶ年
㊴一　勘解由次官父子鎮西渡海事
㊵一　中院内大臣法眼御房渡海事
㊶一　大将四条中将殿宇和庄御迎事両度
㊷一　同大将当島渡御々手人々兵粮以下事
㊸一　吉野殿連々御使料粮事此外不遑注進
㊹一　同大将去年九月当島渡御兵粮以下事
㊺一　熊野勢当国下向兵粮両度
㊻一　大濱城兵粮沙汰事
㊼一　新田脇屋殿兵粮事
㊽一　勅使大蔵大輔□俻渡島兵粮事
㊾一　方々上下向押送并兵粮事

に所在していたが、宇都宮氏は喜多郡の地頭職を有し、根来城を拠点の一つにしていたのである。

忽那氏のこの行動は、反幕府的姿勢を示し始めた伊予の武士が、畿内での楠木正成らの行動に刺激を受けて本格的に動き始めたことを示している。その手始めが、幕府支配の担い手であった守護宇都宮氏に対する攻撃だったのである。

このの後ち忽那氏は、鎌倉幕府の滅亡前後の争乱に身を投じていくことになるが、この時期の社会の変化にはまことに目まぐるしいものがある。そこで、主なできごとを年表に整理しておいたので、適宜それを参照しながら、忽那氏の活動を時代の動きと関連させて理解していただければと思う(表2―1)。

長門周防探題の来襲

やがてこのような伊予の不穏な動きについての情報は、幕府のもとに届くようになった。幕府による楠木正成軍追討の状況を記した「楠木合戦注文」は、元弘三年閏二月の初めに得た情報として、伊予・播磨の悪党が蜂起したのでその討伐に向かうように六波羅探題が両国の守護に命じたと記している。伊予の悪党というのは、先の忽那一族の行動などを指しているものと思われる。しかし、伊予において反幕的な動きを示し始めたのは、ひとり忽那氏だけではなく、伊予の最有力豪族河野氏の庶家土居《どい》氏や得能《とくのう》氏、伊予の一宮三島社(現大山祇《おおやまづみ》神社、今治市大三島町)の社家祝《ほうり》氏なども同様であった。これらの勢力の動きを抑え込むために、幕府は閏二月に長門周防探題北条時直《ときなお》を伊予へ送り込んだが、時直は戦わずに撤退した。この時期の忽那氏の動きは活発で、三月二十八日付で惣領重清《しげきよ》が提出した軍忠状によると、その行動は以下のようなものであ

表２－１　元弘・建武期の主なできごと

西暦	年号	月	できごと
1324	正中1	9	正中の変
1331	元弘1	5	元弘の変
		9	楠木正成が河内国赤坂で挙兵する
1332	元弘2 正慶1	3	後醍醐天皇が隠岐へ流される
		11	護良親王が吉野で挙兵する
1333	元弘3 正慶2	1	赤松円心が播磨で挙兵する。幕府軍が入京する
		閏2	長門周防探題北条時直が伊予を攻める
		3	赤松円心が六波羅を攻める
		4	足利尊氏が天皇方に転じる
		5	六波羅探題が陥落する。続いて新田義貞によって鎌倉が陥落する
		6	後醍醐天皇が帰京する
1334	建武1	11	護良親王が鎌倉へ流される
1335	建武2	7	中先代の乱
		8	尊氏が鎌倉を奪回する
		11	義貞が尊氏追討の命をうけて出京する
		12	箱根竹ノ下の戦い
1336	建武3 延元1	1	義貞、北畠顕家らが尊氏を追って入京する
		2	尊氏が義貞らに敗れて九州に向う。途中室津の軍議が行われる
		3	筑前多々良浜の戦い
		4	尊氏が九州を発って東上を始める
		5	湊川の戦い。後醍醐天皇が東坂本へ行幸する
		6	尊氏が入京する
		8	光明天皇が即位する
		10	後醍醐天皇が京都へ還幸する
		11	尊氏が建武式目を定める
		12	後醍醐天皇が吉野へ移る
1338	暦応1 延元3	8	尊氏が征夷大将軍となる
1339	暦応2 延元4	8	後醍醐天皇が没する

った。

北条時直が攻め寄せて来た閏二月には、祝安親《やすちか》らと連動して府中の守護所を攻め、守護宇都宮貞宗《さだむね》以下地頭御家人を攻め下した。続いて翌三月には再び喜多郡を攻め、喜多郡地頭宇都宮遠江守（貞泰《さだやす》）、同美濃入道の代官等が根来山に城郭を構えて敵対するのを攻め落とした。これによって府中の守護館と喜多郡を失った伊予の守護宇都宮氏の勢力は、ほぼ壊滅したものと思われる。

同じ三月には、伊予における守護勢力の壊滅という状況を挽回すべく、さきの長門周防探題北条時直が再び伊予に渡海してきたが、これを迎え討ったのも、忽那重清や祝安親らの勢力であった。両勢力は、久米《くめ》郡星岡山《ほしのおかやま》（松山市、38ページ：図1―5参照）で戦ったが、これについて、前記重清の軍忠次第は、「長門周防探題上野前司時直、両国軍勢等を引率して当国に発向し、在々所々を焼き払う、星岡山に城郭を構えるの間、押し寄せ、三月十二日〈申剋〉件《くだん》の城散々に合戦を致し、時直以下軍勢等を責め落とし畢《おわんぬ》」と記している。

合戦の様子は『太平記』（巻七）にも取り上げられていて、同書は、星岡山において北条時直軍が大敗したことを述べた後、「四国の勢、悉く土居・得能に属す」と記している。四国がことごとく河野氏庶家土居・得能氏に属するようになったというのは誇張が過ぎるというべきであろうが、少なくとも伊予では土居・得能両氏やそれに従う忽那氏、祝氏などの勢力が優勢になったことは間違いないであろう。

このような伊予の諸勢力の反幕的活動は後醍醐天皇にも聞こえたようで、この時期、後醍醐天皇やその周辺から忽那氏に対して相次いで文書が発せられている。たとえば、四月一日付で忽那孫九郎（重清の従弟重明《しげあき》か）にあてた護良親王令旨《りょうじ》がある。これには、「伊豆国在庁時政《ときまさ》子孫高時《たかとき》法師、朝家《ちょうけ》を蔑如し奉り候間、征伐を加えらる所也」という文言がみえる。この一文からは、時の幕府執権北条高時などは所詮小国伊豆国の在庁官人時政の子孫に過ぎない者で、そのような者が「朝家」を軽んずるので、それを征伐するのであるという護良親王の強い自負を読み取ることができる。[1] ほかにも四月十九日付で、忽那孫次郎入道（重清の父重義《しげよし》）に忠節を命じた後醍醐天皇綸旨、四月二十三日付で重義にあてて軍忠を「天聴に達すべし」と述べた、廷臣中院通顕《なかのいんみちあき》の感状などが残されている。

　ちなみに、この時期、後醍醐天皇は伯耆国船上山《せんじょうさん》（鳥取県琴浦町）にいた。閏二月に隠岐を脱出したあと、出雲から伯耆に向かい、名和長年《なわながとし》に迎えられたのである。船上山から情勢を眺めつつ、各地の有力者たちに加勢を求める軍勢催促状を発し続けていたが、その一部が忽那氏のもとにも届いていたのである。

　これまで元弘三年の伊予において忽那氏が河野氏庶家土居・得能氏や祝氏などとともに反幕的な行動をとり始めた状況をみてきたが、鎌倉時代を通じて長く御家人として生きてきた忽那氏がなぜこのような行動をとるようになったのかについてはよくわからない。

　鎌倉幕府と忽那氏の接点を示す最後の史料は、元徳二年（一三三〇）四月の六波羅施行状である。この史料は、さきに述べた元亨四年（一三二四）七月の尼真妙譲状（44ページ参照）の内容を六波羅探題が、そのとおりにすべしと再確認したものである。この六波羅探題の施行状が尼真妙あてに出される前には、尼真妙やその周辺の人物が譲状を六波羅探題に持参し、内容を確認してもらう行為があったはずで、元徳二年の時点では、忽那氏はまだ幕府や六波羅探題の権威を頼りにしていたことがわかる。そしてその三年後の元弘三年に、忽那氏は幕府に反旗を翻している。その間に何があったのか。これは今後の検討課題である。

後醍醐天皇の綸旨

忽那氏らが伊予で反幕府行動を起こしていたころ、京都では六波羅探題に結集する幕府方勢力と、後醍醐天皇方の勢力が激しい戦いを展開していたが、結局五月七日、足利尊氏・赤松則村・千種忠顕《ちぐさただあき》らの攻撃によって六波羅探題は陥落した。また日をおかずして五月二十一日には、新田義貞《よしさだ》の攻撃によって鎌倉も落ちた。こうして鎌倉幕府は滅亡した。このことは伊予の諸勢力の動向にも大きな影響を与えずにはおかなかった。なによりも河野家では、六波羅軍の一翼をになっていた惣領家の通盛《みちもり》と反幕府方の庶子家土居・得能氏の力関係が逆転した。忽那重清も「官軍」としてその地位を高めたことが推測される。

伊予の「官軍」を率いた土居通増《みちます》、得能通綱《みちつな》は、星岡山合戦のあと隣国讃岐に進出して鳥坂山《とっさか》（香川県善通寺市と三豊市の境界）で幕府方勢力と戦い（「軍忠次第」㉒）、その勢いを駆って上洛した。おそらく忽那氏も行動を共にしたものと思われる。

元弘三年六月に後醍醐天皇が京都にもどって新政権が動き始めたが、しばらくの間は敵対勢力も多く、政情は不安定であった。建武元年（一三三四）十月には紀伊国飯盛《いいもり》城（和歌山県紀の川市）で北条氏の残党が蜂起し（当時足利尊氏との対立を深めつつあった護良親王にくみする勢力との説もある）、幕府は斯波高経《しばたかつね》らの軍勢を派遣して翌二年正月にこれを鎮圧したが、忽那氏も討伐軍に参じている（「軍忠次第」㉓）。土居・得能氏に従って上洛していた忽那氏が、紀伊国での軍事行動に動員されたのであろう。

建武元年十二月二十日付で、これまでの忽那氏の勲功を賞して、後醍醐天皇綸旨が出されている。

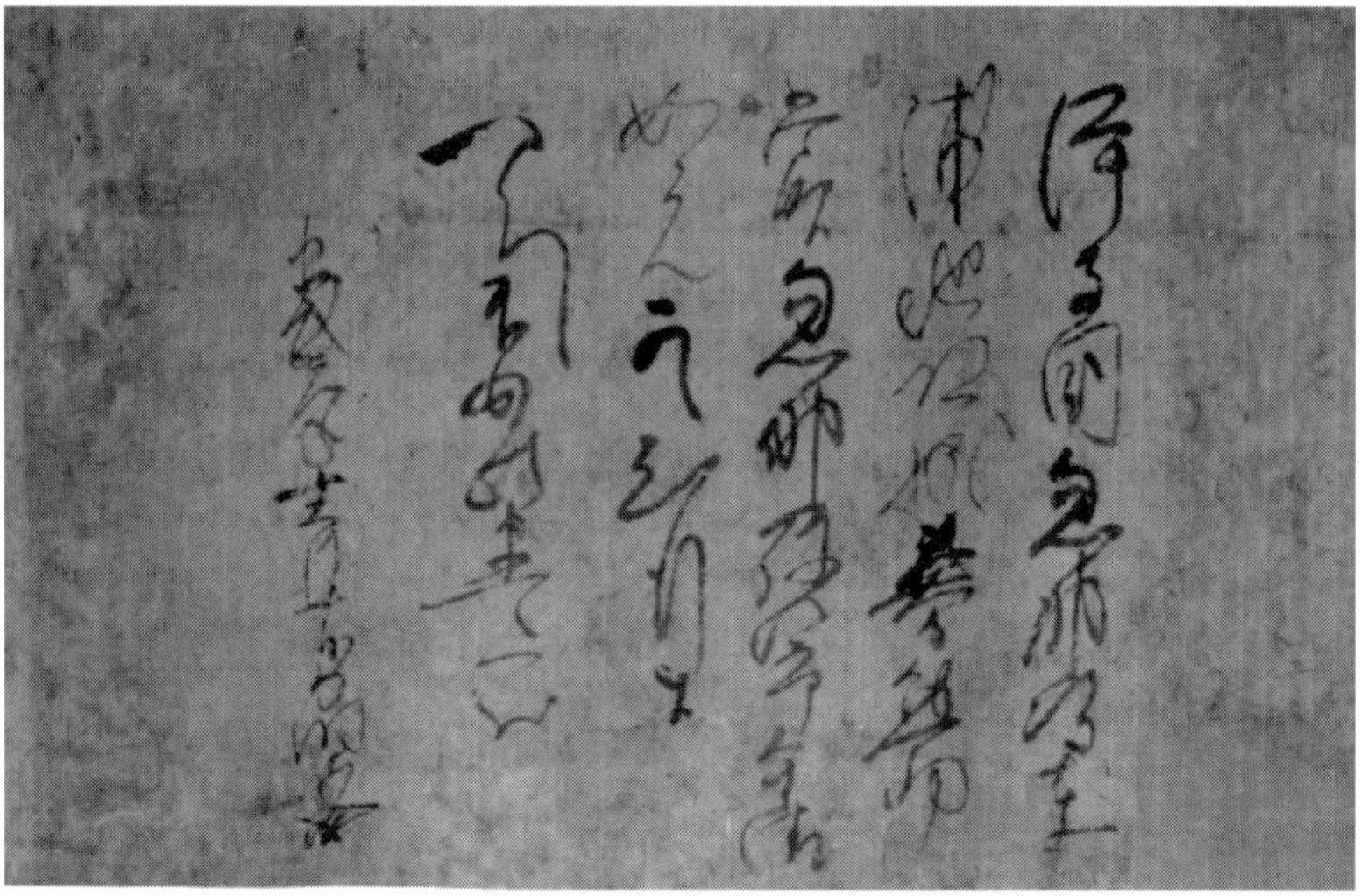

写真2―2　後醍醐天皇綸旨

〔史料2〕（「忽那家文書」）

伊与国忽那島東浦地頭職、勲功の賞を募り、忽那弥次郎重清元の如く知行せしむべし、者《てへれば》
天気此の如し、これを悉《つく》せ、以て状す
建武元年十二月廿日　少納言（花押）

忽那重清の軍功を賞して忽那島東浦地頭職を安堵したこの文書は、宿紙《しゅくし》とよばれる、灰色がかった漉返《すきかえ》し紙（一度使った紙を漉返して再生させた紙）に書かれた堂々たるものである。後世の忽那家においても特別に重視したようで、他の文書とは別にしてこの一通のみを巻子に表装して保存している（写真2―2）。

この後醍醐天皇綸旨からほどない建武二年正月十六日付で、次のような奇妙な内容の文書が忽那氏あてに出されている。

〔史料3〕（「忽那家文書」）

凶徒等追罰の事、関東より仰せ下さる所也、早く一族を率い軍忠を抽きんぜらるべし、功有るにおいては、殊に行賞せらるべきの状、仰せにより執達件の如し

建武二年正月十六日　　散位（花押）

忽那伊勢公御房

ほぼ同じ内容の文書が三日後の正月十九日付で忽那孫九郎（重明）あてにも出されている。散位《さんに》という公家風の発給者名からすると、後醍醐天皇方から発せられたようにもみえるが、凶徒等追伐の事を「関東より仰せ下さる」という文言をみると、天皇方とは別勢力のようにもみえる。宛名の「伊勢公御房」というのも類例が見当たらず、不審である。「忽那家系図」には、重清が後に伊勢守を名乗ったと記されているが、一次史料には見えないし、重清が出家したという徴証もない。

この二通の軍勢催促状について、岡野友彦氏は、この時期活発に活動していた北条氏残党が味方を募るべく発したのではないかと述べている（「二つの「中務大輔某奉書」」）。そうすると、「関東より仰せ下さる」という文言とも符合するし、理解しやすい。

ただ忽那氏はこの北条氏残党からの誘いには乗らなかったようである。国元の伊予で北条氏の残党が周敷《しゅう》郡赤滝《あかたき》城（西条市丹原町）で蜂起したときにも、伊予に残っていた一族が、祝安親らとともに討伐軍に加わっている（「軍忠次第」⑥）。

京都で戦う重清

新しく成立した建武政権の内部では、後醍醐天皇を中心とする勢力と、足利尊氏に代表される武家勢力との間で対立が深まっていた。建武二年（一三三五）七月、関東では最後の執権北条高時の遺児時行《ときゆき》が鎌倉を攻略するという、いわゆる中先代の乱が起こり、これをきっかけに対立が表面化した。北条時行によって鎌倉が陥落したことを知った尊氏は、自ら軍勢を率いて鎌倉に下り、その地で反政権の姿勢を鮮明にした。尊氏を討伐するために天皇は軍勢を派遣し、東海道方面からは新田義貞らが、東山道方面からは洞院実世《とういんさねよ》らが鎌倉に向かった。このとき京都に滞在していた忽那重清らは、足利尊氏討伐軍に組み込まれ、洞院実世の軍に属して東山道を進んだらしい。重清が十二月二十五日付で洞院実世に提出した軍忠状によると、信濃国大井庄（長野県佐久市）において島津上総入道（貞久《さだひさ》）らとともに、小笠原貞宗《さだむね》、村上信貞《のぶさだ》ら信濃の軍勢と合戦したことがわかる。

これに先立って同月十一日には、箱根竹ノ下で足利軍と新田軍が戦い、これに勝利した足利尊氏は勢いに乗って京都に入った。このような尊氏軍の動きを見て後醍醐天皇は、建武三年（一三三六）の正月十日に京都を出て比叡山麓の東坂本（滋賀県大津市坂本）に移ったが、この行在所《あんざいしょ》に忽那重清は「祗候《しこう》」したらしい。「軍忠次第」㉕に「山門両度臨幸祗候」と記しているうちの、一度目の「祗候」はこのときのことと考えられる。後醍醐天皇の東坂本臨幸を知って、洞院実世に率いられた東山道軍が急遽引き返して東坂本に駆け付けたのであろう。

このあと、陸奥守として東北に下っていた北畠顕家《あきいえ》が尊氏を追って入京し、新田義貞軍とも合流して尊氏

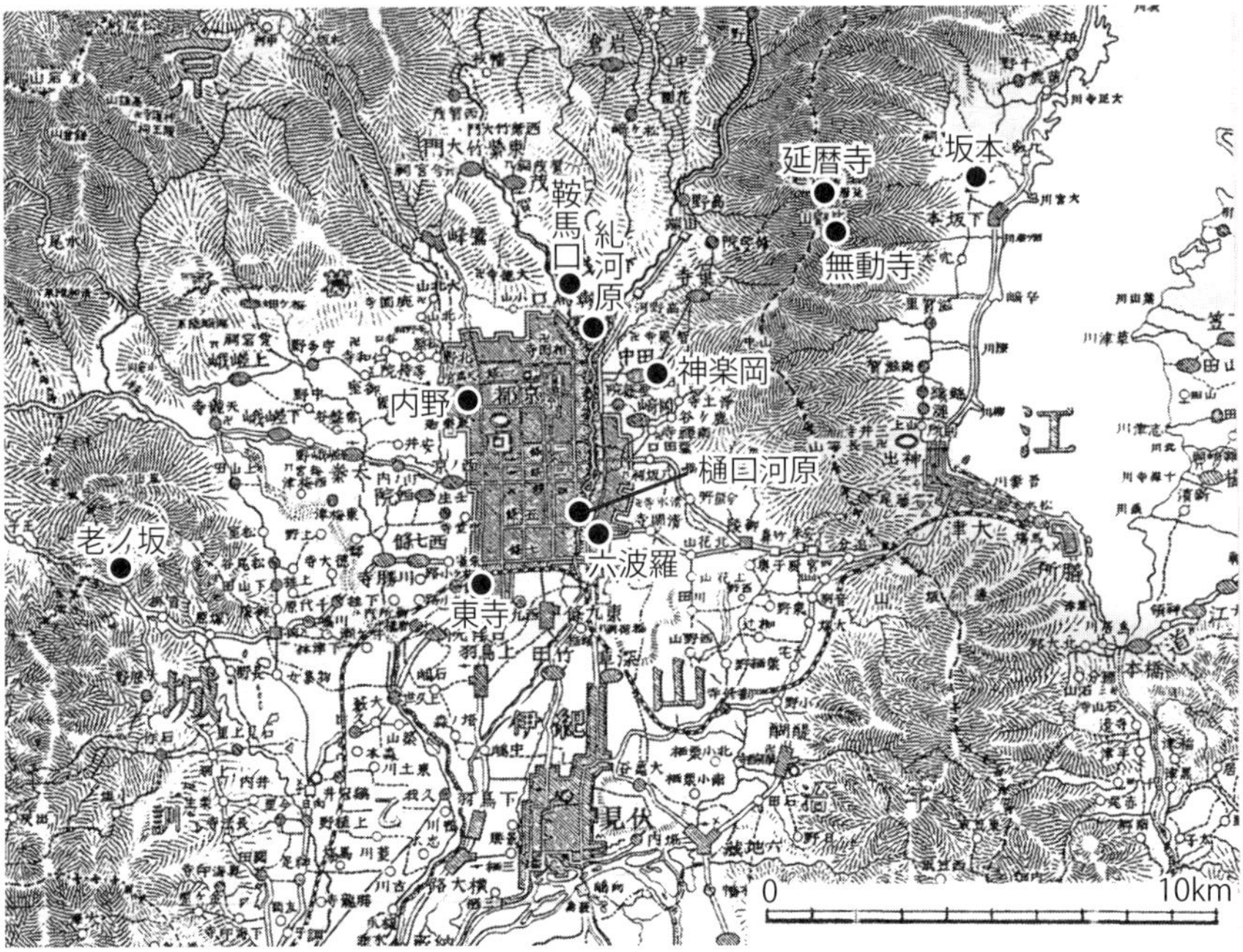

図2—1　京都周辺(平凡社『歴史地名大系 京都府』所収　輯製二十万分一図による)

軍を攻めた。このとき忽那重清も「大将軍」洞院実世に従って京都に入り、足利軍と戦った。重清は二月三日付の軍忠状で、自らの活動を詳細に語っている。それによると、正月二十七日には、比叡山西麓の西坂本(京都市左京区)から賀茂川の河原に馳せ向かい、「上北小路河原口」まで攻め下った。当時、現在の今出川通は北小路とよばれていたから、同通から賀茂川にかけての一帯で戦ったのであろう。この合戦について足利方の立場で状況を描いた『梅松論』は、天皇方の軍勢は、二手に分かれて河原と鞍馬口を攻め下り、武家方も二手に分かれて合戦し、武家方が敗れて多くの武将が討死した、と記している(図2—1)。

鞍馬口は、鞍馬山への登り口にあたるところで、下鴨神社の西方、現在賀茂川に架かる出雲路橋のあるあたりである(左京区)。忽那重清らは、翌二十八日にも「大手」で合戦し（『梅松論』はこれを神楽岡とする。神楽岡は現在の左京区吉田山）、三十日には四条河原に向かおうとして「朝敵人」高橋党（備中国高梁―岡山県高梁市―を本貫とする武士）の面々を攻め落とし、さらに大将洞院実世の命をうけて「火（樋）口河原」の在家を焼き払った。続いて「内野」に向かい、敵軍を「丹州追山（丹波国大江山）」まで撤退させた。

ここにみえる「火（樋）口河原」というのは、現在の五条大路の一つ南の万寿寺通がかつて樋口小路とよばれていたから、そのあたりの河原だろう。「内野」というのは、もとの大極殿の跡地で、当時は律令時代の官衙がわずかに残っていたらしい。今の千本丸太町のあたり一帯であろう（上京区）。さらに、「追山（大江山）」は、山城国から丹波国に向かう山陰道が通過する両国境の老ノ坂あたりを指す（右京区）。これらをみると重清は、後醍醐天皇方に属して洛中を駆け回り、足利軍を追い詰めるうえで大きな貢献をしていることがわかる。実際足利軍は、このあと大江山を越えて丹波国篠村（京都府亀岡市）まで撤退し、やがて九州へ落ちていくことになる。

この正月二十七日～三十日の都での合戦は激戦であったようで、忽那氏以外にも各地から上洛して合戦に加わった多くの武将たちが軍忠状を残している。その中でも興味深いのは、このとき足利軍の一翼をになっていた薩摩の守護島津貞久（さきの信州での戦いにおいては重清と味方同士であった）の配下として戦いに加わっていた薩摩の武士本田久兼《ひさかね》の軍忠状である。久兼は合戦の様子を足利方の立場で、正月二十七日に「賀茂河原合戦」で先駆けをし、二十八日に「神楽岡之下」で散々に合戦し、三十日には、「二条大宮ならびに西七条」で戦いに加わったと記している。天皇方であった忽那重清とは立場は異なるが、両者が同じ戦場にいたことが明らかである(「都城島津家所蔵文書」)。

なお重清は、建武二年十二月二十五日の軍忠状では「忽那島東浦地頭弥次郎重清」と名乗っているが、建武三年二月三日の軍忠状では「忽那島東浦地頭左衛門尉重清」と名乗っており、天皇方から軍忠を評価されて左衛門尉に任官されたものと思われる。

このような重清らの、信濃や京都での活動について「軍忠次第」㉔は、「山道海道(東山道、東海道)合戦、大将洞院右大将殿〈時に左衛門督〉、建武二年から同三年に至る」と記している。

足利方に転じる

建武三年五月になると、情勢が大きく動く。二月に京都を追われて九州まで落ちのびていた足利尊氏が、九州で態勢を立て直して瀬戸内海を東上してくるからである。五月二十五日には摂津湊川で足利軍とそれを迎え撃とうとする後醍醐天皇方軍との間で戦いが行なわれ、足利軍が勝利した。楠木正成は戦死し、新田義貞は京都へ逃れた。この状況を見て、後醍醐天皇は再び東坂本へ移ったが、「軍忠次第」に記されている両度の「臨幸祇候」のうち二度目はこのときのことであろう。

このように元弘三年から建武三年にかけての忽那重清ら忽那一族の天皇方に対する軍忠には目覚ましいものがあったが、同年六月になると状況は大きく変わることになる。忽那一族が足利方に転じるからである。六月二十九日には、「新田義貞已下凶徒等」を誅罰せよという足利直義《ただよし》からの軍勢催促状が重清に発せられ(「長隆寺文書」)、七月には、重清が吉見頼隆《よりたか》に軍忠状を提出している。吉見頼隆は、武蔵国吉見(埼玉県吉見町)を本貫とする武士で、このころ足利一門の軍事指揮官として各地で幅広く活動していた人物である。この時期、直義らの足利軍がたびたび、後醍醐天皇が滞在している東坂本や比叡山を攻め、天皇方も機を見て京都に出陣して洛中やその周辺で衝突が繰り返されていたが、そのなかで重清らは、足利軍に身を投じたのである。

その七月の軍忠状において重清は、五月上旬に吉見氏頼《うじより》(頼隆の子)のもとに着陣し、同二十八日に洛中に入り、六月五日から晦日まで各所で合戦したと述べている。(2)これに従うならば、重清は湊川合戦より前の、尊氏が瀬戸内海を東上している時期に足利方に転じたことになる。

七月の軍忠状で重清が合戦場としてあげているのは、「無動寺越中尾」と「只須河原」(糺河原《ただすがわら》)である。このうち無動寺《むどうじ》は、比叡山延暦寺の東塔エリアの一角に位置する寺である。ただ東塔の中心である根本中堂からはかなり南に下った険しい谷あいに位置し(ちなみにそのあたりは無動寺谷とよばれる)、今も弁天堂、明王堂などの堂舎を残している。明王堂は、延暦寺の僧侶によって続けられている千日回峰行《かいほうぎょう》の中心道場として知られている。無動寺谷を下れば後醍醐天皇の行在所である東坂本はすぐだから、行在所をうかがってここへ進出したものと考えられる。「只須河原」は、賀茂川と高野川の合流地点のことだから(近隣に下鴨神社の鎮座する糺の森がある)、洛中に出撃して来た天皇方軍と戦ったのだろう。

それにしても長らく天皇方として活動してきた忽那重清が、建武三年の五～六月ごろに至って、なぜ足利方に転じたのであろうか。普通に考えれば、足利方と天皇方の軍事情勢の推移を見定めての判断ということであろうが、そのような判断をするうえで、伊予国内に拠点を置く他の勢力の動向が影響を与えたことは否めない。

伊予国内の最有力豪族河野通盛は、元弘の変後の争乱においては六波羅方に属して京都で足利軍と戦っていたが、建武政権成立後は庶家の土居・得能氏の隆盛を尻目に勢力を失っていた。その通盛のもとに、建武三年二月、九州へ下る途中の足利尊氏・直義から元弘以来の没収地を返却するという文書が届き、これ以後足利軍に転じることになる。また三島社の社家の一族祝安親は、元弘三年から建武二年にかけての時期には忽那氏とともに天皇方として活動した人物であるが、やはり建武三年三月には、足利方として活動しているのが確認される(「三島家文書」)。忽那重清も、これら伊予の国内勢力の動向にも左右されて足利方に身を投じることになったものと思われる。

このころ京都周辺での戦いにおいて劣勢となっていた後醍醐天皇は、尊氏からの和議の申し入れを受け入れて、十月十日に比叡山を下りて京都に還幸した。こののち尊氏は、「建武式目」を定めて新しい武家政権の方向を示したが、このような尊氏の動きに反発した後醍醐天皇は、十二月にひそかに京都を脱出して吉野に移った。こうして南北両朝が併立することになった(この時期の年号表記は、南北両朝の年号が入り混じって紛らわしいので、特に必要な場合を除き、西暦を表に出し、( )内に南朝年号、北朝年号のどちらかを補うことにする)。

ところがこの時期、忽那一族の内部で奇妙な現象が起きている。

２　忽那義範の台頭

忽那氏の分裂

「軍忠次第」によると、一三三七年（延元二）三月、忽那一族は、忽那島に攻め込んできた足利方の武将足利上総入道（吉良貞義《さだよし》と考えられる）と戦い⑧、続いて年未詳であるが、細川三位（皇海）と和気浜（松山市）で戦ってこれを追い返したという⑨。吉良氏は、足利一門として高い家格を有する一族である。また、細川皇海は、前年十一月に幕府から伊予に下向して「凶徒を誅伐」するように命じられた人物である（「臼杵稲葉河野文書」）。吉良氏や細川氏が忽那氏を攻めた事情は定かでないが、敵対勢力を討つためであったことは間違いないであろうから、このころ忽那島に敵対勢力、すなわち天皇方勢力がいたことになる。惣領重清はまだ存命中で、後述するように翌一三三八年（暦応元）には安芸国で戦っていることが確認されるから、重清の留守中のできごとであった。この時期、忽那一族の中で何が起こったのだろうか。

これを考える手がかりを示しているのは次の史料である。ほぼ同じ内容のものが三月にも出されているが、ここでは内容のより詳しい六月の史料を示そう。

〔史料４〕（「忽那家文書」）

先々の軍忠、殊に以て神妙、爰《ここに》朝敵人河野対馬入道善恵《ぜんえ》、当国乱入の由その聞こえ有り、然れば早く

島々に発向せしめ、彼輩を誅伐せしむるにおいては、別して抽賞を行わるべきの状件の如し
六月十六日　左少将(花押)
忽那下野房

史料4は、左少将《さしょうしょう》なる人物が忽那下野房《しもつけぼう》に対して、河野対馬入道善恵、すなわち当時の河野氏の惣領通盛の「誅伐」を命じたもので、忽那下野房は忽那義範のことである。問題は、この左少将がだれかということだが、結論からいえば、四条有資《ありすけ》のことではないかと考えられる。ただ、四条有資の人物像については必ずしも明らかではない。四条有資という実名を記している唯一の史料は、『太平記』(巻二二)の脇屋義助《よしすけ》の予州下向の条である。

脇屋義助は新田義貞の弟である。この時期、伊予の南朝勢力の梃入れのため、吉野から派遣されたのである。『太平記』は、義助が着いたとき「四条大納言隆資の子息少将有資」が伊予の国司として在国していたと記している。

四条隆資《たかすけ》は、後醍醐天皇と行動を共にした南朝方貴族として名を知られているが、『尊卑分脈』には、その隆資の子として有資の名は見えず、若干の疑問はある。そこで、その足跡を少したどってみると、先の忽那氏あての文書のほかにも、一三三七年(延元二)から四〇年にかけて、三島社の祝安親に軍勢催促状を出したり(「三島家文書」)、国内の寺社に禁制や寄進状を出したりしている(「観念寺文書」、「興隆寺文書」)。その後、一三四三年(興国四)十一月に左中将《さちゅうじょう》名で忽那義範に軍勢催促状を出しているが、その花押は、史料4の左少

将のそれから若干変型しているものの、ほぼ同一人物のものとみてさしつかえない。さきの左少将が昇進したのだろう。そしてその左中将は、「軍忠次第」(41)では、四条中将とよばれている。

これらのことから、三月と六月に忽那義範に軍勢催促状を発した左少将は四条有資と考えて間違いないだろう。そしてその年代も、前掲史料のなかに河野通盛が「当国乱入」とあって、他所にいた通盛が帰国する状況がみられるから一三三七年(延元二)と考えることができる。とすると、さきに記したように一三三七年三月六日に吉良貞義が忽那島を攻めたのは、当時同島に残っていた忽那義範が四条有資らの軍勢催促を受けて南朝方に転じた(あるいは、惣領の重清が足利方に転じたあとも、後醍醐天皇方の立場を堅持したのかもしれない)からということになる。史料4は、その忽那義範が本格的に活動を始めたことを示す最初の文書でもある(3)。

義範の実像

ここで突然姿を見せる忽那義範とは、どのような人物なのだろうか。この人物については、すでに景浦勉氏や岡田政男氏らによって詳細な分析が加えられているので、それらを参考にしながらその人物像を明らかにしてみたい(景浦『忽那家文書』解説篇、岡田「中世海賊衆の形成と伊予国忽那氏」)。

義範は、「忽那家系図」では、重清の弟に位置づけられ、「下野法眼、神浦館」と注記され、成立時期の早い「忽那トラ家系図」では、同じく重清の弟に位置づけられ、「下野法眼、養子」と注記されている(18ページ、図1—3参照)。重清との兄弟関係については一次史料では確認できない。元弘三年三月二十八日付忽那ばいいのだろうか。

重清軍忠状では「家人下野房」とみえる。この、系図と重清軍忠状における記述の違いはどのように考えれ

「家人」というのは幅広い概念で多様な意味を持ち、中世の武士社会では、有力武士の従者の意味で使われることが多い。従者のうち主人の一族につながるものが「家の子」とされるのに対して、そうでないものが「家人」とよばれるというのが一般的な理解であろう(『国史大辞典』「家人」の項)。重清軍忠状の「家人」がどのような意味で使われているのかよくわからず、場合によっては、「家の子」と似た意味で使われている可能性もなくはない。しかしそれでも、系図が記すように惣領重清の弟であれば、「家人」とは記さないのではないかという疑問は残る。また一方では、「忽那トラ家系図」には「養子」とあるから、従者的地位にあった義範を何らかの事情で「養子」として一族の中に取り込み、重清の弟として位置づけたというようなことも考えられなくはない。

ということで、義範の出自についてはわからないことが多いが、ここでは一応、惣領家の出身ではないにしろ、何らかの形で忽那一族につながる立場に出自すると理解しておきたい。

義範は、しばしば「柱島下野房」「神浦下野法眼」など、名前の前に柱島、神浦《こうのうら》などの地名を冠してよばれているから、もとは周防国柱島や神浦を拠点にしていた可能性がある。神浦は忽那島の南西部の地名であるが、柱島は忽那島の西方約一八キロメートルに位置する島である(山口県岩国市、15ページ、図1―1参照)。ただ「忽那家系図」では、柱島のところに「忽那ノ内」という注記が付されており、当時は忽那氏の勢力範囲の内とみなされていたらしい。

義範を理解するためには、柱島の現地を見てみる必要があるだろうと考え、令和元年秋のある日、私はその準備を始めた。柱島は、忽那本島からはかなりの距離があるが、忽那諸島の西端津和地島からは、目と鼻の先である(津和地島の隣島怒和島に住む知人は、高速の漁船で行くと数十分で着くと教えてくれた)。私の当初の計画では、忽那諸島の島めぐりの船に乗って柱島まで足を延ばし、忽那島と柱島の距離感を体感するつもりであったが、その目論見は見事に外れた。忽那諸島の島めぐりの船は津和地島から柱島へ向かうことはなく、そこから松山に引き返すことがわかったからである。結局、松山近郊に住む私は、松山から高速船とJRを乗り継いで、広島経由で山陽側の岩国にまで出かけ、岩国から船で柱島へ向かう破目になり(38ページ、図1―5参照)、陸上交通主体の近代社会においては、忽那諸島から柱島までの距離は、はなはだ遠いことを思い知った。

しかし、こうして現地を訪れてみると、柱島の重要性はよくわかる。島の中央には標高二八三メートルの金蔵山《きんぞうさん》がそびえており、そこから忽那諸島を一望できる。東方前景には津和地島が横たわり、その奥には、怒和島・忽那島が重なって続いている。忽那島の一角には、頂上が丸まった独特の山容が見えるが、これは泰ノ山であろう(泰ノ山については後述)。また目を少し右手に転じると、二つの山が角のように突き出ている、二神島の特色ある山容を目にすることができる。また、目を南に移していくと周防大島の大きな山並みが続き、さらに北方に転じると、安芸国の倉橋島の島影もみることができる。

このような眺望は、柱島が忽那諸島に接続すると同時に、周防や安芸の島々とも密接につながっていることをよく示している。つまり柱島は、後に忽那諸島で活動するようになる義範の前史の場としてふさわしい場所だといえよう。のちの一三四八年(正平三)九月に南朝から出された安堵状に、義範が柱島地頭職を本領であると称したと記されているのは、それと関係があるかもしれない。

なお、義範あての文書の宛所はしばしば「下野房」「下野法眼」と記されているから、義範は、本来は僧籍にあったものと思われる。つまり義範は、僧形の武士ということである。そのことからすれば、名前の読み方も、一般的には「よしのり」とされているが、実際には「ギハン」とよぶべきかもしれない。その点で義範は、忽那一族の中ではやや異色の人物だったようで、そのことは後世の一族の人々の記憶にも残っていたらしい。「忽那島開発記」は義範について、常に多聞天《たもんてん》(毘沙門天《びしゃもんてん》)を信仰し、応長元年(一三一一)に、毘沙門天を本尊とする京都鞍馬山(鞍馬寺)を模して「精舎」を建てたと記している。戦いの合間には、毘沙門堂に籠って仏道修行に励む義範の姿を思い浮かべることができよう。

後世の史料ではあるが、忽那島の神浦に鞍馬寺があったと記すものもあるし(「吉木二神文書」)、現在の神浦の集落の背後にある丘陵上には毘沙門庵とよばれる小堂が残されている。これらを見ると、「開発記」の記事は事実を伝えているのではないだろうか。いずれにしても、義範の一族内での位置については、このあと義範の事績を検討した後で改めて考えてみたいと思う。

このように人物像についてはわからないことも多い義範であるが、はっきりしているのは、前記史料4にみられるように、一三三七年(延元二)ごろから忽那一族の中心人物として活動し始めるということである。「軍忠次第」によると、同年三月に足利方の吉良氏や細川氏と戦ったあと、伊予各地での戦いが多くみられるようになる。

ただ注意しなければならないのは、この時期にはまだ惣領重清らの活動も続いていたことである。その点で興味深いのは、義範が七月十日から十二日にかけて河野対馬入道善恵（通盛）と戦った二度目の和気浜（松山市）合戦である（「軍忠次第」⑭はこれを延元三年のこととしているが、同二年の誤記であろう）。この合戦については、当時重清とともに足利方に属し、河野通盛の指揮下にあった忽那重明が一三三七年（建武四）七月二十九日付の軍忠状を残している。重明は、「忽那家系図」では重清のいとこにあたるとされている人物である。その軍忠状によると、七月一日に河野通盛の指揮下に入り、十日に和気浜に馳向かって「散々に合戦」したという。この軍忠状には「承了」という通盛の証判がすえられている。これらをあわせ考えると、和気浜において南朝方に属する義範と、足利方の河野軍に属する重明とが互いに干戈を交えたことになろう（38ページ、図1―5参照）。

忽那重清自身も、翌一三三八年（建武五）三月十一日付軍忠状において、謀叛を起こして安芸国沼田庄の妻高山《めたかやま》（広島県三原市）に籠った小早川氏を討つために岩松頼有《よりあり》に属して出陣したと述べている。ただ重清は、これを最後に史料上から姿を消す。これ以後当分の間、「忽那家文書」に残されているのは、義範の活動を伝える文書のみである。

畿内と伊予での活動

史料上から姿を消す重清らとは対照的に義範らの活動は、一三三八年（延元三）になってからも活発である。この時期、義範の活動場所は二つに分かれている。ひとつは、地元とでもいうべき伊予であり、もうひとつは京都やその周辺である。「軍忠次第」㉗に年未詳で「和泉堺浜合戦」と記されているのは、おそらく一三三八年五月に、後醍醐天皇の要請をうけて奥州から二度目の西上をしてきた北畠顕家が、足利方の高師《こうのもろ》直《なお》らと戦って敗れた和泉堺浦（大阪府堺市）での合戦のことを指しているのであろうし、同じく年未詳で「京八幡城籠」と記しているのは㉘、同年六月に高師直、同師泰《もろやす》らが南朝軍の立て籠もっていた石清水八幡宮の男山（京都府八幡市）を攻めたことを指しているものと思われる。これをみると忽那一族は、五月には南朝方として和泉堺浦での合戦に加わり、そこで敗れたのち京都に向かい、男山の籠城軍に加わったことがわかる。

一方、「軍忠次第」は、伊予においても各地で戦ったことを記している。四月の河野城発向、六～七月の高井城合戦、七月の宮山城、西条城攻め、九月の「左河々原合戦」、播磨塚合戦などである（⑫～⑮）。これらを見ると、忽那一族の出陣したところが、伊予国内の広範囲に及んでいることがわかる。[4]

時期が重なっていることからみても、畿内での戦いと伊予での戦いは別々の部隊が戦っていたと考えざるを得ないだろう。どうやら忽那一族は、畿内派遣軍と伊予駐留軍の二つに分かれて南北両朝軍の戦いに加わっていたらしい。畿内での戦いは、さきに述べたとおりだが、伊予での戦いは、七月の西条城攻めが相手がはっきりしていて重要である。この時期、足利方の有力武将である岩松頼有が国大将（国単位の軍事指揮官）として伊予へ渡ってきた。頼有軍に加わった人物の軍忠状によると（「予陽河野盛衰記所収文書」）、頼有は当初安芸・備後方面で戦っていたが、閏七月に東伊予の新居郡に入り、九月に同郡西条庄（西条市）で合戦し、十一月に伊予の府中（今治市）に入ったことがわかる（図1―5参照）。この頼有の動きをみると、忽那一族などの南朝軍と頼有率いる足利軍は、新居郡西条庄あたりで接触したことになる。「軍忠次第」に記された忽那一族の一連の動きは、安芸・備後から伊予に渡ってきて新居郡から伊予府中に向かって南朝方勢力の討伐を進めようとする岩松頼有軍の動きに対応したものであることが理解されよう。

一方、この年の十二月、紀伊国を出船して瀬戸内海を九州に向かって下っていた懐良《かねよし》親王の一行が讃岐に到着した。懐良親王は十二月三十日付で九州の南朝方の有力者阿蘇大宮司惟時《あそだいぐうじこれとき》にあてて令旨を発し(「阿蘇家文書」)、讃岐に着いたことを告げるとともに、まもなく伊予に渡海する予定であることを伝えた。彼らがめざした伊予の地というのは忽那島であった。

3　懐良親王の来島

征西将軍宮

懐良親王は、後醍醐天皇の皇子で、征西将軍宮として九州へ遣わされ、瀬戸内海を西下する途中にあったが、やがて忽那島に達し、そこに滞在することになる。ここで、忽那島に至るまでの懐良親王の足跡をたどっておくことにする(図2―2参照)。

九州から入京して来た足利尊氏軍を避けるために比叡山に拠っていた後醍醐天皇は、一三三六年(延元元)十月、尊氏の講和申し入れに応じて下山したが、それより先、皇子たちに主要な廷臣をつけて各地に下らせ、勢力の温存を図った。皇太子恒良《つねよし》親王と尊良《たかよし》親王を新田義貞に託して越前に、天台座主であった尊澄《そんちょう》法親

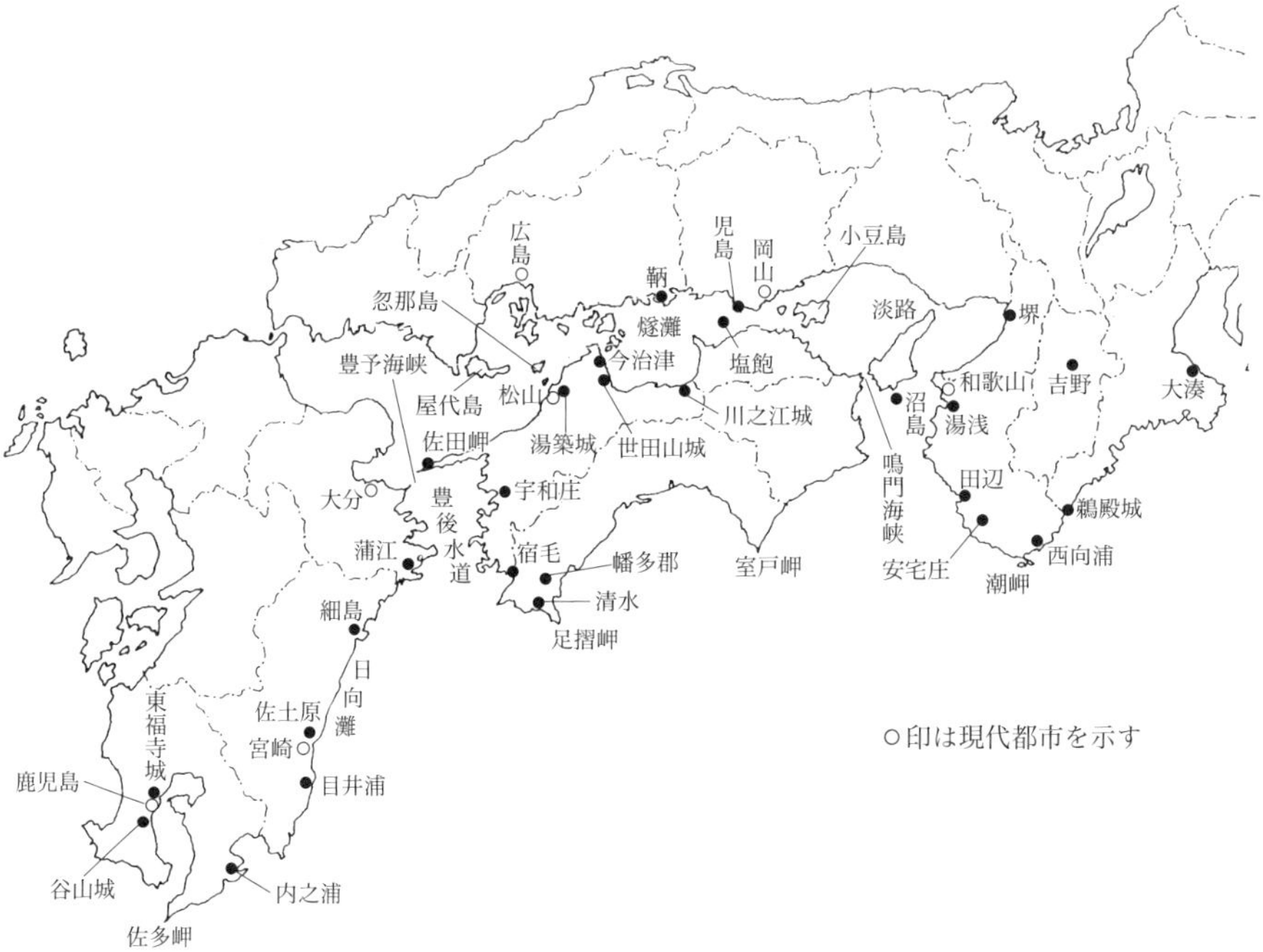

図2―2　懐良親王下向関係地図

王(宗良《むねよし》親王)を北畠親房に託して伊勢へ下らせたのがそれである。

このとき懐良親王は吉野へ下らされたようであるが、やがてその目的地は九州であることが明らかになる。一三三八年(延元三)九月に、後醍醐天皇が肥後の阿蘇氏に綸旨を下し、懐良親王を「征西大将軍」として下向させると述べているからである(「阿蘇家文書」)。九州を平定し、その軍勢を率いて再び京都へ攻め上るのがその目的であった。行をともにすることになったのは、五条頼元《よりもと》以下一二名の廷臣たちである。

一行が九州に渡っていくまでの時期や経路については、すでに戦前の段階で藤田明氏や長沼賢海氏によって優れた研究が発表されている(藤田『征西将軍宮』、長沼「懐良親王の征西路考」。以下、両氏の研究にふれるときは、この両論稿による)。また、近年新しい研究成果を盛り込んで懐良親王の生涯を広い視点で論じた森茂暁『懐良親王』が公刊された。叙述の中心は九州渡海後の活動であるが、忽那氏との関係についても言及がなされている。ここでは、これら先学の研究成果を参考にしながら、懐良親王の九州渡海や忽那一族とのかかわりなどについて述べることにする。

まず、懐良親王の一行が出航した港をみてみたい。これについて長沼氏は、一三三八年(延元三)八月に東国に向けて伊勢(大湊か)を出港した北畠親房らとともに伊勢から出港し、紀伊の南端潮岬を回って土佐に達し、そこから一気に土佐沖を通過して南九州に至ることをめざしたと推測する。ただ結果的にはそれが実現せず、土佐東部から海路または陸路を通って讃岐に達することになったとみる。一方、藤田氏は、懐良親王は北畠親房らとは別行動をとったと考え、出港地を紀伊半島西岸のどこかとする。九州をめざして行動を起こすのに、その出発地が伊勢の大湊(三重県伊勢市)という長沼氏の説は、どう考えても無理がある。やはり藤田氏がいうように紀伊半島西岸のどこかと考えるのが自然であろう(5)。

それでは、具体的に紀伊半島のどこだろうか。これについて藤田氏は、畿内から西国に向かう者は、堺を出船する場合が多いが、吉野に拠点を置く南朝勢力の場合、堺に向かうのは大きな迂回になるので、それよりも紀伊国沿岸の和歌山、湯浅か、南方の田辺から出港するのが好都合で、そのうち湯浅には南朝方勢力である湯浅氏がいたのでそれを頼り、湯浅の港から出船した可能性が高いのではないかと推測している。

説得力のある指摘であるが、私は、湯浅もさることながら南の田辺の可能性も捨てきれないのではないかと考える。それは、藤田氏もふれているように、懐良親王渡海の数年後にあたる一三四二年(興国三)に脇屋義助が田辺を出港して伊予へ渡った例があるからである。

脇屋義助の場合

脇屋義助は、一三三八年(延元三)閏七月に越前で戦死した新田義貞の弟である。伊予国からしかるべき大将を下してほしいとの要請を受けて一三四二(興国三)に四国に下ったのだが、(6)『太平記』(巻二二)によると、その行程は以下のようなものであった。

吉野を出発して高野山に参詣した後、四月に田辺から出船した。その際、熊野の新宮別当湛誉《たんよ》など「熊野人共」が兵船三百余艘を調えて、淡路の「武島」(沼島)まで義助を送り届けた。沼島は、淡路島南方に浮かぶ島で(兵庫県南あわじ市)紀伊と四国を結ぶ航路上に位置する。ここには、「安間《あま》・志知・小笠原」などの南朝方勢力がいて、やはり三百艘の兵船をそろえて義助を備前児島(岡山県倉敷市)へ送った。児島には南朝方の有力者飽浦《あくら》(佐々木)信胤《のぶたね》がいて、大船を準備して四月二十三日に伊予の今張浦《いまばり》(今治市)まで送り届けた。

これをみると、この時期、田辺から沼島、備前児島をへて伊予の今治に達する南朝方の海上ルートができあがっていたことがわかる。それは、紀伊近海では「熊野人共」、淡路島の南岸では「安間・志知・小笠原」の諸氏、そして児島では飽浦信胤がそれぞれ制海権を確保するルートで、これらの人々はいずれも、多数の船舶の動員力を有していた。そしてこの海上ルートには、『太平記』には記されていない他の海上勢力もかかわっていたことが推測される。「熊野人共」について、『太平記』は新宮別当湛誉や湯浅入道定仏などの名をあげているが、ほかにも、潮岬東方の古座川河口を本拠とする西向《にしむかい》小山氏が熊野勢に加わっていた可能性が考えられる。それは、「西向小山家文書」中の小山一族あて年未詳六月三日付後村上天皇綸旨に、「沼島後措」(後措は、後方支援のことか)などとみえるからである。

脇屋義助の渡海には忽那一族もかかわった。「軍忠次第」(47)には、「新田脇屋殿兵粮事」という一節があって、忽那氏が脇屋義助に兵粮を提供したことがわかる。

このように一三四二年(興国三)の脇屋義助の渡海の状況をみると、南紀州の西岸から淡路島の南岸を経て東瀬戸内海に至る海域において、熊野、沼島、児島などの南朝方海上勢力によるネットワークが成立し、それに支えられた海上ルートができあがっていたことがわかる。懐良親王もそのコースに乗って周辺の海上勢力の支援を受けながら航海した可能性が高いのではないだろうか。

「讃州御下着」

紀伊半島西岸を出港した懐良親王一行の主要な寄港地としてはっきりしているのは、讃岐である。それは、さきにも述べたように、十二月三十日付の阿蘇氏あて令旨に、「已に讃州に御下着候、則ち与州に御渡海有るべく候」と記されているからである(「阿蘇家文書」)。ここには、次の寄港地が伊予であることも記されている。

一行が下着したのが讃岐のどこにあたるかを見極めることは難しいが、可能性のあるところを一つ二つ推測してみよう。もっとも可能性が高いと思われるのは、小豆島《しょうどしま》である。小豆島は、鳴門海峡(実際には四国寄りの小鳴門海峡であろう)を抜けて東瀬戸内海に入った後最初に達する島嶼であり、かつ、当時備前児島を拠点とする有力な南朝方勢力飽浦信胤の影響力が及んでいたところである。

『太平記』(巻二二)によると、南朝が脇屋義助を伊予に下す方策を「議定」していたとき、備前国の住人

佐々木（飽浦）信胤から早馬がもたらされ、

「去月二十三日小豆島ニ押渡リ、義兵ヲ挙ル処ニ、国中ノ忠アル輩馳加テ、逆徒少々打順へ、京都運送ノ舟路ヲ差塞テ候也、急近日大将御下向アルベシ」

と告げたので、この好機をとらえて、義助を進発させることになったという。であれば、信胤が小豆島を打ち従えたのは、懐良親王の九州渡海よりも少し後、義助が伊予へ向けて進発した年、すなわち一三四二年ということになる。ただ、そのようなことが可能になったのは、もともと小豆島に南朝に心を寄せる勢力がいたからであろうし、さきの小山氏にあてた六月三日付後村上天皇綸旨において、凶徒退治のために小豆島に発向するように命じられていることからすれば、懐良親王の一行がこの海域に達したころ、南朝勢力の拠点になっていたとしても不思議ではない。

小豆島の著名な観光地寒霞渓《かんかけい》の東側に位置する標高八一六メートルの星ヶ城山は、飽浦信胤の居城であったと伝えられている。南方膝下の小豆島町安田あたりには居館跡と伝えられるところもあって、小豆島には信胤の活動のあとが色濃く残っている。小豆島の主要港である土庄《とのしょう》港から岡山に向かうフェリーに乗ると、讃岐国豊島《てしま》（香川県土庄町）を左に、備前国犬島（岡山市）を右に見て、船はやがて児島湾に入る。児島湾は、現在のように干拓が進む以前は、巨大な入江であり、同時に西方の倉敷方面へ抜けていく重要な水路であった。フェリーは、狭くなった児島湾を通過してやがて新岡山港に着くが、その対岸の児島側に位置するのが、信胤の本拠飽浦である。そうすると、今乗ってきた土庄—新岡山の航路こそが、信胤の行き来する海域であったことに気づく。

ただ小豆島は、現在は香川県に属しているところから、歴史的にも讃岐国に属していたと考えられがちであるが、当時は国制的には備前国に位置していた。しかし、のちに讃岐国に所属が変更になる(正式には近世になってから)ことからもわかるように、南北朝期ごろから細川氏など讃岐の勢力が及ぶようになり、備前と讃岐のどちらに属するかは次第にあいまいになってきていた。そのようなことを考慮に入れると、十二月三十日付の令旨を発した五条頼元が小豆島を讃岐と誤認した可能性もないとはいえないだろう。

懐良親王の寄港地のもう一つの可能性は、小豆島からさらに西方に三〇キロメートルほど進んだところに位置する塩飽島《しわくじま》(香川県丸亀市)である。備讃《びさん》諸島の一角の塩飽は、東部瀬戸内海と中部瀬戸内海の境界にあって、早くから瀬戸内海航路の要港としての役割を果たしてきた。こののち室町・戦国期には、ここを基地とした塩飽の船頭たちが活発に活動したことが各種の史料にみえる(拙著『海賊と海城』)。このようなことからすれば、南北朝期にも一定の水運力を備えていたことが推測される。

南北朝期における塩飽の政治的位置を示す史料は見当たらないが、懐良親王が九州へ去ったあとの一三四八年(正平三)四月に、忽那氏が塩飽において城郭を追い落したことが南朝から感賞されているのをみると、この時期、南北両勢力がこの水運基地の島をめぐって争奪を繰り返していたものと思われる。いずれにしても讃岐本土には細川氏など強力な北朝方勢力が存在していたから、懐良親王の一行が立ち寄ったのは、島嶼部かそれに近い沿岸部であったに違いない。

忽那島到着

一三三八年(延元三)十二月に讃岐にいた懐良親王の一行は、阿蘇氏あて令旨で予告したとおり、このあと伊予に向かった。その目的地が忽那島であることはすでに早くから予定されていたようで、讃岐到着の少し前にあたると思われる十一月十九日付で、次のような軍勢催促状が忽那義範あてに出されている。

〔史料5〕(「忽那家文書」)

忽那島において城郭を構え、凶徒を退治せしめ、軍忠を致すべきの状件の如し

延元三年十一月十九日

左京権大夫(花押)

下野房

発給者の左京権大夫は、花押の形状から大館氏明《おおだちうじあき》と考えられる。大館氏明は、新田氏の一族で、義貞とともに各地を転戦したあと、当時伊予国に滞在していた南朝方の有力武将である。その氏明がこの時期に、義範に対して忽那島において城郭を構え、凶徒を退治せよと命じているということは、懐良親王一行を迎える準備をせよということにほかならないだろう。ということは、この時点で氏明のもとには何らかの方法で、一行が忽那島に向かうという情報がもたらされていたことになる。

このように懐良親王の、讃岐の次の滞在地として忽那島が選ばれたのは、当時伊予における南朝方の中心

であった大館氏明や四条有資が、一三三七年（延元二）以来南朝方として活発に活動していた義範を頼りにしたからであろう。このあと一行は、予定されていたとおり、忽那島に到着した。

一行の忽那島到着の時期には諸説あるが、長沼氏の見解が説得力を持っていると思う。長沼氏は、（延元四年）四月二十九日付で南朝が懐良親王の側近五条頼元にあてた文書に「無為下著候由、聞《きこ》し食《め》され候、殊に神妙」と記されているのを、南朝が一行の忽那島到着を確認したものとみ、さらに前日の二十八日付で忽那義範にあてた征西将軍宮令旨（こちらには延元四年の年紀が明記されている）に「軍忠の次第、聞し食され了《おわんぬ》、尤も以て神妙、弥《いよいよ》忠節を抽《ぬき》んずべし」と記されているのを、忽那一族の中でひとり義範が忠功を励んで親王を忽那島に迎えるに至った多くの功績を感賞したものと理解する。これによって長沼氏は、親王一行はこの時期すでに忽那島に滞在していたとみる。長沼氏の見方はほぼ首肯できるものであり、一三三九年（延元四）の春に懐良親王の一行は忽那島に着いていたのではないだろうか。

こののち懐良親王の一行は、三年間にわたって忽那島に滞在した。そのことは、「軍忠次第」㊳に「同（征西将軍宮）御手十二人、衣装兵粮沙汰事三ヶ年」と記されていることによって明らかである。

しかし、その三年間は、一行にとっても島の人々にとっても必ずしも静穏なものではなかった。一行が島に到着して早々、後醍醐天皇死去の報が届いた。吉野で病を得た天皇は、一三三九年（延元四）八月十五日に皇太子の義良《のりよし》親王に皇位を譲り（後村上天皇）、翌十六日に没したのである。その譲位の日の八月十五日付で後醍醐天皇は忽那島にいた一行にあてて綸旨を発した。宛先は五条頼元になっているが、実際には懐良親王に対して心中を吐露したものであろう。

> 去んぬる比《ころ》より御悩の事有るにより、陸奥親王に御譲国了、日来の軍忠に違わず、叡慮を達すべし、縦《たと》ひ不慮の御事有ると雖も、深く馮《たの》み思食《おぼしめ》さるの上は、官軍等を勇ましめ、殊に朝敵追罰の籌策《ちゅうさく》を廻らすべし(「五条家文書」)

死を間近に控えた後醍醐天皇の、懐良親王に対する熱い思いが伝わってくるが、島にはこの綸旨と一緒に後醍醐天皇崩御の報が届いたに違いない。しかし、一行はいつまでも悲嘆に暮れてばかりいるわけにはいかなかった。

忽那島といえども絶対安全な土地ではなく、周辺には山陽沿岸の安芸国の守護武田氏、四国側の伊予の河野氏など、強力な北朝勢力が数多くいたからである。

安芸武田氏の来襲

そのうちの安芸武田氏が、一三四〇年(興国元)十月に忽那島に来襲した。これについて、寄手の中にいた武田方の河内道覚という武士が、「海上手久津那島合戦、同(十月)十一日防戦のところ、道覚左足を射られ候ひ了」と、その軍忠を報告している(「吉川家文書」)。一方忽那氏側では、同じできごとについて「軍忠次第」⑰に、「当島泰山城、安芸国守護武田寄せ来たり、あるいは討留め、あるいは追返し畢」と記録にとどめている。また、懐良親王からも十月二十一日付で「安芸国凶徒等忽那島に発向する処、合戦忠節を致すの条、尤も以て神妙」との令旨が出されている。激戦であったことが推測される。

なお、これまでは義範あての文書の宛所を忽那下野房と記すのが一般的であったが、この感状以降は忽那

写真2—3　忽那島の港と泰ノ山城跡(中央)

下野法眼御房と記されることが多くなる。泰ノ山合戦の軍功によって法眼の僧位が南朝から与えられた可能性が高い。

この時戦場になった泰ノ山城というのは、島の東北部の標高二八九メートルの泰ノ山の山頂に構えられた中世城郭のことである(16ページ、図1—2参照)。泰ノ山は、周辺海域のどこからもその山容を眺めることができる島を代表する山の一つである。松山からフェリーに乗って忽那島東岸の大浦の港に入ると、右手遠景に山頂が平らになった特色ある山容をみることができるが、これが泰ノ山である。

城跡は、かつては小学生の遠足の地であったというから島の住民にとってはなじみの深いところであったが、現在は雑木が繁茂して登るのに難儀する。遺構の状況もつかみにくい。本丸と覚しき山頂の曲輪は、三〇メートル×二〇メートルほどの方形をなしている。その北方や南方にはいくつかの削平地も見られるが、かつてはミカン畑として開墾されていたというから、どこまでが遺構かは定かでない。農道から登り口にとりついたすぐのところに木戸とよばれる地名が残っていて巨石が道の両側にあるから、文字通り城の木戸が設けられていた可能性もあろう。いずれにしても忽那島に所在する数ある中世城郭の中でも確実な文献によって南北朝期までさかのぼりうる例は極めて少なく、その意味でも泰ノ山城の遺構は貴重なものである(写真2―3)。

泰ノ山における安芸武田氏との合戦もさることながら、伊予の河野氏との戦いも熾烈であった。このころ河野氏を率いていたのは、通盛《みちもり》である。通盛は、鎌倉幕府の滅亡時には幕府方にくみしていたので、建武政権時には没落を余儀なくされたが、やがて足利尊氏が九州から東上してくるとこれに従い、復活を果たした。しばらく京都で後醍醐天皇方との戦いに従事していたが、この時期には伊予に帰国して、国内の南朝方勢力と戦っていた。

忽那氏はその河野氏と、すでに懐良親王一行の来島以前にも、和気浜や道前西条城等で何度も干戈を交えていたが、「軍忠次第」によると、来島中においても一三四一年(興国二)十二月には、「道後合戦、同恵良城籠」とみえ⑱、翌四二年三月には、「湯築城責」とみえる⑲。道後といえば、現在は松山市内の観光地道後温泉が知られているが、本来は伊予国を道前・道後に二分したうちの道後だから、当時は広く現在の松山市とその周辺を指していたものと思われる。恵良《えりょう》城は戦国期には海賊衆来島《くるしま》村上氏の拠点として知られることになるが、この時期には忽那氏がここに籠城したことがわかる。恵良城は、忽那島の真東、海上約一五キロメートルを隔てたところに位置するので(松山市北条)、道後地域に進出するに際してここを拠点にしたのであろう(38ページ、図1―5参照)。

湯築城は、戦国期には河野氏の本城となるところで、現在も二重の堀と土塁を有する独特の遺構が道後温泉の近くに残されている（国指定史跡）。この時期の湯築城が河野氏の伊予支配の中でどのような位置を占めていたのかはわからないが、忽那氏がここを攻めたということは、すでに河野氏の拠点として重要なところだったのだろう。このようにして忽那氏は、松山平野やその周辺まで進出して河野氏と戦っていることがわかる。

懐良親王にとって忽那島での滞在は多難な三年間であったが、やがて一行は忽那島を発って九州へ向かった。

薩摩に向かう

懐良親王一行の忽那島出発の時期についても、はっきりしたことはわからない。「軍忠次第」に、忽那島に三ヶ年滞在したと記されているばかりで、出発時期などを明示したものは見当たらないからである。ただ、薩摩に着いたのが一三四二年（興国三）五月一日であることは、はっきりしている。五月八日付阿蘇大宮司惟時《これとき》あての文書に「征西将軍宮今月一日薩州津に着御」と記されているからである（「阿蘇家文書」）。もう一つはっきりしているのは、忽那一族が渡海にあたって一行を警固したことである。「軍忠次第」に「同宮鎮西御下向御出立并路次供御以下事」「勘解由次官（五条頼元）父子鎮西渡海事」「中院内大臣法眼御房渡海事」（㊲㊴㊵）などと記されている。これをみると、一行は少なくとも三団に分かれて出立したようであるが、いずれにも忽那氏が警固についていることからすれば、忽那氏も総力を挙げて随従したものと思われる。

三ヶ年という滞在期間と一三四二年(興国三)五月一日薩摩着という二つの条件を考慮に入れるならば、忽那島出発の可能性は、二つにしぼられる。三ヶ年を一三三九〜四一年(延元四〜興国二)のあしかけ三年とみて、一三四一年の適当な時期とみるか、それとも三ヶ年を満三年とみて一三四二年(興国三)の初めとみるかである。これに、「軍忠次第」にみえる忽那一族の活動を重ねてみると、前記のように四一年(興国二)十二月二十日には、道後で河野氏と合戦し、その近隣の恵良城に籠城していること、翌四二年(興国三)三月には河野氏の湯築城を攻め、同年七月には道前土肥城(川之江城)の「後措」として出陣していることが確認される。

これらのことをあわせ考えると、仮に一三四一年に出発したとすれば、忽那氏は十二月の道後合戦、四二年三月の湯築城攻めを、主力が懐良親王一行の警固に出ている留守中に戦ったことになり、不自然さが残る。四二年初めに出発したとしても三月の湯築城攻めが引っかかる。とすると結局、三月の湯築城攻めのあとに出発し、五月一日に薩摩に到着し、すぐに引き返して七月の道前土肥城での合戦に参陣したとするのが最も可能性として高いように思える。一三四一年(興国二)十二月の道後合戦、翌四二年三月の湯築城攻めで河野氏にある程度打撃を与え、しかる後に薩摩に向けて出立するというのが忽那氏の戦略だったのではなかろうか。

忽那島から薩摩に至る経路についても議論が分かれている。藤田氏は、忽那島から豊後・日向の境あたりの沿岸に達し、北朝方の大友氏の勢力を避けて日向の沿岸をたどって所々に寄港し、順風を待って南下して薩摩に至ったとみる。

それに対して長沼氏は、豊後から日向にかけての沿岸一帯には親王をかくまうほどの南朝勢力はいないこと、この航路は寄港地もわずかで大隅の佐多岬の迂回など難所も多くて危険であることを指摘して、藤田説を批判している。長沼氏は、「軍忠次第」㊶に「大将四条中将殿宇和庄御迎事両度」という記述があって、忽那氏が南伊予の宇和庄とかかわりを持っていたこと、「忽那家文書」のなかに「土州」「幡多」などの記述があって南朝と土佐、または同国幡《は》多《た》郡(高知県四万十市とその周辺)との間に往来があったと推測されること、南伊予の地域に残された古文書等には南朝年号のものが多くみられること、などを根拠にあげて、親王は伊予路を経(つまり四国の西岸を南下し)、土佐の西南端幡多に移り、そこから一気に薩摩に着岸したと推測している。

このうち長沼氏の見解については、南伊予の南朝勢力の存在が明確には確認できないこと、土佐の西南端から一気に薩摩に至るには、日向灘沖の太平洋をかなり長距離にわたって通過しなければならず危険性が大きいことなどを考えると、かなり無理があるのではないだろうか。(7)

後世の航海の例を見ても、薩摩の大名島津義弘《よしひろ》が天正十六年(一五八八)に豊臣秀吉に拝謁するために大坂へ向かったときには、日向国佐土原《さどわら》(宮崎市)から乗船し、九州東岸を北上して、豊後国保戸島《ほとじま》(大分県津久見市)から豊予海峡を渡り、伊予の佐田岬半島の二間津(二名津《ふたなづ》か。愛媛県伊方町)などを経て忽那島近海の津和地島・二神島あたりに達している(「島津家文書」)。また少し遅れて、文禄三年(一五九四)に勅勘を蒙って薩摩に配流された近衛信尹《のぶただ》は、ほぼ同じコースを逆にたどっている(「三藐院記《さんみゃくいんき》」)。

これらの例をみると、十六世紀後半には、忽那島の近海から伊予灘をへて豊予海峡を抜け、佐賀関(大分市)か保戸島のあたりで豊後沿岸に達し、そこから豊後南部、日向の沿岸を南下していく航路が定着していたことがわかる。おそらく南北朝期においても、航路の安全性の度合いに違いはあろうが、事情はそう大きく異なるものではなかったのではないだろうか。とするとやはり、懐良親王一行がとった航路としては、豊予海峡周辺で豊後の沿岸に達し、そこから豊後・日向の沿岸を南下して南九州に達するというコースが最も可能性が高いと考えられる。

いずれにしても、懐良親王の一行は一三四二年(興国三)五月には薩摩に到着し、新たな活動を始める。

4 軍忠の記録

大館氏明と四条有資

懐良親王の一行を無事薩摩へ送り届けたあとも、義範をはじめとする忽那一族の人々に安寧の日々が訪れることはなかった。まもなく、南朝方の武士勢力の有力者の一人脇屋義助が伊予へ渡ってきて、南北両勢力の対決機運が高まるからである。一三四二年(興国三)四月における脇屋義助の渡海の状況や忽那氏の助力についてはさきに述べたとおりであるが、この時期の伊予国内の情勢については『太平記』(巻二二)が次のように述べている。

大館左馬助氏明は、先帝山門より京へ御出有し時、供奉仕て有しが、如何思けん降人になり、且《しばら》くは将軍に属して居たりけるが、先帝偸《ひそ》かに楼の御所を御出有て、吉野に御座有と聞て、軈《やが》て馳参じたりしかば、君御感有て伊予国の守護に補されしかば、去年春より当国に居住してありし、又四条大納言隆資子息少将有資は、此の国の国司にて去々年（異本では去年）より在国せらる

大館氏明《うじあき》は、一時足利方に帰伏していたが、後醍醐天皇の吉野潜幸を聞いて南朝方に復帰し、守護として伊予に在国し、南朝方の有力貴族四条隆資の子の四条有資《ありすけ》も国司として伊予に来ていたというのである。四条隆資の子とされる四条有資の実名が記されているのは『太平記』のこの記事のみであるが、伊予各地の寺社などに文書を出している「左少将」がこの人物にあたると推測されることはさきに述べた（68ページ）。この時期の南朝方の守護や国司にどの程度の実態が伴っていたのかは定かでないが、南朝が名目を整えて名のある武将や貴族を伊予に下らせていた状況を読み取ることはできよう。そして興味深いのは、この二人の人物がいずれも忽那氏に助力を求めていることである。

大館氏明の場合は、さきの史料3で懐良親王一行の受け入れ準備をすべく忽那島に城郭をかまえることを命じていたし、四条有資も少し早く一三三七年（延元二）と考えられる三月と六月に義範あてに軍勢催促状を発し、後者において、「朝敵人河野対馬入道善恵」を誅伐することを命じていた（史料４）。これらをみると、大館氏明や四条有資が忽那義範を頼りにしている状況がよくわかる。

伊予国では、脇屋義助の来国を機に南朝方の士気が大いに高まったが、その義助は来国して一ヶ月もたたないうちに、にわかに病を得て一三四二年（興国三）四月に死去してしまった。この情報を得て、四国における足利方の中心人物細川頼春《よりはる》は、伊予・讃岐・阿波などの兵を率いて讃岐から攻め込み、讃岐・伊予の境に位置する川之江城（四国中央市）に押し寄せた。これ以後、細川頼春軍と、伊予の南朝方軍（『太平記』のいう宮

方)との間で激しい戦いが展開されることになる。その推移を『太平記』(巻二二)に拠ってたどってみると、以下のようになる(76ページ、図2—2参照)。

川之江城は、土肥三郎左衛門が守っていたが、その危機を見て脇屋義助恩顧の土居・得能・合田などの兵が金谷修理大夫経氏《つねうじ》を大将として兵船に乗って駆け付けてきた。これを聞いて足利方は、備後国鞆(広島県福山市)、尾道で兵船をそろえ、安芸・周防・長門の兵たちが大船で押し出してきた。両軍の兵船は海上で激しく戦ったが、にわかに大風が吹いてきて、決着がつかぬままに両軍は引き分かれた。宮方の兵船は、覚悟を固めて鞆へ押し寄せて大可島《たいがしま》を占領し、「武島」(沼島《ぬしま》)や小豆島からの援軍を待ったが、備後・備中・安芸・周防の兵からなる足利方の大軍が攻め寄せ、激しい戦いとなった。十日ほどして伊予の土肥城(川之江城)が攻め落とされ、細川軍が大館氏明の籠る世田山《せたやま》城へ攻めかかったと聞いて、土居・得能以下の者は、同じ死ぬなら自分の国で、と伊予へ引き返した。

ちなみに、ここで大館氏明がこもったという世田山城は、伊予国桑村郡と越智郡の境(現在は西条市と今治市の境)に位置する標高三三九メートルの世田山に築かれた山城である。ここを舞台に、守ろうとする大館氏明軍と、攻めようとする細川頼春軍との間で激しい戦いが展開され、一三四二年(興国三)九月に氏明は力尽き、城は陥落した。

忽那氏も南朝方としてこの一連の戦いに加わっていた。「軍忠次第」によると、七月十四日に道前土肥城の「後措」(後詰)に加わり、九月三日には中道前懸合合戦に参戦し、また日付は記されていないが、備後国鞆合戦にも加わったという(⑳・㉑・㉜)。道前土肥城は、土肥三郎左衛門が守っていた川之江城のことであろうし、中道前は、道前地方の中心に位置する世田山城あたりを指していたものと思われる。そうすると、忽那一族の行動も、『太平記』の記す合戦の推移にほぼ合致する。懐良親王を送って薩摩に着いたのが五月一日のことであるから、これらの行動は、その直後の時期にあたる。

翌年の一三四三年(興国四)二月四日付で、義範に備後国安田郷(広島県世羅町か)地頭職を与える後村上天皇綸旨が下されているのは、これまで述べてきた四二年の軍忠に対する恩賞の意味が込められているものと思われる。

こののち同じ四三年には、義範が左中将から名越城《なごえ》(東温市)の「後楯」として発向することを求められたり(後述)、翌四四年頃には、南朝方の人物と覚しき平高顕《たかあき》から土佐へ発向するにあたっての合力を求められたりしている。

「軍忠次第」の古文書学

これまで述べてきたように、興国年間は忽那義範をはじめとする忽那一族にとって、伊予国内外において多忙な時期であったが、この時期の忽那一族は、軍事行動以外にも重要な事績を残している。それは、「忽那一族軍忠次第」をまとめたことである。「軍忠次第」についてはこれまでにもたびたび言及してきたが、そこには、忽那氏の活動のみならず、鎌倉末〜南北朝前期の日本史上のできごと、地域のできごとも数多く記されている。とりわけ、一時忽那島に滞在した懐良親王に関連する記事の中には、本文書にしか見られないものもある。

そのようなことから、本文書は、鎌倉末〜南北朝前期史をみていく上では欠かせない史料として早くから注目されてきた。たとえば、明治時代における歴史学界の重鎮重野安繹《しげのやすつぐ》らが、全国的な史料採訪の成果の中から特に貴重な史料を選んで原寸大、原色で刊行した『史徴墨宝《しちょうぼくほう》』にも収録され(第二編、一八八九年刊)、明治四十年前後に、正続群書類従にもれた貴重文献を収めて刊行された続々群書類従にも収録されている(第三、史伝部)。そしてそれらを活用することによって、戦前から戦後にかけて南北朝時代に関する研究において数多く言及されてきた。そこで、ここでは「軍忠次第」がどのような性格の史料なのか、どのようにして成立したのか、などについて考えてみることにする(拙稿「「忽那一族軍忠次第」の成立」)。

「忽那家文書」の大半は現在、「忽那島相伝之証文」と題された三巻の巻子にまとめられている。「軍忠次第」はそれらとは別に一通だけで小さな巻物に仕立てられており、忽那家においても特別な文書と見られていたことがわかる。料紙は斐紙で、三紙が継ぎ合わされていて、寸法は、タテ一三・七センチ、ヨコ四〇・七+四〇・九+四〇・九センチである。

すでに史料1として全文を示したように(52ページ)、体裁としては、ひとつ書きが四九ヶ条並んでいるだけだから、まことにシンプルである。古文書学的に本文書をどうみるかはなかなか難しいところがあるが、基本的には、ある時点で過去の軍忠実績をまとめた軍忠記録とみることができる。できごとがすべて年代順に整然と記されているわけではなく、それらが「伊与国所々合戦」「他国合戦」などに分類されていることがそのことをよく示している。「軍忠次第」がそのような性格のものであるとすると、それがいつ、どのような事情で成立したのかは、史料として活用する上できわめて重要な問題となってくる。

成立はいつか

古文書や記録類の成立時期を検討する場合、まず最初にやるべき作業は、記述のなかに決め手となるような文言があるかどうかを見究めることであろう。本文書の場合、実はそうした文言が全くないわけではない。たとえば、四四条の「同大将去年九月当島渡御兵粮以下事」という記述である。ここには「去年」という時期が明示されているのだから、この時期がいつであるか確定できれば、成立時期はおのずからその翌年ということになる。

ここで重要なことはもちろん、「同大将」とはだれか、である。この人物については四二条にも「同大将」とあって、その前の四一条に「大将四条中将殿」とあるから、この人物のことと考えることができる。この人物は『太平記』(巻二二)の脇屋義助の伊予下向の記事にみえる四条有資と考えられること、その有資が一三三七年(延元二)から一三四〇年(延元五)にかけて左少将名で三島社の祝安親や忽那義範に軍勢催促状を出したり、いくつかの寺院に禁制などを出したりしていることは、さきに述べたとおりである(68ページ)。

その左少将四条有資は、のちに左中将に昇進したようで、一三四三年(興国四)十一月には、左中将名で「与州名越城後楯」として津々浦々に発向するように命じた軍勢催促状を忽那義範に出している。左中将の花押は左少将の花押から若干変型しているが、同一人物とみてさしつかえないであろう。そうすると、左中将四条有資が忽那島に「渡御」してこの軍勢催促状を発したと考える余地も生まれる。そうなると、「渡御」した「去年九月」とは一三四三年ということになり、「軍忠次第」の成立はその翌年の一三四四年(興国五)になる。ただ、肝心の興国四年という年代が、文書の原本では非常に読みにくいという難点があり、四条有資が忽那島に渡ってから軍勢催促状を出したかどうかも確定的ではない。

そこで、もう少し別の方法でアプローチしてみよう。記述されているできごとの年代から、上限と下限を推測する方法である。まず上限を確認してみると、記述されている年代で最も新しいのは、一九・二〇・二一条に示されている興国三年（一三四二）である。興国三年については、ほかにも手がかりがある。三七・三九条に示されている、懐良親王の鎮西渡海の時期である。懐良親王の九州に向けた出立が興国三年三月以降であると考えられることは、さきに述べたとおりである。したがって、三七・三九条も興国三年と判断できる。

次に成立時期の下限はどうであろうか。下限の時期は、記載されている人物の名乗りや官途を手がかりにすることができよう。名乗りや官途については谷口雄太氏の興味深い研究がある（「足利氏御一家考」「足利氏御一家補考三題」）。谷口氏は、八条において吉良貞義《さだよし》が「足利上総入道」を名乗っていることに注目する。谷口氏によれば、吉良氏は有力な足利氏の一門で、鎌倉期には足利を名乗ることもあったが、一三四〇年前後から足利の名字は尊氏など惣領家に独占されて「足利」名字を名乗ることができなくなり、貞義や子の満貞《みつさだ》が「吉良」を名乗った史料上の初見は、一三四五年（康永四・興国六）の記事である。とすると、貞義が「吉良」ではなく「足利」を名乗っている「軍忠次第」の成立は、それより以前ということになる。

官途に関してもう一つ検討が可能なのは、二四条である。ここには、「山道海道合戦、大将洞院右大将殿〈于時左衛門督〉建武二年至于同三年」と記されていて、東山道、東海道合戦の大将であった洞院実世《とういんさねよ》の官途が示されている。ここに示されているのは、建武二年（一三三五）から三年にかけて忽那重清が大将洞院実世に従って東山道、東海道を転戦し、その時の実世の官途が左衛門督であったこと、その実世の官途が「軍忠次第」執筆時点では「右大将」と認識されていたこと、などである。

そうすると、実世が右大将の官途を得ていた時期が問題になる。実世が右大将に任じられた時期は明らかではないが、『公卿補任』によると一三五一年(観応二)には、「前右大将」と記されているので、右大将であった時期はそれ以前になる。この時期は、谷口氏が吉良貞義の名乗りを手がかりにして導き出した一三四五年(興国六)以前の成立という結論とも矛盾しない。

以上、「軍忠次第」の成立時期について、四四条の「同大将去年九月当島渡御兵粮以下事」の記述からは一三四四年(興国五)ごろの推定年代が導き出され、記述されたできごとの年代からは、一三四二年(興国三)が最終年代(上限)であることが明らかになった。また、記述された人物の名乗りや官途の変化からは、一三四五年(興国六)以前の成立と考えられるケース、一三五一年(正平六)以前と考えられるケースがあることがわかった。これらのことを総合的に判断すると、「軍忠次第」は、一三四二年(興国三)から四五年(同六)の間に成立した可能性が高いと考えることができよう。

義範のねらい

それでは「軍忠次第」は、だれが、どのような事情でまとめたのだろうか。まず、「だれが」を考えてみたい。「軍忠次第」を忽那重清の日記であるとする意見もあるが(『史徴墨宝考証』。前記『史徴墨宝』の考証編にあたる)、すでに景浦勉氏が指摘しているように(「忽那重清・同義範の動静(1)」)、それはないであろう。

『史徴墨宝考証』がそのようにいうのは、冒頭の一〜四条の記述が元弘三年三月二十八日付忽那重清軍忠状の記述内容と一致するからであろうが、それ以後の条文の大半の記述は重清よりもむしろ義範に関する記述であるから、重清よりも義範との関係が深いとみるべきである。また、これまで述べてきたように成立時期が興国三年〜六年の時期であるとすれば、忽那島において義範が一族の中心人物の地位にあった時期にあたる。それらのことを考慮に入れると、「軍忠次第」は、義範かその周辺の人物の手になると考えるべきだろう。

その際、義範らが依拠した材料は、当然一族に蓄積されていた家伝の文書であろう。ただ、「他国合戦」のなかには期日の明記されていない条項も多く見られるから、記憶に頼って記した部分もあったものと思われる。「軍忠次第」が依拠した家伝文書の中で最も基本的な材料として重視されたのは、合戦の時期や場所が明記された軍忠状だったはずである。多くの条項が軍忠状に依拠して書かれているが、なかには依拠する軍忠状が見当たらない条項も少なくない。また逆に軍忠状は残っていても「軍忠次第」に取り上げられていない例もある。それらはいずれも惣領家が足利方に転じて以後の軍忠であるという点で共通している。

編者は、記述するできごとを選択し、足利方に属しての軍忠については意識的に取り上げなかったとみられる。したがって、「軍忠次第」に記載されている軍忠は、後醍醐天皇方、南朝方にくみする軍忠に限定されていることになる。このことは、この「軍忠次第」が、一族の活動記録を残すというよりも、南朝方に提出することを前提にしてまとめられたものであることを示していよう。その南朝方というのは、義範とのつながりの強かった懐良親王の征西将軍府か、それとも吉野の朝廷か、ということになる。当時はまだ征西府

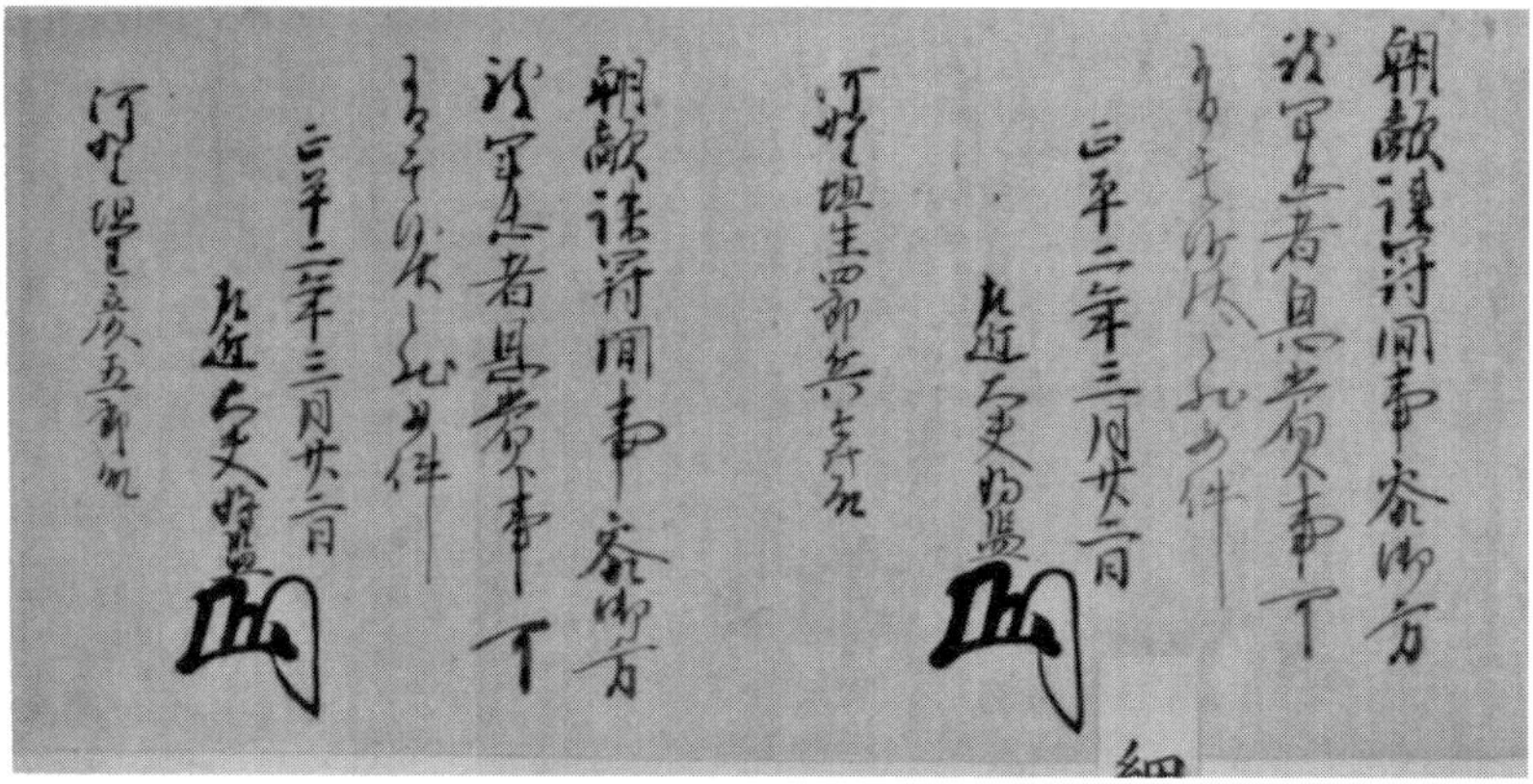

写真２—４　一紙に書かれた二通の文書

が十分に実力を備えていなかったことを考えれば、やはり吉野の朝廷の可能性が高いといえよう。

作成目的と関係があるかどうかわからないものの、興国五年（一三四四）七月三十日付で南朝方の人物が義範にあてた書状の中で、「恩賞安堵の御沙汰」がいまだ始まっておらず、始まれば急ぎ知らせる、と述べているのが注目される。吉野の朝廷において忽那氏の「恩賞安堵」が話題になっていることがわかる。

5　熊野海賊との連携

一紙に書かれた二通の文書

「忽那家文書」として残された古文書の考察をもう少し続けてみたい。「軍忠次第」がまとめられてからしばらくして、南朝年号は正平に変わった。その正平二年（一三四七）三月二十二日付で、奇妙な古文書が忽那家に届けられた。何が奇妙かというと、一枚の紙に二通の文書が書かれているのである（拙稿「一紙に書かれた二通の軍勢催促状」）。その文書は、次のようなものである（写真２—４、二通を合わせた寸法は一一・〇×二二・九センチメートルで、いわゆる小切紙二通分にあたる)。

〔史料6〕(「忽那家文書」)

朝敵誅罰間の事、御方に参り軍忠を致さば、恩賞の事其沙汰有るべきの状件の如し

正平二年三月廿二日

左近大夫将監(花押)

河野垣生四郎兵衛尉殿

〔史料7〕(「忽那家文書」)

朝敵誅罰間の事、御方に参り軍忠を致さば、恩賞の事其沙汰有るべきの状件の如し

正平二年三月廿二日

左近大夫将監(花押)

河野垣生彦五郎殿

この二通の文書は、文言・日付・発給者は全く同じで、宛先だけが異なっている。発給者の左近大夫将監について知りうることはほとんどないが、「忽那家文書」中には、同じ一三四七年(正平二)に他の人物にあてた以下のような二通の軍勢催促状が確認される。

Ａ　正平二年四月五日付寺町左近将監あて左近大夫将監軍勢催促状
Ｂ　正平二年五月十三日付忽那下野法眼坊（義範）あて左近大夫将監軍勢催促状

また、これらとは別に、同年七月には左近大夫将監平朝臣の名で忽那氏の菩提寺長隆寺にあてて寺領を保証する旨の奉書も発している（「長隆寺文書」）。これらから判断すると、発給者の左近大夫将監は、平姓を名乗る南朝方の貴族で、正平二年ごろ忽那氏などの南朝方勢力との連絡・交渉にあたった人物ということができよう。

一方、史料６・７の宛先となっている垣生《はぶ》氏は、忽那島にほど近い伊予本土の垣生《はぶ》郷（松山市）を本貫とする一族で、河野を冠しているところをみると、この時期には河野氏の庶流とみられていたらしい。垣生氏は、南北朝期には史料６・７に名前を残すだけであるが、鎌倉期には河野氏惣領通信《みちのぶ》配下の御家人と見え、戦国期には、河野氏の重臣として活動する人物が出ている。

届けられなかった軍勢催促状

上記のような背景を踏まえて、一紙に書かれた二通の軍勢催促状としての史料６・７を見ていかなければならないが、その前に、この文書にはもうひとつ別の問題があることを見落としてはならない。それは、宛先が河野垣生氏となっている当該文書がなぜ「忽那家文書」として伝来したのかということである。

可能性としては二つのことが考えられよう。ひとつは、垣生家の伝来文書が何らかの事情で忽那家へ流入したという可能性、もうひとつは、文書が宛先に届けられないまま忽那家に止めおかれたという可能性である。

第一の可能性の場合、よくみられるのは、婚姻によって嫁いできた女性が実家の文書を持ち込んだり、あるいは、絶家した家の文書が他家に預けられたりしたケースであるが、当該文書の場合はこのようなケースには当てはまらないであろう。なぜなら、このようなケースの場合、それなりにまとまった数の文書が他家に流入するのが一般的であるのに対して、垣生家の文書の場合、当該の二通の文書と別のもう一通、合わせて三通のみが「忽那家文書」のなかに残されているだけだからである。

そのようなことから考えると、当該文書の場合、第二の可能性が高いと思われるが、そのことは、史料6・7とは別に史料Aが残されていることによっても裏づけられる。史料Aは、史料6・7から十日ほど遅れて同じ左近大夫将監が寺町氏にあてて発給した軍勢催促状で、文面も全く同じだから史料6・7と一連のものと考えられる。これらを見ると、垣生氏あての文書と寺町氏あての文書がいずれも偶然「忽那家文書」に紛れ込んだとはちょっと考えがたく、やはり同じ理由で「忽那家文書」の一部として残ったと考えるべきであろう。つまり、ともに宛先に届けられないで忽那家にとどめおかれたということである。

それではなぜそのようなことが起こったのであろうか。それは、さきに指摘した、一紙に二通という文書のあり方と密接にかかわる。忽那氏とは異なる宛所を有する二通の軍勢催促状が一紙に書かれているという状況から推測されるのは、以下のようなことがらである。

○　軍勢催促状の場合、文書の宛先に直接届けるのではなく、当該地域の有力者に託すなど、間接的に届けるという方法があった。当時の惣領制という武士社会のシステムを考えると、庶子あてのものを惣領に託したということであれば状況として理解しやすいが、この場合はそれには当てはまらない。

○　さらに、文面が同じで宛先のみが異なる軍勢催促状のような文書の場合、一紙に複数の文書を書き、それをそのまま仲介者に託すこともあった（特に小切紙などの場合、料紙の面からいっても、つごうがよかった）。

○　一紙に複数の文書が書かれたものを託された仲介者は、適宜それを切り離して宛先に届けた。また地域の状況によっては、それを宛先に届けないで手元にとどめておくようなこともあった。

文書の背景

一紙に書かれた二通の軍勢催促状が発せられた直後の一三四七年（正平二）五月、忽那一族が大々的に動いた。五年前の一三四二年（興国三）に薩摩まで送り届けた懐良親王がいよいよ北上を開始したからである。懐良親王は、薩摩到着後、同国の南朝方の中心人物谷山隆信《たかのぶ》の拠る谷山城に入り、その近辺で数年を過ごしたが、九州制圧をめざして動き始めたのである。そして忽那氏もそれを支援しようとして九州へ向かった（後述）。

このようなことを考慮に入れるならば、一紙に書かれた二通の軍勢催促状や、同時期の忽那義範あて軍勢催促状が発せられた背景は、以下のように理解することができよう。薩摩から九州制圧をめざして北上することを決意した懐良親王は、九州渡海の際に大きな役割を果たした忽那氏に来援を依頼することとし、吉野の朝廷に軍勢催促状の発給を求めた。吉野の朝廷は、忽那氏の統率者下野法眼（義範）に対して軍勢催促をすると同時に、同氏を介して、伊予の南朝方の諸勢力にも、忽那義範と行動をともにすることを求めるべく軍勢催促状を発給することとした（あるいは懐良親王から直接軍勢催促状が発給されたことも考えられる）。

その際、南朝方では、多くの軍勢催促状を発給するため一紙を使って、同じ文言で宛先の異なる複数の文書を作成した。これらは一括して忽那義範のもとに届けられ、義範は届けられた料紙を切り離して（それによって一通ごとの文書は小切紙の大きさになった）、諸領主の動向を見ながら宛先に届けた。ところが、垣生氏と寺町氏あての軍勢催促状は何らかの事情で手元にとどめおいた。その際、寺町氏あてのものは、切り離した二通のうちの一通が実際に届けられたので、残った一通が二分の一紙の状態で残された（史料A）。一方、二人の垣生氏あての軍勢催促状は、どちらにも届けられなかったため、切り離されない状態のままで残されることになった（史料6・7）。そのあと義範自身にも改めて軍勢催促状が発せられた（史料B）。

なお、料紙の大きさが同じ小切紙でも、忽那義範あての史料Bがタテ一四・四×ヨコ一六・六センチメートルでやや大きく、寺町氏あての史料Aが一一・一×一〇・九で、ヨコ寸法が史料6・7をあわせた料紙の約半分の寸法であることも、上記の推測を裏づけているように思われる。

「四国中国海賊」と「熊野海賊」

忽那氏の活動に話をもどすことにしよう。懐良親王が動き始めた一三四七年（貞和三）の五月、南九州における北朝方の中心人物である島津貞久《さだひさ》が家臣に出した文書に、次のような文言がみえる。

四国中国海賊等三十余艘、飫肥南郷内目井浦より肝付郡内之浦□崎の間を奔通し、定めて凶徒に相加わるべき歟、急速に用意を致すべきの由、野辺孫七郎盛忠使者を以て馳せ申す所也、仍て書状此の如し、

時剋を廻らさず当陣に馳せ寄せ、合戦を致さるべし（『旧記雑録前編』巻二二）

ここに記されているのは、南日向の武士野辺《のべ》氏が、「四国中国海賊等三十余艘」が日向の飫肥南郷目井浦《おびなんごうめいうら》から大隅の肝付《きもつき》郡内之浦《うちのうら》の間を「奔通」し、これらは敵方に加わるに違いないから急いで用意をすべきであると連絡してきたので、急ぎ当陣に駆け付け合戦をせよ、と島津貞久が家臣に命じているという状況である。「四国中国海賊等」というのは、当然忽那氏を中心とする瀬戸内海の海上勢力のことであろう。飫肥南郷は、当時飫肥院とよばれていた南日向の地名で、目井浦は、その沿岸部に位置する港である（宮崎県日南市、76ページ、図2―2参照）。現在は目井津とよばれるその港は、海岸線が円弧状に延びた入江に面し、その入江は入口が陸繋島や岬によって扼されて袋状の波静かな海面となっている。近代的な港を見慣れた目からするといかにも小さな港であるが、中世には手ごろな寄港地であったことが推測される。

また肝付郡内之浦も、大隅半島の東端に位置する内之浦湾に面した港である（鹿児島県肝付町）。おそらく「四国中国海賊等」の三〇余艘の船団は、目井浦に入港したあと都井岬の沖を通過し、さらに志布志《しぶし》湾の湾口を横切って大隅半島の内之浦に達したのであろう。こののち船団は、大隅半島の南端を回って鹿児島湾に入ったものと思われる。報告者の野辺氏が、「急速に用意を致すべし」と述べ、報告を受けた島津貞久が「時剋を廻らさず、当陣に馳せ寄せ、合戦を致さるべし」と諸将に命じているのをみると、この海上勢力の動きに大きな危機感を抱いていたことがわかる。

五月末になると、「四国中国海賊等」は、鹿児島湾の奥深くに攻め込んだ。そしてそれには、熊野海賊も行動をともにしていたことが明らかになる。その様子を、島津氏関係の史料から見てみることにする。

○ 貞和三年六月十七日付市来氏あて道鑑(島津貞久)感状(「旧記雑録前編」巻二二)
中村彦五郎入道覚純凶徒に与同せしめ、敵を浜崎城に引き込み、路次を打ち塞ぐの上、四国中国海賊等谷山凶徒に相加わるにより、合戦難儀に及ぶの処に、最前馳寄せ、合戦忠節を致さるの状、殊に以て神妙

○ (貞和三年六月)渋谷重興軍忠状(「旧記雑録前編」巻二二)
貞和三年五月二十九日夜、薩州鹿児島院において御敵等、浜崎城を忍び取るの間、六月三日、最初東福寺城に馳せ越し、御方軍勢を相待つの処、熊野海賊以下数千人、海陸共に寄せ来るの間、無勢たるといえども、身命を捨て防戦の刻《きざみ》、凶徒等数輩打ち取らしめ追い返し了《おわんぬ》

これらを見ると、現在の鹿児島市周辺で激しい戦いが展開されたことがわかる。まず前者によると、南朝方の武将中村彦五郎入道覚純《かくじゅん》という人物が浜崎城(後述する東福寺城に隣接する城)を奪い取り、さらに「四国中国海賊等」が谷山凶徒(谷山城を拠点にする懐良親王方の勢力)に加勢して合戦が行なわれ、北朝方の統率者島津貞久にとって、合戦は難儀に及んだ、という。

続いて後者によると、五月二十九日の夜、薩摩国鹿児島院(鹿児島市のあたりは当時このようによばれていた)にいた敵が、浜崎城を忍び取ったので、六月三日に東福寺城に駆け入って味方の軍勢を待っていたところ、六日に「熊野海賊以下数千人」が海と陸から攻め寄せて来た、自分たちは無勢であったが、身命を捨てて防戦につとめ、敵数人を打ち取って追い返した、という。

海賊等の攻撃の対象になった東福寺城というのは、懐良親王が滞在していた谷山城(鹿児島市)の北方約一

三キロメートルの地点に位置する北朝方島津氏の拠点である。ここは鹿児島市街地の北端に当たり、城の遺構は、鹿児島湾に面した南北に細長い丘陵上に所在する(ちなみに、この丘陵の北方には、幕末に島津斉彬《なりあきら》が設立した集成館遺跡が隣接している)。城の規模は広大で、丘陵上に点在する曲輪をすべて合わせると南北一キロメートルにもなろうかというほどである。城の中心は現在城跡碑が建てられているあたりであろうが、その周辺には、さまざまな段差を設けて多数の曲輪が点在している。この城は戦国時代まで存続し、しかも幕末には崖下の祇園之洲に砲台が設けられたりしたことによって大幅に改変されているので、どこまでが南北朝時代のものかはわからないけれど、それでも北朝方の重要拠点であったことは十分に想像できる。

本丸あたりから東方を望むと、眼下には鹿児島湾(錦江湾)、その向こうには煙をあげる桜島を目にすることができる。城の膝下まで船を漕ぎ寄せてきた「海賊」たちは、この東側斜面をよじ登って城を攻撃したに違いない。陸からの攻撃には隙があるようには見えない東福寺城も海からの攻撃には弱点があったのかもしれない。城中にいた渋谷氏の伝えた「熊野海賊以下数千人、海陸共に寄来るの間、無勢たるといえども、身命を捨て防戦」したという文言は、「海賊」の攻撃のすさまじさをよく伝えている。

このように、忽那氏と連携しながら、懐良親王の九州渡海に協力し、さらには九州制圧を目指す行動をもバックアップしようとした「熊野海賊」とはどのような勢力なのだろうか。

熊野三山と海上勢力

熊野というのは、紀伊半島南部一帯を指す地域呼称である。この地域は基本的に山々が卓越するところであるが、一方には太平洋(直接的には熊野灘)に面した長い海岸線をもつ。そしてその海域は、西の瀬戸内海、東の伊勢湾など海上交通の発達した海域を結び合わせる位置にあるところから、多くの海にかかわる人々の活動も見られた。また熊野という呼称には、このような地域呼称のほかに、その地に所在する熊野三山(熊野本宮大社、熊野速玉大社〈新宮とも〉、熊野那智大社)を指す場合もある。たとえば、「熊野海賊」などという場合、熊野三山の影響下にある海上勢力というニュアンスも含まれていたのではないだろうか。

熊野灘沿岸では、海にかかわって生活する人々の中から多様な海上勢力が生まれた(図2—2参照)。たとえば、熊野の山中から流れ出して潮岬の東方で熊野灘に注ぐ古座川《こざがわ》の河口に位置する西向浦《にしむかいうら》(和歌山県串本町)を拠点として、「熊野新宮一味」「熊野山上綱」などとよばれた小山《こやま》氏(小山氏にはいくつかの流れがあるので西向小山氏とよばれることもある)、潮岬の西方約三〇キロメートルのところに位置する日置川《ひきがわ》の中流域安宅《あたぎ》庄(同県白浜町)に本拠を置き、日置川河口の川湊日置浦を拠点にした安宅氏、同じ日置川の上流久木《ひさぎ》(白浜町)に拠点をおいて、山間部における材木調達と海辺部における浦支配を結合させていたといわれる、西向小山氏の同族久木小山氏、那智山にほど近い山間部に位置する色川郷(那智勝浦町)を本拠としながら、熊野灘沿岸で水軍活動を展開した色川氏、熊野川河口近くの鵜殿《うどの》(三重県紀宝町)を拠点にし、近隣の新宮大社別当家とも縁のあった鵜殿氏、潮岬周辺を本拠にし、那智山の衆徒でもあった塩崎氏や泰地《たいじ》氏(串本町)などである(高橋修編『熊野水軍のさと』、神奈川大学日本常民文化研究所編『熊野水軍小山家文書の総合的研究』)。

これらの海上勢力の日常的な活動は必ずしも明らかではないが、那智山(那智大社)が「海上々分高納」という名目で那智山沖を航海する船舶から銭貨を徴収していた徴証があることを考えれば(「米良《めら》文書」)、熊野山衆徒や神人として神々にかわって上分《じょうぶん》(神々に捧げる初穂《はつほ》)を取り立てる活動をしていたことが推測される(網野善彦「太平洋の海上交通と紀伊半島」)。また、泰地・塩崎一族が、周防国竈門関《かまどのせき》(山口県上関町)から摂津国尼崎にいたる「西国運送船」等を警固して「櫓別銭《ろべつせん》」を得ていたことを示す史料が残っているのをみると(「米良文書」)、廻船等に乗り込んで上乗りをし、航行の安全を保障する役割を果たして警固料を得るといった活動もしていた可能性がある。そしてそのような活動が可能であったのは、熊野の修験者によって瀬戸内海各地に熊野信仰の拠点が設けられていたからであるという指摘もある(宮家準「中世期の熊野修験と海上交通」)。

こうした日常的な海上活動によって蓄積された水軍力が、南北朝時代において南朝方の海上軍事力としての役割を果たすようになるのではないだろうか。その側面を最もよく表わしているのは、前記の諸勢力のうちの小山氏(西向小山氏)ではないかと思われる(拙著『海賊の日本史』)。小山氏はさまざまなところで軍事活動を行なっているが、最も注目すべきものとして、年未詳六月三日付後村上天皇綸旨にみえる沼島《ぬしま》や小豆島《しょうどしま》での活動があげられる。同綸旨には、次のように見える。

> 沼島後措の事、先度仰せらるの処、凶徒既に小豆島に襲来、度々合戦に及ぶの由、信胤注進せしむ所也、急速に発向せしめ、凶徒を対治せしむべし(「西向小山家文書」)

さきに「沼島後措」を命じたが、今度は飽浦信胤《あくらのぶたね》から小豆島に敵勢が来襲したとの報告があったので急いで小豆島に向かうように、という内容である。飽浦信胤についてはさきにも少しふれたように(80ページ参照)、備前児島の飽浦(岡山市)を拠点にする勢力である。備前の有力者佐々木氏の一族で、もともと細川氏に従って足利尊氏方として挙兵したが、『太平記』(巻二二)によると、尊氏の家臣高師秋《こうのもろあき》との間で女性問題を引き起こして宮方に転じたという。この時期、児島から小豆島にかけての海域で活動する有力な南朝方勢力であった。

沼島や小豆島などの地名から判断して、この綸旨において小山氏が期待されている軍事行動が、脇屋義助の伊予渡海にかかわる可能性があることはさきに述べたとおりである。

同じころ、小山氏は淡路の丹生城《にゅう》へも出陣したらしい。年未詳七月十七日付で塩崎一族・小山一族にあてた南朝方の文書は、丹生城での「後措」が延引したため同城が「散落」したことや、小豆島に敵勢が押し寄せてきたことを告げ、丹生城や小豆島の「後措」として出陣することを小山一族らに求めている(「西向小山家文書」)。これらを見ると、小山一族は、淡路島から小豆島にかけた海域での海上軍事活動に力を発揮していたことがわかる。

なお、ここに見える丹生城は、淡路国賀集庄《かしゅう》に所在していた城と考えられるが(兵庫県南あわじ市)、ここへの出陣は伊予国忽那氏と連携した行動である可能性がある(網野善彦「小山家文書について」)。それは「忽那一族軍忠次第」(26)のなかに「淡路合戦」との記述があり、この時期のことと考えられるからである。とすると、ここでも熊野と伊予の南朝勢力がときを同じくして淡路に出陣して連携した活動をしていたことがわかる。

連携する海賊

このように南北朝期には、潮岬を中心して西の日置川流域から東の新宮にかけての熊野灘沿岸に、その後背地の熊野山中を含めて、多くの海上勢力が存在していた。そのような者たちの一部が、南朝からの軍勢催促を受けて瀬戸内海に進出したり、遠く南九州まで遠征したりしたのである。「軍忠次第」㊺には、「熊野勢当国下向、兵粮両度」という記述があって、熊野勢が二度にわたって伊予に下り、忽那氏がそれに兵粮を提供したことがわかる。この両度の下向というのは、おそらく一三三九年(延元四)の懐良親王の忽那島来島と、一三四二年(興国三)の脇屋義助の伊予下向をさすのであろう。そして今また、熊野海賊は懐良親王の北上を支援するために遠く南九州まで遠征してきたのである。

島津氏関係史料は、押し寄せてきた「熊野海賊」を「数千人」と表現しており、別のところでは「四国中国海賊三十余艘」とも述べている。多少の誇張はあるにしても島津軍を怯えさせるほどの大勢力であったことは間違いない。おそらく、忽那氏や小山氏を中心にして、それに東瀬戸内海の沼島や小豆島の勢力、さらに小山氏周辺の熊野の海上勢力が加わって「数千人」の大勢力が成立したのであろう。

そしてそのような勢力は互いにネットワークをつくりあげ、そのネットワークは、かつての脇屋義助の伊予下向、懐良親王の九州渡海の時と同様、薩摩への大規模遠征においても機能したのである。このような薩摩への遠征は、海の領主としての忽那氏の活動範囲の広さを遺憾なく発揮しているといえよう。

なお、熊野海賊等が東福寺城を攻撃してから半年後の、一三四七年(正平二)十二月、懐良親王は肥後に入り、翌三年正月には同国宇土《うと》(熊本県宇城《うき》市)に着いた。

6　足利直冬からの誘い

塩飽への出陣

熊野海賊と連携した、薩摩への大規模遠征の後も、義範の海上活動は続いた。翌年の一三四八年(正平三)の四月、義範は、大蔵大輔という人物から讃岐国塩飽島《しわくじま》で城郭を追い落したことを感賞されている。塩飽島(香川県丸亀市本島)は、忽那島のはるか東方、備讃諸島の一角に位置する島で、古くから海上交通の要衝として知られている(図2—2参照)。島の東岸には今も、笠島城の遺構が残されている。笠島城の遺構は、綿密な防御機能を備えていて、戦国末期に毛利氏や織田・豊臣などの諸勢力が島に関与した時期のものと評価されているが(『香川県中世城館跡詳細分布調査報告書』)、おそらく最初に築かれたのは南北朝期で、その初期の城が忽那氏の攻撃を受けたのではないだろうか。

前年に薩摩遠征を行なったばかりの忽那氏が、今度はわざわざ備讃諸島まで足を延ばすのにはそれなりの事情があったはずであるが、それは明らかではない。強いて推測を加えるならば、塩飽が、これまでしばしば行動を共にしてきた飽浦信胤の拠点小豆島にほど近いところに位置していることを考えると、信胤に対する支援活動であった可能性が考えられる。

なお、「軍忠次第」を見ると、義範は塩飽島以外にも広範囲にわたって瀬戸内各地に出陣している。二九条に記されている、一三三九年(延元四)七月の周防加室合戦の加室というのは、周防大島の南端の家室《かむろ》のことで、防予諸島沿岸の港として知られている。また年代は不明であるが、三〇条の安芸国波多見《はたみ》合戦の波多見は、音戸の瀬戸の東側入り口付近の港である（広島県呉市倉橋島）。三一条の周防国屋代島は、前記周防大島のこと、三二条の備後鞆は、いうまでもなく山陽沿岸航路上の著名な港である。これらを見ると、忽那氏が懐良親王の忽那島来島の前後においても瀬戸内の港を中心にたびたび出陣していることがわかる。

このような広範囲にわたる義範の海上活動が評価されたのであろうか、一三四八年（正平三）や翌年には、南朝からの感状や所領の安堵状が相ついで出されている。軍忠を感賞した後村上天皇綸旨は三度に及び、それらによって周防国柱島の地頭職が安堵され、備後国灰田郷（所在地不明）の知行が新たに認められた。

義範あてに発せられた多くの南朝文書の中で、一三五〇年（正平五）二月十六日付の周防国長野郷（山口県岩国市）地頭職三分一を勲功賞として与えた兵部卿親王令旨は興味深いものである。それは発給者の兵部卿親王が、護良親王の子興良《おきよし》親王にあたると考えられるからである。この時期、興良親王は、兵部卿親王のほかに、宮将軍、常陸親王などとも名乗り、赤松則祐《そくゆう》に担がれて各地で活動していたが（亀田俊和『征夷大将軍護良親王』）、その発給文書が忽那氏のもとにも届いていたのである。所領充行を条件に自軍への参陣を求めたのであろうが、それに義範がどう対応したのかはわからない。

観応の擾乱

一三五〇年（正平五）の後半になると義範は、南朝と北朝の対立を軸としたこれまでとは異なる大きな時代の流れの中に巻き込まれていくことになる。のちに観応の擾乱とよばれるようになる足利政権の内紛である。

観応の擾乱は、足利尊氏の弟直義《ただよし》と重臣高師直《こうのもろなお》の対立に端を発し、室町幕府を二分して争われた大規模争乱であるが、それとのかかわりを示すのが、写真に示した文書である（写真2―5）。

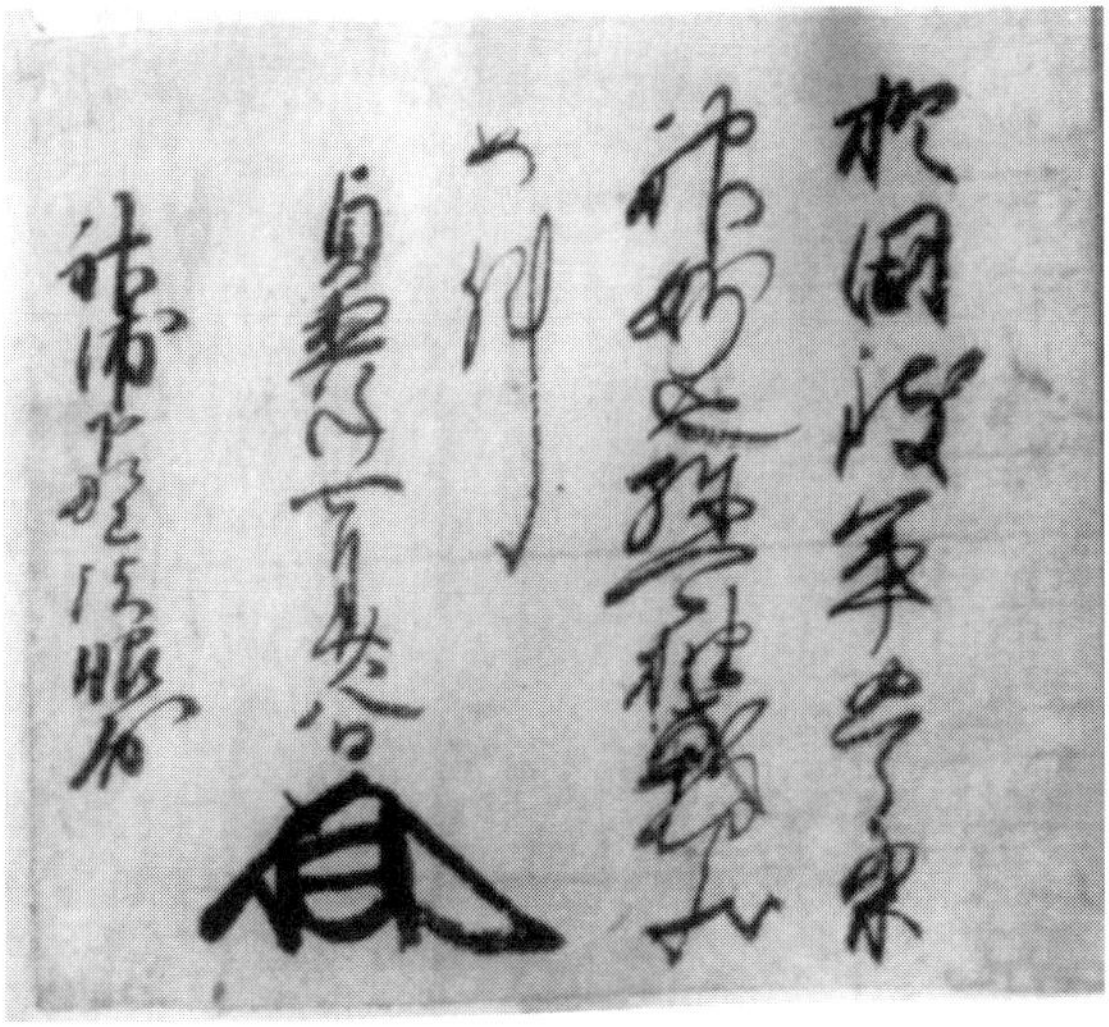

写真 2―5　足利直冬感状

〔史料8〕（「忽那家文書」）

国において軍忠を致すの条、神妙也、弥《いよいよ》戦功を抽んずべきの状、件の如し

貞和六年七月二十八日　（花押）

神浦下野法眼房

この文書は、小切紙に書かれたものであるが、日付の下の大きな花押が目を引く。官途名なども書かずに花押のみを据えたこのような文書は、発給者の尊大な姿勢を示すものであるが、その花押の主は、足利直冬《ただふゆ》である。

直冬は尊氏の庶子に当たるが、嫡子義詮《よしあきら》に対する配慮からか、尊氏からは子と認められず、それに同情した叔父直義に庇護された人物である。そのような因縁から、尊氏、直義兄弟の対立が始まると、実父尊氏に対して強い敵愾心を抱き、養父直義と行動を共にするようになった。
文書の貞和六年（一三五〇）という年号にも注目すべきである。一三五〇年二月に北朝は貞和六年から観応元年に改元したが、直冬は室町幕府が主導したこの改元を認めず、こののちも貞和年号を使い続ける。史料8もそのような文書の一通である。内容は、義範の軍忠を神妙であると感賞したものであるが、その背景をみておく必要があろう（以下、直冬の動向については、瀬野精一郎『足利直冬』に拠る）。

一三四九年（貞和五）になって尊氏から長門探題に任じられた直冬は、備後国鞆（広島県福山市）へ下ったが、京都で養父直義と尊氏重臣高師直の対立が激化すると（八月に師直は大軍を率いて直義邸を包囲し、直義の職務解任を要求し、直義を失脚させることに成功した）、そのあおりを受けて、九月には、尊氏の意を受けた備後の武士杉原氏に攻撃される。直冬は海路九州まで落ちのびていくが、その前に伊予に立ち寄った形跡がある。

当時の貴族洞院公賢《とういんきんかた》の日記『園太暦《えんたいりゃく》』によると、討伐をうけた直冬がいったん四国に没落したのは、「与州の輩ならびに備州阿久良《あくら》」らが直冬を迎えたからであるという。ここにいう「与州の輩」とはおそらく義範のことであり、「備州阿久良」は備前の飽浦信胤のことであろう。この両者は、ともに脇屋義助の伊予下向にかかわったが、その連携はまだ生きていたようで、直冬の九州下向をも助けているのである。翌一三五〇年（貞和六）になると、九州での直冬の反尊氏行動は激しくなり、六月には、尊氏は高師泰《もろやす》を九州に派遣して直冬を追討しようとした。

このような情勢のなかで直冬は、尊氏方の軍勢の九州下向を阻止しようとして中国・四国の国人たちに多くの文書を発したが、そのうちの一通が史料8ということになる。文中に、「国において軍忠を致すの条、神妙」とあるのをみると、この時点で義範はすでに伊予において直冬方として活動を始めていたものと思われる。

ちなみに、かつて忽那氏などの支援を受けて九州西部を北上し始めた懐良親王は、この時期、肥後の豪族菊池《きくち》武光《たけみつ》の保護を受けて、肥後菊池の地(熊本県菊池市)に滞在していて、こののち九州では、南朝方の懐良親王、足利直義方の足利直冬、そして足利尊氏の命を受けて九州経営の任にあった一色範氏《いっしきのりうじ》(道猷《どうゆう》)三者の三つ巴の争いが続くことになる。

義範に対する直冬方からの働きかけはその後も続き、十月にはほぼ同じ内容の感状が出され、十一月には、伊予郡得丸保《とくまるのほ》(愛媛県松前町)地頭職が兵粮料所として預け置かれている。この間直冬の勢力は、北九州の有力武士少弐頼尚《しょうによりひさ》と結びつくことによってますます強大となり、これを見過ごすことができなくなった尊氏は、みずから軍勢を率いて九州へ下向しようとした。ところが、その間隙を縫って直義は京都を脱出し、南朝と結んで反尊氏の兵を挙げたので、尊氏は九州下向の途中、備前国福岡(岡山県瀬戸内市)から京都へ引き返した。

このように九州における直冬の活動が活発であった一三五〇(貞和六)の十二月と、翌五一年の正月に、相次いで直冬や直冬方の武将から忽那一族や義範にあてて感状が発せられている。後者には義範の子息了儀房《りょうぎぼう》が戦死したと記されているから、忽那一族が直冬方として戦いを続けていることがわかるが、その相手はおそらく河野氏であろう。九州で直冬と戦っていた一色範氏が一三五二年(観応三)四月に、河野通盛《みちもり》にあてて軍勢催促状を出し、伊予での忠節をたたえるとともに、豊後国に出陣するように求めているのが確認される

（「築山本河野家譜」）。

このの ち直冬は、京都で直義が勢力を盛り返した時期には鎮西探題に任じられたりもしたが、やがて直義が争いに敗れて北陸に逃れ、ついで鎌倉に下って、一三五二年（文和元）二月に死去すると（尊氏に毒殺されたとの説もある）、直冬の勢いも衰えてくる。同年末には九州を逃れて長門に移り、翌一三五三年（文和二）末には周防から石見に拠点を移し、五五年（文和四）には入京して尊氏と戦って敗れ、五六年（延文元）二月には安芸に下着している。この間忽那氏のもとには、五一年（観応二）に、直冬の武将今川直貞《なおさだ》から芸州に発向するように求める軍勢催促状が届いている。

直冬の安芸下着直後の一三五六（正平十一）三月には、義範にあてて、芸州下着を知らせ、急ぎ馳せ参じよという催促状が届いている（ここでは南朝の正平年号を使用している）。これらをみると、直冬が忽那氏に期待しているのは、安芸周辺に援軍として駆けつけることであったことがわかる。

なお、この一三五六（正平十一）三月の直冬の軍勢催促状は、義範の名がみえる最後の文書である。直冬の活動はまだ続いていて、一三五八年（正平十三）十二月にも芸州において忠節を尽くしたことを感賞する感状が届いているが、その宛先は忽那五郎左衛門尉となっている。「忽那家系図」では、義範のいとこにあたる重明《しげあき》が、「始め五郎左衛門、孫九郎」とされているから、その可能性もなくはないが、それよりも、一三四二年（興国三）四月に、義範ら三名とともに屋代島内島末庄西方《しますえのしょうにしかた》地頭職を与えられている、柱五郎左衛門尉俊宗《としむね》のほうが可能性は高いといえる。柱というのは柱島のことであろうし、そこは、しばしば義範の名に冠せられる地名でもある。そうであれば、柱俊宗は義範と何らかの縁のある人物であることが推測される。

いずれにしても、義範は一三五六～五八年（正平十一～十三）の間に死去したか、忽那一族の統率者の地位を去るかしたものと思われる。一三三三年（元弘三）に忽那重清《しげきよ》の「家人下野房」として初めて史料上に姿を現わしてから二十数年間にわたって活動を続けてきたことになる。それは、さまざまな勢力とかかわりを持ちながらの多難な二十数年間であった。

そのような義範の、南朝方に立っての活発な活動は、戦前においては時勢の中で高く評価され、さまざまなところで顕彰がなされた。その一つが義範と縁の深かった忽那島神浦《こうのうら》の滝神社の境内に建てられた表忠碑である。この石碑は昭和三年（一九二八）に、郷土史研究者西園寺源透《さいおんじげんとう》が撰文し、当時の東中島村、西中島村が共同で建てたものである（写真2―6）。

写真2―6　忽那島神浦に建てられた忽那義範表忠碑

義範の経済基盤

義範の活動を振り返りながら、疑問に思うのは、広範な義範の活動を支え続けた経済力はどこから生まれて来たのか、また多方面にわたる海上活動に欠かせなかったはずの水運力、とりわけ船舶の調達などはどのようになされたのか、などの諸点である。

義範の広範な活動を支えた経済基盤としては、二つのものが想定できよう。ひとつは、義範が惣領家から受け継いだと思われる忽那島内の本領である。ただ、かつて武藤名《たけふじみょう》、松吉名《まつよしみょう》などとよばれていたこれら本領については、どの程度のものを引き継ぎ、それをどう経営したのかなどの史料を欠く。もう一つは、南北朝期の戦乱にかかわるなかで恩賞として与えられた所領や所職である。これについては、その都度ふれてきたが、ここで改めて整理しなおしてみると、次のようなものをあげることができる。

①一三四二年(興国三)四月に中院定平《なかのいんさだひら》奉書によって知行を認められた屋代島内島末庄西方領家職。ただし、これは義範だけではなく、柱五郎左衛門尉俊宗、島末兵衛次郎近行《ちかゆき》、同兵衛四郎近重《ちかしげ》の四人による支配である。

②一三四三年(興国四)二月に後村上天皇綸旨によって与えられた備後国安田郷。

③一三四八年(正平三)九月に平高顕によって安堵された周防国柱島地頭職。

④一三四九年(正平四)三月に後村上天皇綸旨によって充行われた備後国灰田郷地頭職。

⑤一三五〇年(正平五)二月に兵部卿親王(興良親王)によって充行われた周防国長野郷地頭職三分一。

⑥一三五〇年(貞和六)十一月に足利直冬方の某によって預け置かれた伊予郡得丸保地頭職。

この中には、⑤の周防国長野郷のように、兵部卿親王(興良親王)の活動実態から判断して空手形に終わった可能性が高いものもあるが、それ以外は、南朝方、あるいは直冬方による安堵や充行である。

このうち最も重要なのは、③の柱島であろう。柱島は国制的には周防国に属するが(現在は岩国市)、地勢的には忽那諸島の内の津和地島に近く、忽那諸島の延長上にあるとみることができる島である。実際、忽那一族との縁も深く、義範が「柱島下野房」などとよばれたり、柱島を本領と称したりしていることから、さきにも述べたように忽那島に進出してくる以前の義範の拠点が柱島にあった可能性も考えられる(70ページ参照)。

そうした目で見れば、①において義範とともに屋代島内島末庄西方領家職を分与されている柱五郎左衛門尉俊宗にあたると考えられる忽那五郎左衛門尉が、義範後の忽那氏あての文書の宛所となっていることも見逃し難い。

なお、柱島は、同じ周防国の沿岸、島嶼部に位置する伊保庄《いほのしょう》(山口県柳井市)、竈門関《かまどのせき》(上関町)、矢島(同町八島)とともに平安末期から賀茂《かも》別雷《わけいかづち》神社(上賀茂神社)領の荘園となっていた(「賀茂別雷神社文書」)。③においても、柱島地頭職は本領として安堵するが、領家職の神役を社家に納めることとされていて、賀茂別雷神社領荘園としての秩序が生きていることがわかる。現在も集落のはずれの丘陵の一角に賀茂神社がまつられているのは、荘園支配の名残りであろう。

①の島末庄は、柱島の南方に大きく横たわる屋代島(周防大島)の東端に位置した荘園である。鎌倉時代には大江広元《ひろもと》などが支配に関わったりしたこともあったが、この時期には荘園としての実態は失われていたらしい。そのような所領の「西方」が義範や柱俊宗など四名に勲功賞として分け与えられたものであろう。②の備後国安田郷については、世羅郡など備後国の山間部にいくつか安田の地名が残っているが、それらのどれかに相当するのか、それとも別に安田郷が存在するのか明らかではない。また、④の備後国灰田郷に関しては、その遺称地名が確認できない。⑥の伊予郡得丸保は、現在の松前町徳丸に所在した所領と考えられるものの、この地を直冬がなぜ忽那氏に預け置くことができたのかは明らかでない。

このように見てくると、忽那島以外の地の所領・所職として実際に意味を持ちえたのは、忽那諸島近隣の柱島地頭職や島末庄西方領家職に限られるのではないかと思われる。

柱島や島末庄のことを考えると、これらの島々と忽那島本島の間に位置する、忽那諸島内の他の島々はどうなっているのかが気になる。一次史料には他の島々の記述はほとんどないが、「忽那トラ家系図」では、鎌倉後期の惣領久重《ひさしげ》の弟則平《のりひら》の項に、牟須岐島(睦月島)地頭と記されているのが唯一である。一方「忽那家系図」では、一族の久重・則平世代の人物たちに、松島(二神島)地頭、興居島《ごごしま》地頭が見え、それに続く重義《しげよし》世代、重清《しげきよ》世代の人物たちに、津和地島地頭、怒和島地頭などが見える。「忽那家系図」には後世の知識が加わっているのでそのまま信じることはできないが、「忽那トラ家系図」が示すように、鎌倉時代後期から徐々に近隣の島々への進出も始まったのではないだろうか。

これらの島々は、忽那島本島と比べると狭小で、農業生産には恵まれていないが、そのかわりこの海域の海上交通の要衝であった。

海上交通とのかかわり

瀬戸内海を東西に行き来する海上交通路は、古くから山陽沿岸コースが一般的であったが、時代が下るにしたがって、操船技術の発達や船舶の大型化もあって、沿岸から離れた沖合いを通過するコースも取られるようになった。その傾向は西瀬戸内海において顕著で、そのような航路の一つが、柱島や津和地島の近海を抜けていくコースである(拙著『中世瀬戸内海の旅人たち』)。たとえば、南北朝末期の一三八九年(康応元)に、厳島参詣と西国大名への威圧を兼ねて海路を西下した足利義満《よしみつ》は、帰路において、家室《かむろ》(周防大島)・津和地島・二神島・怒和島・忽那島などを見たと記している(「鹿苑院殿厳島詣記」)。であれば、竈戸関《かまどのとせき》(上関)から屋代島(周防大島)の南岸を東に進み、忽那諸島のどこかで防予諸島をぬけて安芸灘に達し、そこを北上して再び山陽沿岸に戻る航路を取ったものと思われる(38ページ。図1—5参照)。

その後、一四二〇年(応永二十七)に来朝した朝鮮使節宋希璟《ソンヒギョン》が通過したのもこのコースであった可能性が高い。一行は、帰路においては蒲刈島《かまがり》(広島県呉市)に停泊したあと上関に達しているから、防予諸島をぬけたものと思われる。このコースは、蒲刈島—防予諸島間が、島陰の少ないところを乗り切らねばならないという難点はあるにしても、距離的には、広島湾沿岸コースよりはるかに短縮されているので、室町期以降、厳島に立ち寄る必要のない船舶に利用されるようになったのではないだろうか。

ただ、一般的に利用されるようになったのは室町期以降であろうが、第1章でも述べたように(38ページ)、鎌倉末期に幕府が西国の悪党・海賊を取り締まるために海上警固所を設置した時、安芸国亀頸《かめがくび》(広島県呉市倉橋島)や忽那島が設置場所に含まれていることを考えると、すでに鎌倉末期には、周辺の海賊たちが利用する航路として成立していたとも考えられる。

このように「忽那氏の海」ともいうべき忽那諸島海域の、海上交通上の重要度が時とともに高まるなかで、忽那氏が海上交通にどうかかわったのかについてはよくわからない。海上勢力の海上交通へのかかわりかたとしては、戦国時代の海賊衆村上氏による通行料や警固料の徴収がよく知られているが(拙著『瀬戸内の海賊〈増補改訂版〉』)、忽那氏が通行料・警固料をとっていた徴証は今のところ見当たらない。忽那氏と海上交通のかかわりかたを明らかにするのは、今後の課題である。

海上活動に欠かすことができない船については、断片的に史料からうかがうことができる。たとえば、一三四四年（興国五）ころ伊予にいたらしい南朝方の平高顕という人物が義範に対して、大船を一艘、乗組員も含めて貸してほしいと依頼している。これなどは忽那氏の船舶調達能力の一端を示しているものといえるが、その船をどこで入手したり、造船したりしたのかなど、具体的なことは不明である。船の問題もまた今後の資料収集に努める必要がある。

系譜のなかの義範

最後に、義範が後世の忽那一族において、どのように系譜の中に位置づけられていたのか、という点について考えてみたい。さきにも少しふれたように、系図では鎌倉末～南北朝初期の惣領重清の弟に位置づけられているが、これは事実を反映しているのだろうか。「忽那家系図」には、「下野法眼、神浦館」という注記とともに、柱島地頭職など、古文書史料に記された所領所職が付記され、「忽那トラ家系図」には、「下野法眼、養子」という簡略な注記がつけられている。実際には、了儀房などの子もいたはずだが、子や孫の記述はまったくなく、系譜のなかではいわば孤立した存在といえる（18ページ。図1―3参照）。このような系譜の中での孤立的な位置づけは、「忽那家文書」における義範関係文書の数多い残存量ときわめて対照的である。これは何を意味するのだろうか。

それは、南北朝の動乱期に、忽那一族の中では最も顕著な活動をした義範が、一族の歴史のなかでは異端的な存在であったことを示しているのではないかと思われる。その点で「忽那トラ家系図」のなかの「養子」という記述は示唆的である。どこからどのような事情で養子に入ったということには何ら触れることはなく、唐突に「養子」とのみ記す記載のあり方は、系図を記述した者の戸惑いを示しているようにもみえる。おそらく成立時期から考えて、同系図の作者は義範とは同時代人であり(217ページ、第1章注1参照)、それゆえに義範に関してはそれなりの情報を持っていたはずである。にもかかわらず、わずかに一言「養子」と書くしかなかったような事情が何かあったのではないだろうか。

忽那義範は一族内では異端的な存在であったように見えるが、その関係文書が「忽那家文書」の中にきちんと位置づけられて伝来していることは、こののち室町・戦国期の忽那一族が義範の存在を排除せず、受け入れていたことを示している。室町・戦国期の忽那一族は、系譜的には義範とは別のところから続いているのだが、彼らは、義範関係の文書史料を家伝のものとして受け継いでいるのであり、このことは、彼らにとって義範の存在は必ずしも否定しなければならないものではなかったことを示している。

惣領権の過渡期

それでは、義範が史料上から姿を消した後、忽那一族の流れはどのように受け継がれていくのだろうか。

義範が姿を消した後、最初に忽那氏にあてて発給された文書が、一三五八年(正平十三)二月の五郎左衛門尉あて足利直冬感状である。この五郎左衛門尉が、義範とともに島末庄西方地頭職を分与された柱五郎左衛門尉俊宗である可能性が高いことは、さきに述べた。とすれば、一時的にこの五郎左衛門尉が義範の後継者であった可能性が高い。しかし、五郎左衛門尉にかかわる史料はこの一通のみで、この人物が義範のあとの忽那氏を長期にわたって率いたとは考えにくい。

このあとの忽那一族の流れは、混とんとしている。「忽那トラ家系図」は、図1―3で示したように、重清の子として虎熊丸《とらくままる》、法師丸《ほっしまる》という二人の幼名の男子を記したところで終わっている。一方、「忽那家系図」は、次ページの図2―3のように、重清の子として重勝《しげかつ》をあげ、惣領家の系譜を続けているが、はたしてこのとおりに惣領職が受け継がれていったのかは定かでない。一次史料でその状況を見てみると、この時期の惣領家に関係するものとしては次の四通の文書を確認することができる。

〔Ⅰ〕正平六年(一三五一)三月八日付で忽那美濃権守にあてた兵部卿親王令旨
〔Ⅱ〕正平二十二年(一三六七)十二月付で忽那雅楽佐《うたのすけ》にあてた河野通直《みちなお》軍勢催促状
〔Ⅲ〕天授元年(一三七五)十一月十三日付で忽那又三郎にあてた細川正氏《まさうじ》充行状
〔Ⅳ〕元中八年(一三九一)四月八日付で人名不詳の人物が忽那大炊《おおい》にあてた充行状

Ⅰは、さきにも少しふれた、護良親王の子とおぼしき興良親王(兵部卿親王)が、忽那美濃権守にあてて「御参洛の御出立」についての協力を感賞したもので、年代を見てもわかるとおり、義範がまだ活動している時期のものである。宛先の忽那美濃権守を「忽那家系図」は、重清の子重勝にあてている。もしそのとおりであるとすると、この文書は義範主導期における惣領家の活動を知る唯一の史料になる。重勝と義範がどのような関係にあったのかはわからないが、兵部卿親王は、前年の一三五〇年(正平五)には、義範にも周防国長野郷地頭職を与える充行状を発しているから、惣領家と義範の双方に働きかけたということになる。

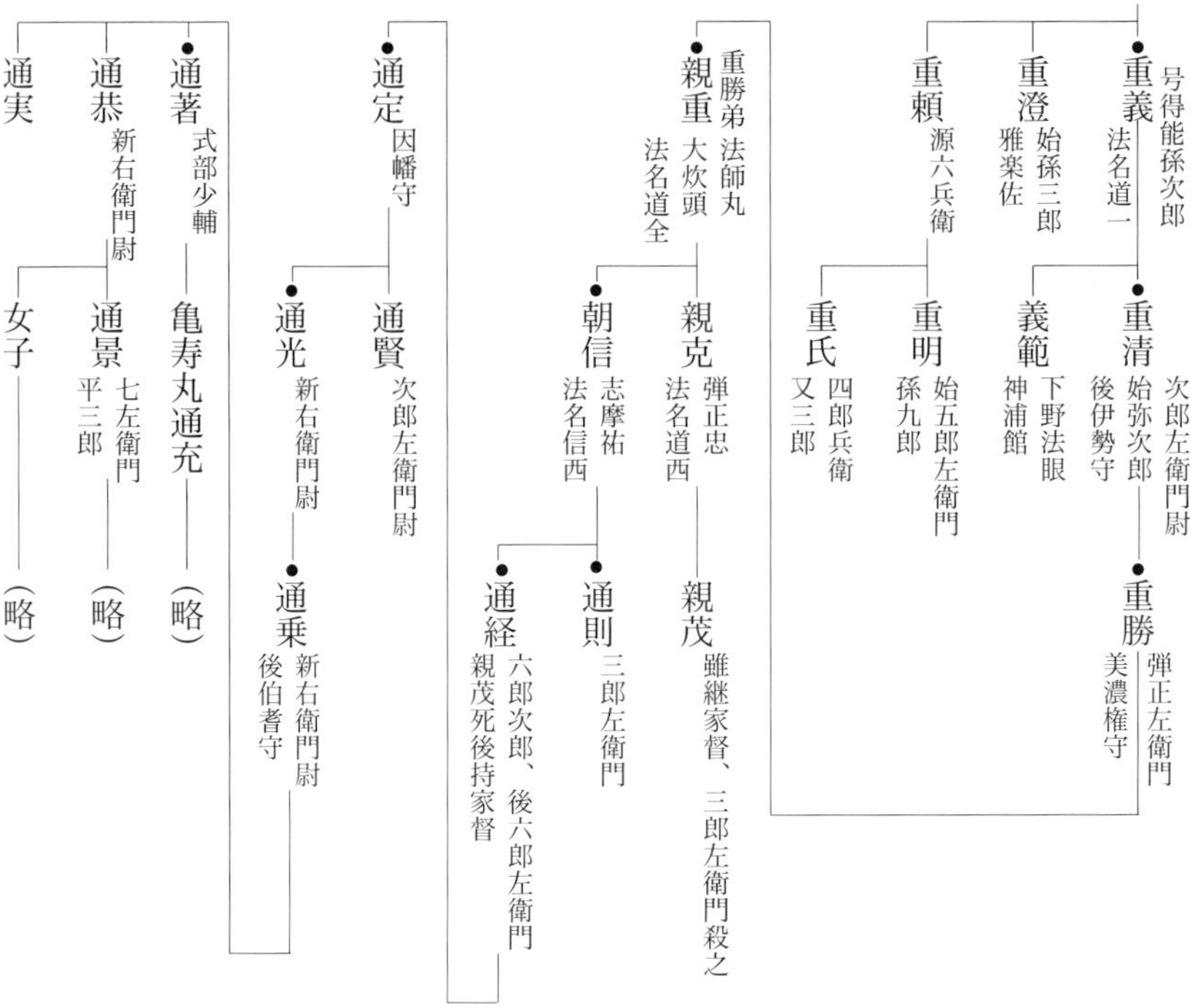

●印は惣領を示すものとして付されている。
注記は必要なもののみ記した。

図 2—3　忽那氏略系図(2)(「忽那家系図」による)

Ⅱ以下は義範の姿が見えなくなって以後の文書である。Ⅱは、河野通直(通尭《みちたか》)が味方への参陣を求めたもので、宛先の雅楽佐は、「忽那家系図」では、重清や義範の叔父にあたる重澄《しげすみ》とされている。義範のあと忽那家の家督が叔父の世代に移るというのはあり得ないことではないが、やや違和感は残る。ちなみに「忽那トラ家系図」では、重澄のところには雅楽佐の注記は見当たらない。雅楽佐が重澄以外の人物である可能性は残っているといえよう。

　発給者の河野通直は、元弘～南北朝初期に河野氏を率いていた通盛の孫にあたる人物である(初名は通尭)。河野氏は、通盛の時代に国内における南北両勢力の争いに一定の決着をつけて、一時は守護の地位にも就いたが、やがて四国全域支配を目指す細川氏の侵入に直面することになり、一三六四年(貞治三)に嫡子通朝《みちとも》が戦死した。通朝の子通尭は、細川氏との対立を有利に導くため、当時大宰府にいて九州の南朝勢力を率いていた懐良親王に帰伏し、名も通直と改め、一三六五年(正平二十)には南朝方の伊予国守護職を安堵された。さらに翌六六年には、四国中国の足利軍を討伐するように軍勢催促を受けた(「築山本河野家譜」)。

Ⅱは、そのような立場にあった通直が、征西府に味方して軍忠を致すように忽那氏に対して軍勢催促をかけた文書である。かつて忽那氏が支援した懐良親王が、大宰府に入って征西将軍としての権力を確立し、その意思がこのような形で河野氏を通じて忽那氏に伝えられているところに、時代の移り変わりが感じられる。

Ⅲは、細川正氏が忽那又三郎にあてて讃岐国伊賀野(香川県善通寺市生野《いかの》)領家職《りょうけしき》、郡家《ぐんげ》(丸亀市)公文職《くもんしき》を兵粮料所として充行ったものである。宛所の又三郎は、「忽那家系図」では義範らのいとこにあたる重氏《しげうじ》の通称とされている。これについては時期的に不審はない。発給者の細川正氏は、足利尊氏配下の有力武将として知られる清氏《きようじ》の子である。清氏は足利方に属して多くの軍功を挙げたが、権勢におごって諸将の反発を招き、一三六一年(康安元)には幕府を追われて南朝方に帰順し、翌六二年には、讃岐国でいとこの頼之《よりゆき》と戦って戦死した。Ⅲは、父に従って南朝方に属していた正氏が、忽那氏に所領を与えて味方に誘おうとしたものと思われる。

Ⅳは、実名不詳の人物が忽那大炊に忽那島一分地頭職を与えたものである。「大炊」は、「忽那家系図」では重勝の次の当主親重《ちかしげ》の官途とされているものの、親重の注記には、「重勝弟」と記されているから、実際には重勝の弟として兄のあとを継いだのであろう。ただし、この文書は、文言・様式ともに異例であって、当時の実態を反映したものかどうかは検討の余地がある。

このように義範が姿を見せなくなったあとの忽那氏は、さまざまなところから誘いをかけられているが、それらの文書の宛先となっている人物も一定していないことがわかる。十四世紀後半のこの時期、忽那氏はだれが一族を率いていたのかはっきりしない、いわば惣領権の過渡期にあったといえよう。

その惣領権が再びはっきりしてくるのは、「忽那家系図」では先の親重の孫の世代にあたる通紀《みちのり》(則)の時代からである。そしてその時期は、足利義満によって一三九二年(明徳三)に南北朝の統一が実現され、南北朝の内乱が終わった時期にあたる。

残された石造物と仏像

これまでは主として「忽那家文書」に依拠して南北朝時代の忽那氏の動向を見てきたが、この時代には、文書以外にも忽那島の人々の活動のあとを伝える遺物がある。石造物や仏像彫刻である。島に残っている銘文のある石造物には、次のようなものが知られている。

①島の南岸の長師集落(16ページ、図1—2)に所在する真福寺境内にある貞治年号を有する五輪塔残欠。

②同じ真福寺の境内に残る貞治の年号を有する板碑(写真2—7)。

③小浜集落のはずれに残された文中元年の年号を有する板碑(8)(写真2—8)。

また、真福寺には、様式的には宝冠釈迦如来像であるが、寺では、大通智勝仏《だいつうちしょうぶつ》とされている仏像が伝えられている。もとは隣接する三島神社の本地仏であったが、明治初年の神仏分離の際、別当寺であった真福寺に移されたという。胎内に墨書が残されていて、筆者が実見したところでは、仏師や願主の名も記されているが、読み取りが難しく、かろうじて次のような年号を読み取ることができる。

至徳二年〈乙丑〉霜月七日

この像は、一三八五年(至徳二)に制作されたものであることがわかる。大通智勝仏は、本社である大三島(今治市)の三島社(現大山祇神社)の祭神大山積神の本地仏であり、三島社は河野氏が氏神として古くから尊崇してきた神社である。もし真福寺の大通智勝仏が一三八五年に忽那島で制作されたものであれば、次章で述べるような忽那氏と河野氏の結びつきを考えるうえで興味深い事例ということになる。けれども、同じ真福寺に伝えられた地蔵菩薩像は、胎内墨書銘によって一五一九年(永正十六)に、

写真２―７　真福寺境内に残された貞治年号の板碑

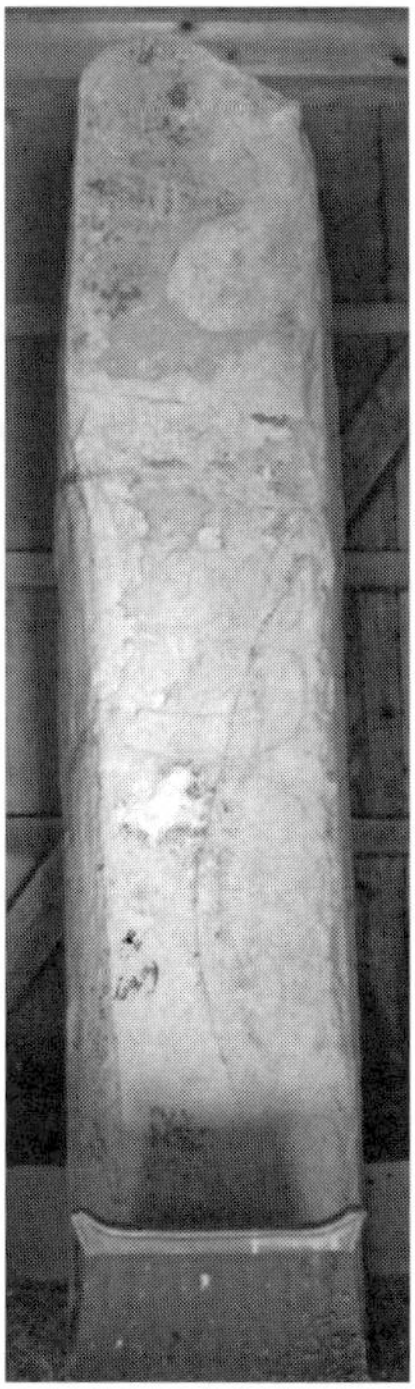

写真２―８　文中年号の板碑

忽那島の対岸風早《かざはや》郡善応寺《ぜんのうじ》(松山市北条)で制作されたものであることがわかっている。そうしたことも考えれば、大通智勝仏が地元で作られたかどうかは確証がもてない。

なお、長井数秋氏の調査によると、これらのほかにも忽那島やその周辺島嶼には、無銘ではあるが、南北朝期につくられたと推測される石造物が数多く残されているという(『松山市内の中世様式石造塔』)。これらを含めて①～③の石造物や仏像は、「忽那家文書」からはうかがい知れない地域の人々の信仰生活を知る上で貴重なものといえる。

忽那氏との関係でいえば、①②と大通智勝仏に北朝の年号である貞治、至徳が使用されているのが興味深い。この時期、「忽那家文書」を見る限り、ほとんど南朝年号が使われており(例外的に足利直冬が使った貞和年号がみられる)、義範やその後継者たちが支配する時期の忽那島は南朝方勢力一色に染まっているような感がある。ところが、①②や仏像を見ると、地域社会の中においては必ずしも南朝一色ではなかったことがよくわかる。これらもあわせて地域社会の実情を理解しなければならないであろう。

第3章　守護河野氏との結びつき

1　河野氏の内紛に巻き込まれる

「通」字を名乗る

さきにも少し述べたように、明徳三年(一三九二)に、三代将軍足利義満《よしみつ》によって分裂していた南北両朝が統一され、義満主導による幕政が推し進められていくことになる。このころ、義範のあとしばらく惣領権の行方が定かでなかった忽那氏においても、ようやく家督が安定的に継承されることになった。その時期に家督の地位についたのは、通則《みちのり》である。通則は、系図の上では、親重《ちかしげ》の子である朝信《とものぶ》の子とされているが、朝信については「忽那家文書」のなかに文書史料は残されておらず、この系譜関係がどの程度正確かはわからない。

その通則に関して重要なのは、その名乗りである(なお、通則は、後述するように正しくは通紀であるので、以下そのように表記する)。図2―3(126ページ)を見てもわかるとおり、これまで南北朝期の忽那一族の家督やその周辺の人々は、「重」や「親」を通字《とおりじ》として使うことが多かったが、通紀はそのいずれをも使わず「通」を使っている。「通」は、伊予国守護河野氏の通字である。このことは、通紀が河野氏との結びつきを強めたことを意味する。それまで忽那島を拠点とする海の領主として、伊予の最有力武士団ともいうべき河野氏とは距離をとりながら(時には敵対もして)、独自の行動をとることの多かった忽那氏が、そのあり方を大きく転換したのである。

通紀のときから忽那氏のあり方が大きく変わったことは系図の編者も理解していたようで、通紀の項には、次のようなことが記されている。すなわち、河野氏の当主が通久《みちひさ》であったときに、将軍義満の命で、「越智家(河野氏を指す)と一縁を成し」定紋ならびに通字を譲られて「与州十八将」の一人となったというのである。将軍義満の命でというのは信じがたいが、定紋というのは、河野氏の「折敷に縮み三文字」の家紋のことであろうし、通字というのは、河野氏の「通」字の使用のことであろう。「十八将」というのは、河野氏配下の主要な一八家の武将を指す言葉として室町期以降しばしば使われたものである。

こうして忽那氏は、通紀の時代から河野一族と認められて、その家臣団に入ったものと思われる(1)。それは、この時期、河野氏が伊予国守護の地位を確保して、国内において優越的な地歩を占めるようになったことと無関係ではないであろう。そのことを理解するために、さきに127ページでも少しふれたが、この時期の河野氏の動向を時代をさかのぼって確認しておくことにする(拙著『伊予の中世を生きた人々』、図3—1参照)。

河野氏は、南北朝初期に通盛《みちもり》が足利方にくみすることによって勢力の挽回を果たしたが、やがて讃岐・阿波を分国とする細川氏の侵入に直面することになった。貞治三年(一三六四)に惣領の通朝《みちとも》が細川頼春《よりはる》と戦って討死すると、隠居していた通盛(法名善恵《ぜんえ》)もほどなく死去して、河野氏は大きな危機を迎えた。通朝のあとを継いだ通尭《みちたか》は、頽勢を挽回するために大宰府に赴いて征西将軍府の懐良《かねよし》親王に帰伏し、帰国後は南朝方として細川氏と戦った。通尭は、康暦元年(一三七九)細川頼之《よりゆき》との戦いに敗れて討死した。河野氏は二度目の危機に直面したが、将軍義満は、細川氏が強大化しすぎるのを警戒して、河野氏と細川氏を和睦させ、通

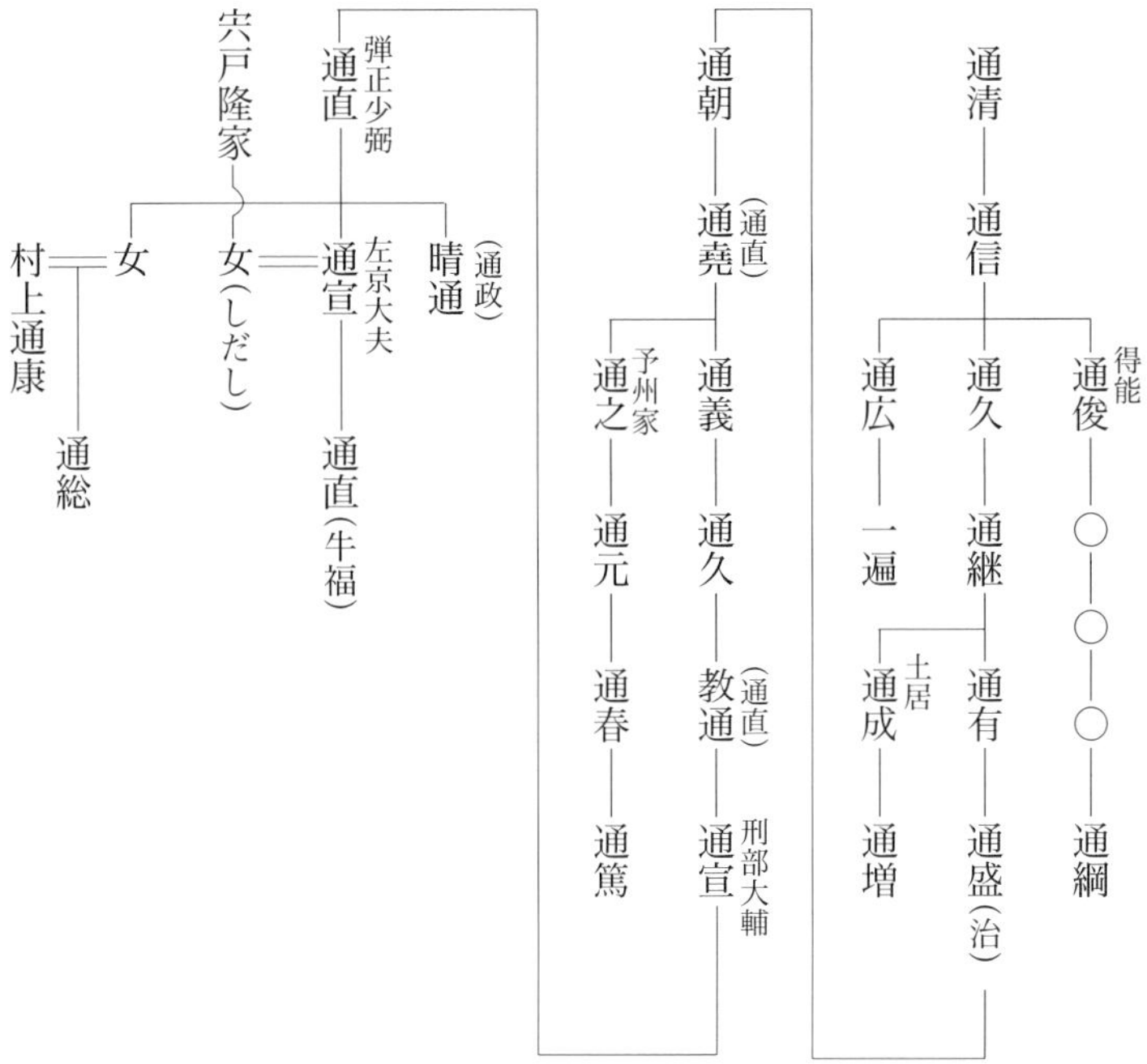

図3—1　河野氏略系図(「長福寺本河野系図」などによる)

堯の子通義《みちよし》が家督を継ぎ、守護の地位に就くことを認めた。こののち、通義が死去すると弟の通之《みちゆき》が家督を継承し、通義の遺児通久《みちひさ》の成長をまつことになった。

このような経緯を経て伊予国守護の地位を確立した河野氏と忽那氏の関係を端的に示すのは、応永十二年(一四〇五)九月に河野通之が、忽那島西浦上分地頭職を忽那次郎左衛門入道道紀《どうき》に与えた充行《あてがい》状であろう。所領を与えられている入道道紀というのは、通紀の法名に相違なく、また、忽那島西浦というのは、これまで度々述べてきたように忽那島西部のことであろう。ここに河野氏と忽那氏の間に、所領の充行を通して主従関係が成立しているのを読み取ることができる。

なお、文書では、西浦上分地頭職について「能島衆《のしましゅう》先知行分」という注記が付されているのが注目される。これは、戦国時代に能島村上氏として大きな勢力をふるうことになる一族の早い時期の姿を示すもので、しかも、本来芸予諸島を本拠とする同氏が、すでに十五世紀の段階で忽那諸島に進出していたことがわかる。西浦が能島衆の先知行分であったということは、河野氏が何らかの理由でそれを能島衆から取り上げて通紀に与えたことを意味している。その背景にどのような事情があったのかはわからないが、いずれにしても、この河野通之充行状は、十五世紀初頭における河野氏、忽那氏、能島村上氏三者の関係を考える上でも興味深い史料といえる。

通紀は、忽那氏の氏寺長隆寺（当時は、山狩寺ともよばれていた）の維持にも関心を寄せていたようで、応永七年（一四〇〇）四月には、「贈（曽）祖父道一《どういつ》」の例に任せて寺領を寄進している。長隆寺は今も島内大浦に伽藍を有している寺院である。現在は真言宗であるが、当時は禅宗であった（長隆寺については後述）。また、通紀が「贈（曽）祖父道一」の例に任せて、と記している道一は、系図（以下系図とのみ記した場合は「忽那家系図」を指すこととする）では、重義《しげよし》の法名とされている。もしそうであるとすると、実際には曽祖父ではなく、さらに二代前の人物になるが、そのことよりもここでは、通紀が鎌倉末の惣領重義の系譜をひいていることを強く意識していたことが重要である。

河野氏の分裂

通紀のあとは弟の通経《みちつね》が継いだが、その家督継承は必ずしも順調にいったわけではないらしい。系図の通経の項には、「六郎次郎、後六郎左衛門、親茂死後家督を持す」と記され、いとこにあたる親茂《ちかしげ》の項には

「家督を継ぐと雖《いえど》も三郎左衛門之を殺す」と記されている(通紀の通称は、前記のように次郎左衛門が正しいが、系図では三郎左衛門と記されている)。詳細は不明であるが、系図を見ながら想像をめぐらせてみると、次のようなことが考えられるのではないだろうか(図2—3参照)。

親重には親克《ちかかつ》、朝信《とものぶ》という二人の男子がいた。名乗りからしても父の名の一部を受け継いだ親克が後継者と目されていたことがわかるが、何かの事情があって弟の朝信が家督を継承した。しかし、そのとき朝信のあとは、親克の子親茂に家督をもどすなど何らかの約束がなされたのではないだろうか。しかし、朝信はその約束を守らず、自分のあとを子の通紀に継がせた。そこで、約束に従って家督を要求する親茂と通紀の間で対立が生じ、通紀は親茂を殺害して自分の弟通経に家督を継がせた。

もとより正確なことはわからないが、状況から考えればあり得ないことではないであろう。いずれにしても、通紀・通経兄弟が家督を掌握するに至るまでには、一族内でなんらかの確執があったことは間違いない。そして、さらに想像を一歩進めるならば、その確執が単なる一族内の家督争いにとどまるものではなく、その背後には河野氏との新しい関係構築をめぐる対立があったとも考えられる。つまり通紀・通経兄弟は、河野氏との関係強化の道を選択し、それに反対する親克・親茂などの勢力との争いに勝利して家督継承権を確立した、というような事情である。

そのような想像の当否はともかくとして、忽那通経が兄通紀と同様に河野家臣団の中で生きる道を選んだことは間違いない。ただ通経は、まもなくそれゆえの難しい選択を迫られることになる。それは、主家河野氏が深刻な内部対立を引き起こすからである。さきにも述べたように、応永元年に河野通義が死去した時、通義は、家督や守護の地位を弟の通之に譲ったが、河野氏の家譜「予章記」によると、そのとき通義は、懐胎している内室が男子を生んだ時にはその男子に家督を継承させることを通之に言い残したという。そして実際に男子が誕生し、のちに通久《みちひさ》と名乗ることになるその人物は、通之の治下において、先代通義の子として成長する(図3―1参照)。

通久の成人後、通之は家督を通久に譲ることになるが、その家督継承がどのように行なわれたかについては、後世の記録によって記述が異なる。通義の「遺命」に従って家督は通之から通久へ順当に譲られたと記すものもあれば、通久は家臣に擁立されて通之のもとから脱出して自立したと記すものもある。(2) どちらが真実を伝えているかは判断しがたいが、通久の家督継承後に、通之の子通元《みちもと》がそれに激しく反発したことは間違いないようで、このあと両者の対立が続くことになる(拙稿「河野通久の時代」)。そして忽那通経は、そのような対立の中に巻き込まれていくことになる。

忽那氏を頼る河野氏

応永二十年代には、河野通久、同通元の両陣営から多くの文書が忽那通経あてに発給されている。それらをまとめたのが表3―1である。

このうち④⑤⑦の三通には、年紀が記されていないが、⑥との関連から同じ応永二十六年と考えて間違いなかろう。宛先については、⑤のみが「神浦殿・長師殿」となっているが、神浦《こうのうら》と長師《ながし》はいずれも忽那島内の地名であること、文面がほぼ④と同じであることから考えて、通経に伝えるのと同じこと(後述)を忽那

表3―1　河野氏から忽那通経にあてられた文書

No.	西暦	年月日	発給者	宛先	内容	文書	文書番号
①	一四一四	応永21年10月15日	河野通久安堵状	忽那六郎次郎	本知行を安堵し、忠勤すべきことを命じる	忽那家文書	1188
②	一四一七	応永24年12月9日	河野通元安堵状	忽那六郎次郎	久枝六郎左衛門名田職等を先例に任せて知行すべし	忽那家文書	1192
③	一四一八	応永25年8月3日	河野通久安堵状	忽那六郎次郎	忽那島の内本知行半分の領地を安堵する	忽那家文書	1195
④	一四一九	(応永26年)10月29日	河野通元書状	忽那六郎左衛門尉	管領より重ねて御書下され、南山城禅門下着	淀稲葉文書	1193
⑤	一四一九	(応永26年)10月29日	河野通元書状	神浦殿・長師殿	管領より重ねて御書下され、南山城禅門下着	忽那家文書	1201
⑥	一四一九	応永26年10月29日	河野通元安堵状	忽那六郎左衛門尉	忽那島本知行ならびに和気郡本郡郷三郎丸名等、先例に任せて知行相違なし	忽那家文書	1199
⑦	一四一九	(応永26年)10月29日	河野通元書状	忽那六郎左衛門尉	忽那島の「野島分」(野忽那島のこと)の「入立」については状況が落ち着けば対処する	忽那家文書	1200
⑧	一四一九	応永26年10月	河野通久安堵状	なし	忽那島内三島社ならびに八幡宮の社領等について先例通り相違なし	忽那家文書	1202
⑨	一四一九	応永26年10月	河野通久安堵状	なし	山狩寺(長隆寺)の田畠等相違なし	長隆寺文書	1203

文書番号欄の数値は『愛媛県史資料編 古代・中世』の文書番号を示す。

一族内の他の人物にも伝えたものと思われる。また、⑧⑨には宛先が記されていないが、それは三島社など島内寺社の所領について安堵したからであって、実質的には通経にあてたものと考えることができる。

これらを並べてみると、①③⑧⑨が通久から、②④⑤⑥⑦が通元から発せられたもので、あたかも競争するかのように両河野氏が忽那通経にあてて文書を発給している状況をみることができる。それだけ両河野氏にとって忽那氏が自陣に引き留めておきたい存在であったということであろう。

これらの中で内容的に見て興味深い④の全文を紹介する。

〔史料1〕

尚々申し入れ候、此の方より申し候はんずるまでは、相構〳〵物色相見せあるまじく候、心へのために申し候

今月十七日管領より重ねて諸方へ御書下され、同廿八日に南山城禅門《みなみやましろぜんもん》下り候、悉く目出度候て下られ候間、今日廿九日に東方へ渡海候、身の事憑《たの》み入り候間、名字名乗りを進《まいら》せ候、あお□をいそぎ〳〵めされ候べく候、此の方より重ねて左右を申し候べく候、恐々謹言

十月廿九日　　通元（花押）

久津那六郎左衛門尉殿

ほぼ同じ内容を伝えている⑤もあわせて検討してみると、そこから知られるのは、以下のようなことがらである。

京都の幕府管領（当時は細川満元《みつもと》）から諸方へ御書が発せられ（⑤には御教書と記されている）、その御書を南山城禅門（おそらく河野氏の京都代官のような地位の者であろう）が持って伊予に下ったこと、それをうけて二

十九日に河野通元が「東方」へ渡海すること、それについてあとのことを忽那氏にくれぐれも頼みたいこと、などである。管領が御教書を発した事情、通元が渡海しようとしている「東方」の場所などが明確でないため状況がもう一つはっきりしないところがあるが、重要なのは、管領からの御教書を南山城禅門を経て受け取ったのが通元であるということである。それは、この時点では、通元が幕府から河野氏の家督と認められていたことを示している。

しかし、その通元の権力もまた決して安定したものではなかった。忽那氏にあてた書状において「身の事憑み入り候」(④)、「返々今度の事、憑み入り候」(⑤)などと述べているのは、忽那氏に頼らざるを得ない通元の立場をよく示している。おそらく通元は、在京していた父通之の後を受けてそのまま在京し、必要に応じて帰国するという行動をとっていたのであろう。したがって在京勢力との結びつきは強くとも、逆に伊予での勢力基盤は弱かったのではないだろうか。

その点で、史料1の尚々書きの中にある「此の方より申し候はんずるまでは、相構〳〵物色相見せあるまじく候」などという文言は、当時の状況をよく伝えている。意味するところは必ずしも明瞭ではないものの、当方から連絡するまでは、絶対「物色」すなわち当方に味方している様子は見せないでほしい、と解釈することができよう。そうであるとすると、対立する通久方の動きに対して強い警戒心を抱いていることがうかがわれる。

そのように頼りにせざるを得ない忽那通経を自陣に引き留めるための代償が、⑥のような文書だったのであろう。すでに応永二十四年時点の②において所領を安堵しているが、④⑤と同じ日付の⑥でも忽那島本知行など多くの所領所職を安堵せざるを得なかったものと思われる。また、④の文中において「名字名乗りを進せ候」と述べているのも意味深い。これは、①〜③においては六郎次郎と名乗っていた通経が、④以降六郎左衛門と名乗っていることと関係があるのではないだろうか。もしそうであるとすると、京都において一定の人脈を有する通元が、通経のために左衛門の官途を獲得するための便宜を図ったとみることができる。

三宝院満済

ところで、年紀は記されていないが、内容から考えてこの時期のものと思われる興味深い文書が「忽那家文書」の中に残されている。それは次のようなものである(写真3—1)。

〔史料2〕

河野六郎方の事に就き、忠節を致され候由、伝え聞き候間、今時分に始まらずと雖も殊に芳恩の至り、悦喜せしめ候、いよいよ毎事等閑を存ぜられずば、本意たるべく候、委細此の僧申すべく候、謹言

五月廿八日　（花押）

久津那殿

花押を据えただけの非常に尊大な様式の文書で、忽那氏に対して河野六郎方への忠節について謝意を述べている。六郎は、通之・通元ともに名乗っているが、ここはおそらく通元であろう。とすれば、宛先の「久

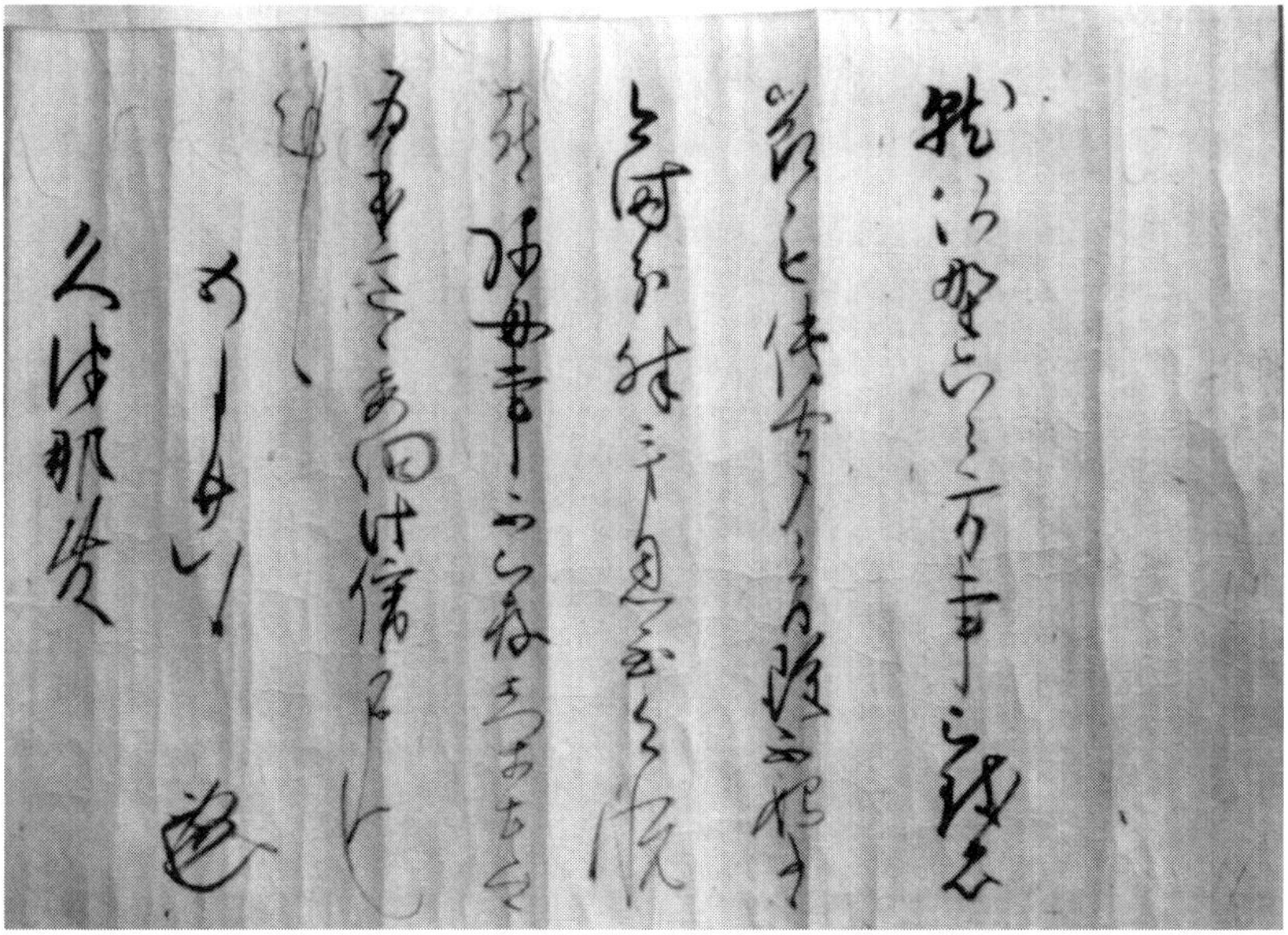

写真3—1　忽那氏あて三宝院満済書状

津那殿」も通経である可能性が高い。花押を据えるだけの様式でこうした内容の書状を発した人物はだれか、長らく不明であったが、近年の研究で、花押の主が三宝院満済《さんぼういんまんさい》であることが明らかになった（小林可奈「伊予守護と忽那氏」）。満済といえば、足利将軍の護持僧《ごじそう》で、義持や義教の信頼が厚く、幕政にも深く関与した人物である。これによって満済が河野通元寄りの姿勢を示していることがわかるが、同時に、その人物が忽那氏にあてて文書を発していること自体も重要である。それは、忽那氏もまた京都の幕府関係者との間に接点を持っていたことを示しているからである。今のところ、忽那氏と満済との接点が何に起因しているのかを明らかにすることはできないが、今後見逃してはならない視点といえよう。

　このように④⑤や史料2をみると、河野氏内部の通久・通元の対立の中で、忽那通経は通元に近い位置にいるように見えるけれど、明確に通元側に立っていたかというと、必ずしもそうともいえないようである。というのも、⑧⑨にみられるように、通久方からの働きかけも受け入れているからである。通経は、両河野氏の対立状況の中でも巧妙に身を処して、忽那一族の存続を図ることに成功したらしい。

応永二十年代の半ばには通元の手中にあったかに見える河野氏の家督は、その後通久の手に移ったようで、永享三年（一四三一）ころからは通久が比較的安定的に家督としての権限を行使している。河野通久は、幕府の命をうけて、当時北九州で弟持盛《もちもり》と争っていた大内持世《もちよ》を支援するために豊後に出陣し、永享七年（一四三五）六月に同国姫嶽《ひめだけ》（大分県臼杵市・津久見市境）で討死した。通久の対立相手であった通元も、嘉吉三年（一四四三）に京都で死去した。これによって河野氏の内紛は終息するかに見えたが、実際にはそうはならなかった。通久のあとを継いだ教通《のりみち》、通元の後継者となった通春《みちはる》の間でさらに対立が続くからである。

河野氏惣領家と庶子家の対立のなかで

河野氏の惣領家と庶子家（庶子家はのちに予州家とよばれるようになる）の長期にわたる対立、抗争の中で忽那氏がどのような立場に立ったかは、河野氏からの発給文書を見ればよくわかる。このあとも河野氏から発せられた多くの文書が「忽那家文書」の中に残されているが、それらを見てみると、大半は惣領家である教通やその周辺の人物からのもので、予州家関係のものは通春のものが一通残されているのみである。応仁の乱をはさんで展開される、惣領家、予州家の対立のなかで、忽那氏は基本的には惣領家にくみしていたことが明らかである。その状況を河野氏から発せられた文書を見ながら少し詳しく見ていくことにする。

通経のあと忽那氏の家督を継いだのは、通定《みちさだ》である。系図は、通定（因幡守との注記が付されている）を通経の子として位置づけているが、「開発記」は通定について、河野氏から養子に入って忽那氏を継いだと記している。ありうることといえよう。

通定の代では、文安元年（一四四四）に、河野氏惣領の教通から相次いで充行状や安堵状が出されている。五月には「山崎《やまさき》、小湊《こみなと》、松前《まさき》」の当知行を認め、八月と九月には、忽那島内の所領を安堵している。ここで重要なのは、当知行を認められている「山崎、小湊、松前」である。これらは、いずれも忽那諸島外の松山平野沿岸部の地名である（現在の松前町、伊予市）。忽那氏は、この時期の前後にも忽那諸島以外の地で断片的な所領を得ているが（山内治朋「南北朝・室町期忽那氏の守護河野氏従属について」）、これはそれらと違って、松山平野の一角ですでにまとまった所領を確保している点で重要である。

忽那氏の松山平野支配はその後も継続されたようで、永正十年（一五一三）には忽那五郎通辰《みちたつ》という人物が、この地域の有力寺院谷上《たがみ》観音（宝珠寺）に田地を寄進しているのが確認される（「大洲旧記所収文書」）。忽那氏が松山平野南部の広い範囲に所領を有していたことがわかる。このように文安元年に河野教通が忽那通定に対して利益供与を図っているのは、このころの教通が予州家の通春と争っていたからであろう。

通定のあとについて「系図」は、子の通光が跡を継いだと記しているが、「開発記」は、通光の兄の通賢《みちかた》が家督を継ぎ、その通賢が早世したあと通光が跡を継いだと記している。文書史料で見る限り「開発記」の記事が事実にあっているように思われる。通賢の代においても、長禄三年（一四五九）から寛正五年（一四六四）にかけて河野氏からいくつかの充行状や安堵状が与えられている。

寛正五年の文書を最後に通賢は見えなくなり、かわって通光あての文書が増えてくる。さきの「開発記」の記事のように早世した通賢に代わって弟の通光が家督を継いだのであろう。なお、「河野系図」の一本は、河野教通の弟通生の娘が忽那新右衛門尉の妻であったと記している。もしそれが事実であるとすると、新右衛門尉は通光の通称であるから、忽那氏は、先の通定と合わせて二代にわたって河野氏と縁を結んだことになる。通光の代になって河野氏との結びつきは一層強固になったとみることができよう。

この通光の時代は、忽那氏が大きく揺れ動いた時代である。それは、やがて応仁の乱(応仁・文明の乱)が勃発して主家河野氏が乱に密接にかかわることになり、河野氏との結びつきを強めた忽那氏も、それに巻き込まれていくからである。

守護の地位をめぐる惣領家の教通と予州家の通春の対立は、幕府の干渉をうけ、さらにその幕府の方針が目まぐるしく変わることによって複雑さの度を増すことになった。ごく大雑把にいえば、室町幕府において畠山持国《もちくに》が管領職についているときには幕府は教通を支援し、持国のライバル細川勝元《かつもと》が管領となった時には、通春を支援したのである(拙稿「守護家の内紛にまきこまれた城主」)。さらにこののち細川勝元は、通春支援にとどまらず、康正元年(一四五五)十二月には、教通から守護職を奪って自らがその地位に就くという挙に出た(「斎藤基恒日記」)。

このような状況を前にして、寛正六年(一四六五)には惣領家と予州家が和睦することになった。もともと良好であった細川勝元と河野通春の関係は一気に険悪となり、勝元は、自らの分国である阿波・讃岐・土佐の国人に動員をかけ、伊予に攻め込んだ。河野氏の側は、和睦した両家が周防の大内氏の合力を得て、勝元方を撃退した。この戦いに、河野氏の求めに応じて出陣した忽那通光は、風早郡の恵良城《えりょう》(松山市北条)に立て籠ったらしい。恵良城は、かつて興国二年(一三四一)に、当時懐良親王を擁して河野氏と戦っていた忽那義範が籠城したところである。通光の籠城時期は文正元年(一四六六)の十月ころと推測される。当時在京中であった河野教通は、十一月に通光にあてた書状の中で、恵良城での忠節をたたえている。

2 応仁の乱の時代を生きる

西軍からの誘い

このころ幕府内では、幕府を支える有力守護畠山・斯波両氏の家督争いが、将軍足利義政《よしまさ》の弟義視《よしみ》と実子義尚《よしひさ》の将軍家跡目争いと連動して不穏な空気が漂っていた。応仁元年(一四六七)正月、京都の上御霊社《かみごりょうしゃ》(上京区)に陣を敷いていた細川勝元派の畠山政長《まさなが》を、山名持豊《もちとよ》(法名宗全《そうぜん》。以下宗全に統一する)に後押しされた畠山義就《よしひろ》が攻めたことによってついに軍事衝突が始まった。これをきっかけにして諸国の兵が続々と京都に入り、五月には、細川方と山名方の軍勢が衝突し、本格的な内乱に突入することになった。当然ながら伊予の諸勢力も巻き込まれていく。

伊予の諸勢力の中で応仁の乱に最も積極的にかかわったのは、河野通春である。通春は、寛正六年〜文正元年の伊予の争乱において、大内氏の支援を受けたことから大内氏との結びつきを強め、大内政弘《まさひろ》が西軍方として入京する際に行動をともにした。

年未詳であるが、正月二十五日付で通春が、忽那通光に西軍に加わるように誘った書状が残されている。これは、大内氏が通光にあてて自軍への忠節を求める書状を出したのに副えたもので、(3)「都鄙《とひ》」(都と地方)ともに政弘の勢力が優勢になっていることを伝え、はやく「現形《げんぎょう》」し(姿勢を明らかにし)、西軍に味方するように述べている。時期的に見ると、応仁二年ごろの可能性が高いと思われる。通光がこの誘いにどう応えたかは明らかではないが、政弘とともに上洛した通春が西軍の一人として国内の有力な国人領主に軍事動員をかけている状況を知ることができる。

一方、乱勃発時に在京していた河野教通は、応仁元年の末までには帰国したらしい。当初は通春に協力して西軍方に属していたようであるが、その後、応仁三年五月頃には、東軍方に転じ、文明五年には東幕府から守護に任じられた(「明照寺文書」)。こうして、細川氏という共通の敵を前にして一時的に保たれていた河野氏内部の惣領家、予州家の和睦は破綻し、伊予国は再び両家の対立の時代に入るのである。

久田子城の在番

この時期、忽那氏も河野氏惣領家に従って東軍方の一翼を担っていたらしい。そのことを示すのが次の史料である。

〔史料3〕(「忽那家文書」)

豊前国守護職の事、大友豊後守上表申すの間、左京大夫入道に仰せ付けられ候、此の時馳走候はば肝要

に候、委曲平子平右衛門尉申すべく候、恐々謹言

十二月九日　　政国（花押）

久田子衆御中

発給者の政国《まさくに》について、後世「忽那家文書」を整理した忽那氏の子孫は、「畠山二郎政国」の付箋をつけているが、花押の形状などから判断して細川政国と見るべきであろう。細川政国は、室町時代の幕府管領細川持之《もちゆき》の弟持賢《もちかた》を祖とするいわゆる細川典厩《てんきゅう》家に属し、持賢の養子となってその跡を嗣《つ》いだ人物である（細川勝元のいとこにあたる）。典厩家は、一国守護になることはなかったが、畿内周辺の分郡守護となり、細川本宗家の京兆家《けいちょうけ》を補佐しつつ将軍の御伴衆《おともしゅう》などをつとめた一族である。政国自身は、摂津欠郡《かけのこおり》（摂津国中心部の異称）や丹後国与謝《よさ》郡（京都府宮津市とその周辺）の分郡守護をつとめ、明応四年（一四九五）八月に死去した（今谷明『守護領国支配機構の研究』）。

宛所となっている久田子《くだこ》衆というのは、久田子城の在番に当たっている集団のことである。そして、この文書が「忽那家文書」の一通として伝えられていることを考えれば、その集団は、忽那氏配下の者たちからなっていることは間違いないであろう。久田子城というのは、忽那島と怒和《ぬわ》島にはさまれたクダコ水道の中央部に位置するクダコ島に築かれた海城である（以下、現在地名は地図上の記載に従ってクダコと表記し、城郭地名は史料上の表現に従って久田子と表記する）。クダコ水道は、防予諸島を通過する際の重要水路の一つで、この時期、その水路を監視する目的で忽那氏が築いたのが久田子城であろう（図3―2参照）。

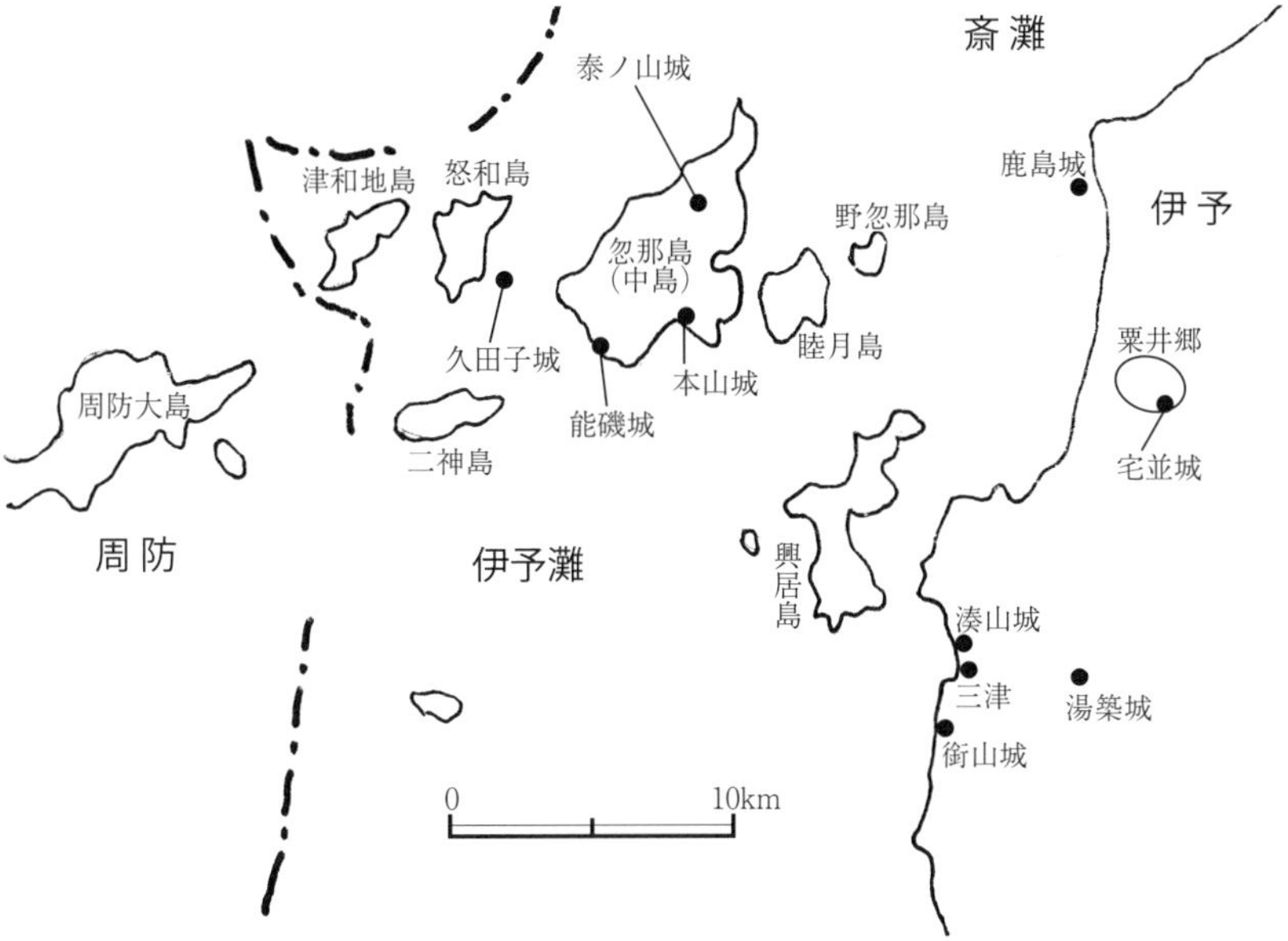

図3―2　室町〜戦国時代の忽那氏・二神氏の足跡

久田子城は、今もクダコ島に遺構を残している。忽那島の西端から船に乗ると、川のように流れるクダコ水道の潮流を横切ってまたたくまに島に着く(忽那島からの直線距離は、約一・二キロ)。島は周囲約九〇〇メートルの無人島で、その小さな島全体を要塞化したのが久田子城である。私は、このように周囲が一キロメートルに満たない小さな島全体を要塞化した城を「海城《うみじろ》」とよぶことにしているが、久田子城もその一つといえよう。

海城は、海賊衆村上氏が本拠とした芸予諸島に多く見られる。伊予大島の沖合に浮かぶ能島城、来島《くるしま》海峡をにらむ今治市波止浜《はしはま》の来島城などが代表的なものである(拙著『海賊と海城』)。芸予諸島の海城に比して忽那諸島の海城は少ないが、久田子城はそのうちの一つである。海賊衆村上氏がかかわる海城は、芸予諸島を東西あるいは南北に通過する航路をにらんで立地しているが、その点では、クダコ水道に浮

写真3―2　海峡に浮かぶ久田子城跡

かぶ久田子城も同じように航路をにらむ役割を果たしているといえる。

島内には小さなピークが二つある。西側が若干高くて標高五二メートルである。東側の低いピークには、現在は灯台が設置されている。その二つのピークと、それにはさまれて少し低くなった部分に曲輪が設けられている。構造としては非常にシンプルで、防御機能よりも監視機能を優先させた縄張りといえよう（写真3―2）。

大内道頓についての情報

東軍に属する細川政国が久田子衆に伝えているのは、豊前国守護職を大友豊後守の「上表」によって「左京大夫入道」に仰せ付けたということである。ここに見える大友豊後守というのは、その官途から判断して大友親繁《ちかしげ》のことであろう。親繁は子の政親《まさちか》とともに応仁の乱では東軍に属し、西軍の大内氏と九州各地で戦った人物として知られる。

「左京大夫入道」というのは、東軍方の大友親繁が豊前守護職を「上表」したというのであるから、同じ東軍方の大内道頓《どうとん》(教幸《のりゆき》)のことと考えることができる(小林可奈「伊予守護と忽那氏」)。道頓は、西軍方の有力者大内政弘の叔父にあたるが、政弘の背後を脅かそうとする東軍方の働きかけをうけて、文明二年(一四七〇)二月頃に長門国で反大内政弘の兵を挙げた人物として知られている。そこには大友親繁の支援もあった。史料3はこのような事情を背景にして発せられたものである。したがって、年代もおそらく文明二年にあたるであろう。

このようにみてくると、史料3は、東軍方の細川政国が、西軍方の中心人物大内政弘の国元における反対勢力の動向を久田子衆に伝えたものといえる。そのようなことからすれば、この史料は、応仁の乱最中の東西両軍の駆け引きの中に忽那氏や久田子衆が組み込まれていたことを示している。

しかし、それにしても、上記のような重要な情報が、なぜ河野氏や忽那氏当主ではなく久田子衆にあてられたのかという疑問は残る。強いて推測を加えるならば、その答えは、さきに述べたような久田子城が西瀬戸内海の重要な海上交通路に位置していることにあるのではないかと思われる。細川政国は、場合によっては大内道頓が東軍方として瀬戸内海を攻め上ってくることを想定して、それを円滑ならしめるために西瀬戸内海周辺の諸勢力に協力を要請し、そのうちの一通が史料3として残ったのではないだろうか。ただ、道頓の反乱は、この書状が発せられた十二月には鎮圧されたので、政国の遠謀は結局徒労に終わることになったが。

京都での争乱にも次第に厭戦気分が高まってきつつあった文明九年(一四七七)十一月、大内政弘が東幕府に帰順し、防長豊筑四ヶ国の守護職を安堵されて、本国周防へ帰国した。河野通春もおそらく、このとき行動をともにして伊予へ帰ってきたものと思われる。こうして伊予国では再び緊張が高まってきた。

翌文明十年（一四七八）十月、河野氏の惣領家と予州家が衝突した。戦いは、一時的には大内氏の支援を得た通春方が優勢になったこともあったようであるが、長期的には惣領家の教通方の優勢は動かず、文明十二年には決着がついたようにみえる。「築山本河野家譜」は文明十四年（一四八二）閏七月十四日に通春が湊山城で死去したことを伝えている。傍証する史料は見当たらないが、案外事実を伝えているのではないだろうか。これによって伊予国は一応の平穏を取り戻すことになった。

長隆寺の縁起

この時期に忽那氏の周辺で、興味深い文書がいくつか書き記されている。ひとつは、「長隆寺文書」の中に残された文明十五年（一四八三）の「長隆寺縁起」である（以下「縁起」と略記する）。

長隆寺（当時は長龍寺）は、前にも少しふれたように、忽那氏の氏寺である。「縁起」は、同寺の来歴についてほぼ以下のようなことを記している（「　」の部分は原文書の引用）。
①「山狩山長龍寺」開闢《かいびゃく》の由来は、「御堂関白道長《みちなが》」の「裔孫親賢《えいそんちかかた》」が「西遷」してこの島に船を停めて住み着いたことにある。親賢が山中で狩猟をしていたとき、林の中で光り輝くものを見つけ、探し出してみると、それは三尺二寸の千手観音であった。親賢は、この地と自分との「三世の機応」を感じ、それ以後「開発領主」として忽那を名乗るようになった。また、見つけ出した千手観音を本尊として寺を開き「山

狩」と称した。

②　親賢以後四代の間の住持は定かでないが、五世に当たる兼平《かねひら》の時、その「舎弟但馬《たじまの》阿《あ》闍梨《じゃり》静慶《じょうけい》」を開基とした。静慶を含めて四代の間は天台宗であった。その後「禅刹」に改めたが、「禅教一如」の旨を歴代住持は受け継いできた。住持の地位は忽那一族が相続するのを「本」とした。

③　鎌倉の若宮八幡宮を勧請して鎮守とした。当社の神体は、「無量寿仏」であり、当寺の本尊は、「西方《せいほう》補《ふ》処《しょ》菩薩」である。この両者が「本誓一致」して島の守りとなっている。

①の部分は、忽那氏の先祖伝承としてよく知られている内容で、文章化されたものとしては、この「縁起」が最初であろう。のちに「開発記」や「系図」にも同じ内容が多少文飾を加えて書かれることになるが、もとはこの「縁起」の記事にあるのではないだろうか。親賢が狩猟の際に千手観音を見出したので寺名を「山狩」と称するようになったというのは、地名起源伝承というべきであろうが、山狩寺が長龍寺とよばれるようになるのは、南北朝期からのようである。その初見は、正平四年（一三四九）の文書に見える「山狩長龍寺」「長龍寺住持」という文言である（「長隆寺文書」）。

②に記されているできごとの多くは、一次史料でも確認できる。たとえば開基とされる静慶は、建長五年（一二五三）の関東御教書において、山狩寺別当職ならびに寺領田畠等が「押領」されていることを幕府に訴えた人物として見えるし、禅寺に改めたのちの歴代住持として名を挙げられている人物たちも、寛正四年（一四六三）住持柏林長意の譲状にみえる歴代住持の名と一致するものが多い（「長隆寺文書」）。また、同譲状には、歴代住持の多くが「忽那人也」と記されているから、忽那一族の者が住持の地位に就くのをしきたり

としてきたという「縁起」の記述も、おそらく事実を伝えているものと思われる。このことは、長龍寺が忽那氏の氏寺として同氏の領主支配の一翼を担う存在でもあったことを示している。

③の鎌倉の若宮八幡宮を勧請したという記述も、おそらく事実を伝えていると思われる。現在、鎌倉の鶴岡八幡宮には、本殿(上宮)とは別に若宮(下宮)があるが、かつては八幡宮そのものを若宮とよぶこともあったようだから、要は、鎌倉の鶴岡八幡宮を勧請したということであろう。もちろんこれは、忽那氏が鎌倉御家人であったことと密接にかかわることである。正和五年の(一三一六)の忽那島内の損耗状況を記した文書にも、山狩寺とともに、八反余の除田(年貢免除地)を認められた八幡宮の名をみることができる(「忽那トラ家文書」)。

現在大浦の集落の一角に社殿を有し、長く忽那七島の総鎮守とされてきた八幡宮(忽那八幡宮)がその後身に当たるものと思われる。現在も社殿の一角には、「鎌倉若宮八幡宮」と書いた額が残されている。③にも記されているように、長龍寺と八幡宮が一体となって忽那一族や島民の精神的紐帯となっていたのだろう。

なお、「縁起」には記されていないが、長龍寺には実際寺《じっさいじ》という末流寺院が付属していた。応永十五年(一四〇八)の沙弥道紀《どうき》(忽那通紀)寄進状に「実際禅寺」とあるのが初見であり、文明年間頃の河野通生書状には、「実際寺の事…山狩寺末流」と見える。現在の浄土真宗浄玄寺が実際山という山号を有しているので、その流れをくむのであろう。

これまでの引用史料をみてもわかるように、現長隆寺には、「長隆寺文書」という中世文書が残されている(一部近世文書も含む)。多くは山狩寺あるいは長龍寺にあてた寺領寄進状などであるが、なかには、本来

「忽那家文書」として伝えられたはずのものも含まれている。たとえば、建武三年(一三三六)の忽那重清あて足利直義軍勢催促状などもその一つで、忽那氏の歴史にとって重要な意味を持つこの文書がなぜ「長隆寺文書」として伝えられたのかはわからないが、逆に、このことが忽那家と長隆寺の一体性を示しているともいえる。

また、忽那氏文書案や忽那氏文書目録も、本来は「忽那家文書」の一部であった可能性が高い。文書案は、忽那氏にあてた文書一〇通を一紙に写したものであるが、そのうちの六通は現存する「忽那家文書」の中には含まれておらず、この写しによってはじめて内容を知ることができる(文書の伝来は第1章を参照)。

また文書目録は、忽那氏関係の文書一三通の文書名と年代を列挙したもので、そのうちの大半は現存する「忽那家文書」には含まれていない。そのため、文書の内容を知ることはできないものの、忽那氏がかつてどのような文書を持ち伝えていたかということを知る上で貴重である。文書目録をみると、現在の「忽那家文書」が忽那氏にあてられた文書のすべてを伝えたものではなく、そのうちの一部に過ぎないことがよくわかる。「長隆寺文書」と「忽那家文書」は一体のものであり、「忽那家文書」を理解するうえで、「長隆寺文書」は欠かせないものといえる。

なお、現在の長隆寺は真言宗で、大浦の集落の背後の丘陵上、その名も山狩の地に伽藍を残している(写真3―3)。また、長隆寺から約三〇〇メートルほど集落側に下ったところに浄玄寺、さらに五〇〇メートルほど下ったところに八幡宮が鎮座している(16ページ、図1―2参照)。

忽那氏とつながりの深い寺社が忽那島の人々の宗教世界の中心をなしていたことは間違いないが、一方に

写真3―3　現在の長隆寺の山門

は、それらとは別に、もう少し地域に密着した寺社も存在していた。鎌倉時代末期の正和五年(一三一六)に作成された忽那島損耗検見目録(45ページ参照)には、長龍寺・八幡宮以外にも、わずかな除田(年貢免除地)を認められたいくつかの寺社が記されている。東方武藤名では三島新宮、瀧宮、薬師堂、大日堂、西方松吉名では客天神、馬頭などである。

このうち三島新宮は、さきに南北朝期の石造物や大通智勝仏を残している寺として紹介した真福寺と一体になった長師集落の三島神社のことであろうし、馬頭は、かつて馬頭宮とよばれていた粟井集落の桑名神社、瀧宮は、神浦集落に残っている瀧神社のことであろう。また客天神は、島内にくつか残っている天満宮のどれかであろう。このように忽那島には、忽那氏ゆかりの寺社を中心にして島内全域に広く宗教世界が広がっていたとみることができる。

小笠原流秘伝書

文明期の忽那氏周辺で書かれたもう一つの興味深い文書は、「小笠原流弓馬秘伝」である。これは、表題のとおり、忽那氏が京都の小笠原家から与えられた弓馬術に関する秘伝書である。書き出しには、

「一、ひとて《（一手）》のや《（矢）》にてい《（射）》るときハ、まつはや《（早矢）》よりい《（射）》るなり、おとや《（乙矢）》よりい《（射）》る事もあり、これはねんの矢のときの事なり、くてん《（口伝）》あり、一、はや《（早矢）》ハ、とむき《（外向）》なり、おとや《（乙矢）》はうちむき《（内向）》なり、うちむき、とむきとゆふニ、くてんあり」

などと記されている。これは、一対（二本）の矢を射るとき、最初には早矢とよばれる矢を外向きに射、次に乙矢を内向きに射る、ということを述べたものであろう。

末尾には、「文明十七年七月十一日　小笠原備前入道宗信《そうしん》之聞書移畢（中略）、しん上　忽那藤次郎殿」と記されているから、文明十七年（一四八五）に小笠原氏から忽那藤次郎に与えられたものであることがわかる。見返しの識語《しきご》には「小笠原宗之公ヨリ忽那通勝江御譲、文明之頃」と記されているから、後世の忽那家では、小笠原宗信が書き著したものを同宗之が写し、それが藤次郎＝通勝《みちかつ》に譲られたものと理解していたことがわかる。小笠原家は、鎌倉時代以来武家礼法、兵法、弓馬術の流派を伝えてきた一族で、本秘伝書の筆者小笠原備前入道宗信は、俗名を政清《まさきよ》といい、室町期の弓馬故実家として知られた人物である。

通勝の忽那氏系譜上の位置はわからないが、この時期の忽那氏が弓馬術に関心を持ち、京都の小笠原家との間に交流があったことは興味深い事実といえよう。

第4章　西瀬戸内海の戦国

1　海城と港の支配

海城警固のエキスパート

応仁の乱を経て、西瀬戸内海や伊予国においても戦国時代の様相が濃くなっていく。そこにおいて海の領主としての忽那氏が大きな役割を果たすのは、島嶼や海辺に築かれた城に在番して、海域や港の支配・防衛に当たる場合であった。

忽那氏の主家河野氏にあっては、長い間ライバルとして争いを続けてきた教通《のりみち》、通春《みちはる》がともに死去したことによって、惣領家・庶子家の対立も解消されるかに見えたが、実際にはその対立は次の世代にもちこまれた。惣領家の教通のあとを継いだのは、子の六郎通宣《みちのぶ》（通宣を名乗る人物がもう一人いるので、区別するために刑部大輔《ぎょうぶたいふ》通宣と表記する）で、一方、庶子家の通春の跡を継いだのは、子の通篤《みちあつ》である（134ページ、図3—1参照）。両者はしばらく対立を続けたが、やがて通篤の勢力は衰え、その後は比較的平穏な通宣の治世が続いた。通宣の時代における河野氏と忽那氏の関係を見るとき、重要なのは、明応八年（一四九九）に通宣が発した次のような文書である。

〔史料1〕（「忽那家文書」）

賀島《かしま》衆中

一　久田子以来の旨に任せ、弥《いよいよ》方々余儀無く当城を専らにすべき事、

一　前々の如く掟何篇の儀も、十人は六人申方へ准ずべし、但し敵方弓矢に望む輩においては、その同心有るまじき事、

一　衆中において喧嘩の儀は、親子兄弟なりとも道理に任せ堅く成敗致すべし、私の少用につきて他行の時は、衆中の儀を得べき事、

右、掟条々件の如し、

明応八年十二月七日　通宣(花押)

この文書は、河野通宣が「賀島衆中」にあてて出した掟書である。賀島衆というのは、風早郡鹿島城(中世には賀島と表記されることが多いが、現行地名の鹿島に統一する)に在番して同城の守備にあたっていた集団のことであろう。鹿島城は、愛媛県松山市北条の沖合約四〇〇メートルのところに位置している海城で、はじめ河野氏の支配下にあったが、戦国末期には、来島村上氏の一族得居《とくい》通幸《みちゆき》の居城となったところとして知られる(149ページ、図3―2参照)。

同城の歴史的、地理的位置は、松山から広島方面に向かう高速船に乗ってみるとよくわかる。船は、斎灘《いっきなだ》とよばれる海域を通過していくが、松山観光港出航後一〇分ほどして右手を望むと、椀を伏せたような特徴ある島影を海岸近くに見ることができる。これが鹿島城の所在した鹿島である。標高一一四メート

写真 4—1　海城としての鹿島城

ル、周囲約一七〇〇メートルであるから決して大きな島ではないが、単調な海岸線のすぐ近くに位置しているからひときわ目立つ存在である。同じころ船の左手に目を転じると、忽那諸島の島々の姿をも間近に見ることができる（写真4—1）。

さらに右手遠景には芸予諸島の島々が点在している。そこはいうまでもなく能島・来島・因島を中心とする海賊衆村上氏の支配したところである。このように鹿島は、斎灘に面するとともに、同灘を隔てて忽那諸島、芸予諸島のいずれをも間近に望むことができる地点に位置している。したがって、その島を城郭化した鹿島城が忽那諸島から芸予諸島に至る海域をにらみ、斎灘を航行する船舶を監視する目的で築かれたであろうことは容易に推測されるところである。

この掟書の第一条で河野通宣が「久田子以来の旨に任せて弥方々余儀なく当城を専らにすべき事」と命じているのが注目される。つまり賀島衆はかつて「久田子」に在番して城を守っていた経験があり、その経験を買われて鹿島城守備の任にあたるようになったことがわかる。さらにその賀島衆は、この文書が「忽那家文書」の中に残されていることからもわかるように忽那氏配下の者たちであった。

久田子というのは、さきにも述べたように忽那島と怒和《ぬわ》島にはさまれたクダコ水道に位置する海城である（148ページ参照）。そこを守っている久田子衆にあてて細川政国《まさくに》が大内道頓《どうとん》（教幸《のりゆき》）の動向を伝える文書を発していたことも3章で述べた。この史料1は、その久田子衆が鹿島城へ移されて守備に当たっていることを示している。このことは、忽那氏配下の久田子衆が久田子城や鹿島城などの海城警固のエキスパートと認識されていたことにほかならない。

ちなみに第二条以下は、城の在番にあたる集団の規約として興味深いものがある。第二条では、「何篇の儀も、十人は六人申す方へ准ずべし」と述べている。何か問題が生じた時には、十人のうち六人が賛成する方に従えというのである。つまり多数決の原理によって物事を決しようとしていることがわかる。ただそれには、「敵方弓矢に望む者」、すなわち敵方に心を寄せる者にはその権利はないという但し書きが付いていた。

また第三条では「衆中喧嘩の儀は、親子兄弟なりとも道理に任せて堅く成敗を致すべし」と述べている。つまり衆中において「喧嘩」が発生した場合、「道理」に任せて成敗せよというのである。のちに戦国大名の力が強大化すると、大名たちは、家臣団内部で「喧嘩」が発生した場合、家臣相互の自力解決を否定して、いわゆる喧嘩両成敗原則を確立していったことが知られているが、ここでは、「道理」に任せて賀島衆が集団内部で解決を計ることが求められている。つまり河野氏の側からみれば、家臣団統制の未確立、賀島衆の側からみれば、大名権力からの相対的自立という現象を読み取ることができよう。また、細かいところでは、私用で「他行」するときには、「衆中」の了解を得なければならないという規定もみえる。この細かな規定は、形の上では河野通宣が命じているけれど、実質的には現場で成立していた規約を河野氏が容認したものではないだろうか。

河野氏の家譜である「予陽河野家譜」によると、刑部大輔通宣は永正十六年(一五一九)に死去し、あとを長男の通直《みちなお》が継いだ。河野氏歴代のなかには通直を名乗る人物が何人もいるが、のちに弾正少弼《だんじょうしょうひつ》の官途を得ているので、必要に応じて弾正少弼通直と表記することにする。その通直の時代には、忽那氏はもう一つ別の城の在番にも当たっていたらしい。

港を守る城

そのことを示すのは、次の通直書状である。

〔史料2〕(「忽那家文書」)

先日三島衆中島発火之儀、聊《いささ》かも申し付けず候、然れば、それぞれ領知等の事、搦《から》めて堅固に沙汰有るべく候、別義有るべからず候、尚子細につき大内三郎左衛門申すべく候、恐々謹言

六月一日　通直(花押)

湊山衆中

これは河野弾正少弼通直が、「湊山衆中」にあてたもので、通直の花押の形状を詳細に分析した磯川いづみ氏は、この書状の年代を大永二年(一五二二)～三年のものとみている(「河野弾正少弼通直の花押について」)。内容については、難しい点がいくつかあるが、[1]磯川氏が指摘したように、「三島衆」が中島(忽那島)に対して何らかの攻撃を加え、それに対して通直が「聊かも申し付けず候」、すなわち自分が命令したことではない、と弁明したものと読むことができるであろう。そして通直は、領知等については、「堅固」に保障し、今後も「別義(儀)」がない、とも述べている。ここにみられるのは、河野氏側が忽那氏に対してかなり気を使っている状況である。通直が家督を継承した直後で、家中の掌握がいまだ十分ではないということもあろうが、この時期の河野家臣団の中における忽那氏の存在感の大きさを示すものでもあろう。

そのことにもまして史料2の重要な点は、宛先が「湊山衆中」になっていることである。「湊山衆中」というのは、湊山城に詰めている在番衆のことであろう。そしてそのメンバーは、この文書が忽那家に伝えられたものであることを考えれば、忽那氏関係者であることは間違いない。つまりこの文書は、この時期に忽那氏が番衆をおいて湊山城を支配していたことを示しているのである。

その湊山城は、今も松山市港山の丘陵上に遺構を残している(図3―2参照)。城跡から西方を望めば、狭い瀬戸を間にはさんで、隣島の興居島《ごごしま》が指呼の間に見え、その向こうは忽那島である。また、はるか遠景には防予諸島中の最大の島である周防大島(屋代島)の姿を望むこともできる。さらに南方に目を移せば、そこは忽那諸島の南に広がる伊予灘である。そして、何より重要なことは、湊山城の膝下に三津《みつ》の港が位置して

写真4―2　湊山城と三津の港

いることである。三津は、松山平野を西流して瀬戸内海に注ぐ宮前川《みやまえがわ》の河口に開かれた港で、湊山城は、その北岸の丘陵上に立地し、その港を監視し、必要があれば防衛する役割を果たしていたのである（拙稿「伊予国三津と湊山城」、写真4―2）。

三津の港の歴史は古い。さきに第2章において、鎌倉時代の末期に伊予の反幕勢力を討伐するために北条時直が周防国から攻め寄せてきたことを述べたが、その時直が着いたのが三津であった（54ページ参照）。その後、応仁の乱後には予州家の河野通春が湊山城を拠点とした。その通春のライバルである教通の頃に完成したと考えられる「予章記」には、三津についての興味深い記述がみられる。

たとえば、第八代孝元《こうげん》天皇の弟伊予皇子に三子が誕生し、故あって、その三子を船に乗せて流したところ、第三の皇子すなわち小千《おち》皇子が流れ着いたのが和気郡三津浦であるという話、あるいは、異国から渡ってきた鉄人を退治した越智益躬《おちのますみ》が鉄人の残党を追伐して切り捨てたところが三津の北の鬼谷というところであるという話などがそれである。このような話が記述されているということはとりもなおさず、「予章記」の編纂時点において、三津がすでに人々によく知られた港であったということにほかならない。

十六世紀後半になると、その三津の港が実際に使われていることを示す史料も増えてくる。その多くは、湯築《ゆづき》城主河野氏との同盟関係を強めつつあった毛利氏や小早川氏の来航にかかわるものである。たとえば、永禄十一年（一五六八）に毛利氏が、土佐西部の大名一条氏らと戦う河野氏への援軍を派遣した時、その軍勢が入港したのは三津の港であり、派遣軍の中心であった小早川隆景《たかかげ》は荷物の運送船として三津・堀江・松前《まさき》の船を調達しようとしている。

これらを見ると、三津の港が湯築城と密接な関係を持った、いわば城下町道後の外港として機能している状況をうかがい知ることができよう。そして河野氏の滅亡後には湊山城は、秀吉から伊予一国を与えられた小早川隆景の本城となった。

そしてそのころの三津は、単に港であるばかりでなく、港と結びついたひとつの町場を形成し始めていたのではないかと推測される。慶長五年（一六〇〇）九月の関ケ原合戦のとき、毛利氏が東軍に属した加藤嘉明《よしあき》の居城松前城を攻めたときの記録には、三津は「溝」によって囲まれ、「大門」を備えているなどと記されていて、当時の町場がすでにかなり整然とした構造をもっていたことがわかる。このような港町三津の基本がつくられたのは、おそらく戦国時代であろう。

今も湊山城跡に登ってそこからの展望を楽しんでいると、三津の港から、忽那諸島の島々を回ったり、防予諸島の傍らを抜けて山陽側の柳井《やない》(山口県)に向かったりするフェリーが数多く船出していくのを目にすることができる。おそらく、戦国時代の三津も忽那諸島や防予諸島に向かって開けた港であったに違いない。そのような港を湊山城に拠った忽那氏が押さえていた意味は大きい。

さきに、忽那氏が番衆をおいていた城として久田子城や鹿島城があることを指摘した。久田子城は、クダコ水道に浮かぶ海城で、防予諸島を東西に抜ける船舶を監視する役割を果たし、鹿島城は風早郡の沖合に浮かぶ海城で、防予諸島と芸予諸島をつなぐ斎灘をにらむ役割を果たしていた。忽那氏は、この両城に湊山城を加え、忽那本島を中心にして伊予灘から斎灘に至る海域を自らのテリトリーにしていたものと思われる。

島を守る城

忽那島の外にある城について述べてきたが、もちろん島内にも島を守るための城が所在していた。「開発記」は、忽那氏が城主となっていた城として次の五城をあげている。

本山《もとやま》城　泰ノ山城　衝山《くつわやま》城　湊山城　能磯《のいそ》城

「開発記」は、歴史的なできごとについては必ずしも信憑性が高いわけではないが、このような記述に関しては、地元に残っていた伝承をふまえたに違いないから、信用に足るものと思われる。このうち本山城・泰ノ山城は、忽那氏重代の城とされている。

本山城は、島の南東部の長師《ながし》の集落の外れに位置する城で、今も海に向かって南北に細長い遺構を残している。泰ノ山城は、島の北部に位置する泰ノ山の山頂に築かれた城で、第2章でも述べたように南北朝期にすでに築かれていたことが明らかである（85ページ参照）。泰ノ山城の膝下には島の最も主要な集落である大浦の街並みが広がり、その先には港が接続している。このような景観から、泰ノ山城が大浦の集落や港を守る目的で築かれたことは明らかであろう。忽那氏重代の城と位置づけられているように、島の南と北に配置されたこの両城が忽那氏にとって最も重要な城だったものと思われる（149ページ、図３―２参照）。

衒山城は、湊山城の南方約三キロメートルのところに位置する城である。今は埋立てによって陸続きになっているが、当時は陸地に近接した海城だったのではないだろうか。城のあった衒山は、標高四九メートルの小さな丘陵で、現在周囲を多くの産業施設に囲まれて往時の景観を失っているが、頂上からの眺望は、当時のままであろう。西方には伊予灘が広がり、その一角には防予諸島も点在している。また、北方には三津の港や湊山城が望まれ、その前には興居島が横たわっている。興居島を越えた向こう側は忽那島である。すでに山内治朋氏によって指摘されているように（「南北朝・室町期忽那氏の守護河野氏従属について」）、衒山城が湊山城と一体となって伊予灘をにらみ、松山平野西部の海岸地帯を守る役割を果たしていたことがよくわかる立地である。

「予陽河野家譜」は、永禄八年（一五六五）六月に、豊後の大友氏の家臣たちが伊予灘を渡って松山平野に攻め寄せて来たという記事を載せているが（このできごとそのものは、他に史料が見当たらず、事実であったかどうかはわからない）、このとき河野氏が、忽那氏の守る「轡山城《くつわやま》」を防衛線の一角に位置づけているのは、この城の性格をよく示している。城跡のある丘陵は、今も忽那山とよばれている。

能磯城は、忽那島の西岸の小島に築かれた城である。その意味では海城ともいえるが、城というにはあまりにも小さい。島といっても干潮時には歩いて渡れるほどの距離で、形も円柱状の切り立った姿をしていて、およそ軍事拠点にはふさわしくない島である。おそらく前方に位置する二神島や怒和島との連絡用に築かれたものであろう。

島内にはこのほかにも、大浦集落の背後の丘陵上に位置する黒岩城、久田子城の対面に位置する宇和間城など、文献には表われない小規模な城もいくつか残されている。本山城と泰ノ山城を本城とし、その周辺にこれらの小規模城郭を配し、これらが一体となって忽那島を守っていたのだろう。そしてその外側に、伊予灘、斎灘を含む広い海域を監視する目的で湊山城、久田子城、鹿島城がおかれていたものと思われる。

大内氏と尼子氏

天文九年(一五四〇)、この忽那氏のテリトリーに防長の有力大名大内氏の勢力が侵入してきた。このころの西瀬戸内海の政治状況に大きな影響を与えていたのは、防長の大内氏と出雲の尼子《あまご》氏の対立である。天文九年に尼子詮久《あきひさ》(のちの晴久《はるひさ》)は、大軍を動かして安芸国に進出し、九月には当時大内方であった毛利元就《もとなり》の郡山《こおりやま》城を包囲するなど攻勢に出た。それに乗じて翌十年正月、厳島神社の元神主で当時も実権を握り続けていた安芸国桜尾《さくらお》城主(広島県廿日市市)友田《ともだ》興藤《おきふじ》が、尼子氏に呼応して反大内の兵を挙げ、厳島を占領した。

当時大内方に属していた厳島神社の神官野《の》坂《さか》房顕《ふさあき》は、このときの状況について、「野島警固」が厳島神社に押しかけ、自分たちは社頭に追いつめられて危機に陥ったが、やがて大内方の警固衆黒河《くろかわ》隆尚《たかひさ》がやってきて「開運」したと記している(「棚守房顕日々記」)。また房顕は別の記録では、友田興藤が「興家」(沖家か)

三家、すなわち能島・来島・因島の三村上家の警固船二、三〇艘を呼び寄せたとも記している（「房顕覚書」）。一方、房顕らを救出した黒河隆尚も、能島が厳島へ乗り寄せたので、正月十五日には合戦をしたと記している（「宗像大社文書」）。これらをみると、大内・尼子の争いの中で能島村上氏の警固船が（あるいは来島・因島も含む村上三家）尼子方の友田興藤にくみして厳島に来援したことがわかる。

このような状況の中で大内方の警固衆（水軍）が動いたのである。おそらく、瀬戸内各地で起こった反大内行動に反撃を加えようとしたのであろう。天文九年八月に、大内氏が水軍の担い手長崎氏や白井氏に対して、「与州下中島忽那島」等で警固船が活動したことを感賞しているのはそのことを示している（「萩藩閥閲録〈長崎首令高亮〉」など。なお、当時は、芸予諸島や忽那諸島など山陽と四国の間の島々を合わせて中島と称し、場合によっては忽那諸島を下中島、芸予諸島を上中島とよぶことがあったらしい）。また、毛利氏の家臣が小早川氏の家臣乃美《のみ》氏にあてた書状にも、乃美氏が「中島梅子」に出陣して手柄をたてたことがみえる。「中島梅子」というのは、忽那島の隣島睦月島《むづきしま》北端の梅児島《うめのこじま》のことであろう。

大内氏の軍事活動は、翌十年にも継続され、三月頃には「棚林要害」、六月から七月にかけては「三島・甘崎・岡村・能島・印之島（因島）」で合戦が行なわれたことがわかる。ここにみえる地名の多くは、三島社の所在する大三島の周辺に位置するから、大内氏は攻撃の対象を忽那諸島から芸予諸島に移したことがわかる（38ページ、図1—5参照）。こののち大内義隆《よしたか》は、天文十三年九月に「大宰大弐兼侍従伊予介多々良朝臣」を名乗って三島社に宝剣や神馬を寄進しているが（「大山祇神社文書」）、これは、芸予諸島制圧宣言のようなものであろうから、三島社を支配下に入れることに強い関心を有していたのかもしれない。また、能島や因島はいうまでもなく能島村上氏、因島村上氏の拠点であるから、親尼子行動をとった村上海賊衆を叩くことも大きなねらいのひとつであった。

このように大内氏は天文九〜十年に忽那諸島から芸予諸島にかけての海域で大規模な軍事行動を展開した。これに忽那氏がどうかかわったかはわからないが、中島が大内氏の攻撃対象になっていることからすれば、何らかの形で大内氏に敵対する行動をとっていたものと思われる。

いずれにしても、このような大内氏と尼子氏の対立、それに関連する大内氏の軍事行動は、周辺の諸勢力の動向に大きな影響を与えずにはおかなかった。直接の攻撃対象になった能島村上家では、その影響によってお家騒動が起こった可能性がある。史料は断片的で必ずしも状況は明確ではないが、大内方に味方した庶子家の武吉《たけよし》が家督の地位を確保したのではないかと考えられる(拙著『瀬戸内の海賊〈増補改訂版〉』)。

天文伊予の乱

一方、河野家ではもう少し大規模な形で家督争いが起こり、伊予一国をまきこむ争乱に発展した。この争乱を川岡勉氏に従って天文伊予の乱とよぶことにする(「天文期の西瀬戸地域と河野氏権力」)。そして忽那氏もその争乱にまきこまれてゆく。ことの発端は弾正少弼通直の後継者をめぐる争いであるが、それが通直と一族老臣を中心とする家臣団全体の対立に発展していった。「予陽河野家譜」によると、ことの経緯は以下のようなことであった(134ページ、図3—1参照)。

河野通直の後継者について、一族老臣が六郎通政《みちまさ》を推したのに対して、通直自身は、女婿である来島の村上通康《みちやす》を嗣子に立てようとした。通政を推す老臣たちは、村上通康は通直の女婿とはいえ、その女性は通直の妾腹の子であること、村上氏は本来河野氏とは異姓であること、もし、どうしても女性の縁で養子を立てるのであれば、通直の正室の子の婿である忽那通恭《みちやす》のほうがふさわしいこと、などを論拠に再三にわたって通直を諫めた。ところが通直は、これを聞き入れなかった。結局両者の対立は、軍事衝突に発展し、敗れた通直と婿の村上通康は、来島城へ逃れた。その後、通政（のち晴通）を家督として認めるかわりに、村上通康に対しても河野氏の本姓である越智姓を認めて家紋の使用を許し、一族に列するという条件で和議が成立し、通直は湯築城に帰還した。

このような「予陽河野家譜」の記す事変の経過は、一部を除いて一次史料や湯築城跡の発掘調査の結果とも矛盾がなく、おおむね認められている。その「予陽河野家譜」の記述において、家督継承者の候補として村上通康と比べられている忽那通恭というのは、当時の忽那氏の当主式部少輔通著の弟にあたる人物である（126ページ、図2―3参照）。

「予陽河野家譜」は、老臣たちが通康よりも通恭のほうがふさわしいとする論拠として、通直の正室の娘の婿であるということのほかに、忽那家が御堂関白《みどうかんぱく》（藤原道長《みちなが》）の末裔という家柄であることなどをあげたと記している。御堂関白道長の末裔であるというのは、忽那氏の家の伝承として伝えられていたことはすでに述べたとおりであるが、「予陽河野家譜」の記述をみると、伝承が単に忽那家内部だけでなく、河野家臣団の共通認識になっていたことがわかる。

それでは、そのような争乱の中で話題となった忽那通恭に関係する部分は事実といえるのだろうか。通恭の妻が通直の娘であったとすれば、忽那氏の系譜にとっては特筆すべきことであるはずだが、忽那氏側の記録は沈黙しており、「忽那家系図」にも「開発記」にも記述がない。大枠として事実をふまえている「予陽河野家譜」の記述がこの部分だけ不正確というのは考えにくく、おそらく事実を伝えているのではないかと思われるが、忽那氏側にはそれを明確にしにくい、なにかの事情があったのかもしれない。

なお、争乱の背景には諸説あって、川岡氏は、この時期の大内氏の勢力は伊予周辺に及んでいて、その状況のもとでの対立は、反大内の立場を崩さない通直・通康と、大内氏と結ぼうとする晴通《はるみち》を中心とした勢力との間に生じているとする（前掲「天文期の西瀬戸地域と河野氏権力」）。

海賊衆村上氏の進出

天文伊予の乱を境にして、忽那氏と河野氏の関係は大きく変わったようにみえる。そのことを示すのが、河野氏から忽那氏にあてて出された文書の点数である。このあと数代にわたって河野氏当主から忽那氏にあてた文書がほとんど見られないのである。これまで忽那氏が河野氏歴代の当主から多くの文書を受け取っていたことを考えると、やや異例である。史料残存の偶然性によるのかもしれないが、河野家臣団における忽那氏の位置の低下ということも考えられよう。あるいは天文伊予の乱において忽那通恭が果たした役割が影響を与えているのかもしれない。

河野氏当主からの発給文書がほとんど見られなくなった中で、唯一の例外が天正七年（一五七九）四月に当時の当主通直（牛福）が忽那亀寿《かめじゅ》にあてて、父通著の戦死をたたえた感状である（「愛媛県歴史文化博物館所蔵文書」)。このあと忽那氏の家督は、通著の弟通恭がつぐことになった。

この時期の河野氏は、土佐の長宗我部元親《もとちか》の侵略などの難局を中国地方の毛利氏との姻戚関係に基づく同盟よって乗り切ろうとしていた。けれども、天正十年四月には有力家臣であった来島村上氏の離反にあうなど、大名権力としての弱体化は覆うべくもなかった。そのような状況の中で、天正十二年十月に、海賊衆能島村上氏の当主村上武吉から、忽那島の一角に拠点を有していたと覚しき俊成《としなり》氏にあてて充行状が出されている。忽那島俊成名を含むいくつかの所領を俊成氏に与えた充行状は、明らかに能島村上氏の支配が忽那島の一角に及んでいることを示している(「俊成文書」)。

また、そのことと関係があるかどうかわからないが、天正十一年の六月ころから翌十二年にかけて、忽那島周辺で奇妙なできごとが起こっている。それは、同じ芸予諸島の海賊衆である能島村上氏と来島村上氏の間のトラブルである(なお、この来島村上氏は、河野氏から離反した者たちではなく、河野・毛利同盟の側に残っていた者たちである)。このできごとに関しては、多くの書状が毛利氏・小早川氏・能島村上氏の間でやり取りされていて、それらから判断すると、ほぼ以下のようなことだったらしい(拙著『海賊衆来島村上氏とその時代』)。

○　来島が能島の船を「切取」などの行為があった。能島方はこれを「賊船」行為であり、「狼藉」として来島方を非難していること。

○　両村上氏の衝突が起こっているのは忽那島近辺であること。

○　小早川氏は、事態を解決するために、当時伊予に残っていた来島村上氏の統率者村上吉継《よしつぐ》らに対して善処を求めていること。
○　能島村上氏は、報復攻撃をしようとするが、南伊予で長宗我部勢との衝突が起こっているときであり、小早川氏や河野氏はしきりに「堪忍」を求めていること。

小早川隆景らの調停が功を奏して、天正十三年の三月には一応落着したようで、卯月一日付で村上吉継が能島の村上元吉《もとよし》にあてて書状を発し、「彼関公事《かのせきくじ》の儀、入組みにおいては御落着の儀に候、遅々仕るに付きて御存分の段、御余儀なく候」と述べているのは、両者の手打ちがなったことを示すものであろう(2)（「屋代島村上文書」）。

トラブルの原因は、吉継書状にもあるように、「関公事」（航行する船舶から徴収する通行料）にあったようである。おそらく来島家が、能島家の海上権益を侵したのであろう。とすればここにも、能島村上氏が忽那島近海において何らかの権益を有していたことが示されている。そして問題は、忽那島近海でおこった両村上氏のトラブルに忽那氏が何の関与もしていないという事実である。どうやらかつては忽那氏の海であった海域は、海賊衆村上氏の力が強く及ぶ海になりつつあったらしい。

本来は芸予諸島を主要な活動の場としていた海賊衆能島村上氏がこのように忽那諸島海域に進出しようとする背景には、当時の同氏の活動範囲の拡大があるのではないだろうか。すでに能島村上氏は、防予諸島西方の周防上関（山口県上関町）で、「関役」の名目で寄港する船舶から通行料を徴収していたことが知られている。天正十一年ごろには、新たに毛利氏から周防秋穂《あいお》（山口市）の地を得た（拙著『瀬戸内の海賊〈増補改訂版〉』）。秋穂は、上関からさらに西方の周防灘沿岸に位置する港である。芸予諸島の能島村上氏が上関や秋穂で活動するためには、忽那諸島はどうしても通過しなければならない海域であり、そこに何らかの拠点を保持することは能島村上氏にとって欠かせないことだったのではないだろうか(3)。

忽那氏の中世の終焉

その後、天正十三年(一五八五)には、秀吉の四国平定が行なわれ、伊予には小早川隆景らが進軍してきた。「忽那家系図」や「開発記」は小早川隆景軍との戦いの中で当主通恭が討死したと記すが、後述するように通恭はその後も生存していたことが確認されるので、これは疑わしい。

秀吉による四国統一後の四国国分けにおいて、伊予一国は小早川隆景に与えられて河野通直は伊予の国主の地位を失った。天正十五年七月、通直は失意のうちに伊予を離れ、高野山で出家した後、安芸国の竹原に落ち着いたが、まもなく死去した。これによって平安末期以来四〇〇年の歴史を有する河野氏は滅亡した。

南北朝期以降の忽那氏の歴史は、敵対するにしろ、協力するにしろ、河野氏とともにあったといっても過言ではないが、その河野氏の滅亡は忽那氏にとっても一つの時代の終わりを意味したといえよう。忽那氏歴代の事績を誇りを込めて叙述してきた「開発記」が、天正十三年の小早川隆景の伊予侵攻で筆を止め、同十五年に記録をまとめたという体裁をとっているのは(それはさきにも述べたように事実ではないが)、後世の忽那氏もこの時期が一族にとっての時代の変わり目であったと認識していたことを示している。

河野氏の滅亡後、伊予の支配者は、一国を支配する小早川隆景、その後それを分割して支配する福島正則《まさのり》と戸田勝隆《とだかつたか》、ついで加藤嘉明と藤堂高虎《とうどうたかとら》へと目まぐるしく交代したが、忽那氏がこれらの権力者とどうかかわったのかは定かでない。「忽那家系図」は、通恭後も連綿と描き継がれているものの、これらの権力者とのかかわりを示す記述はみられない。

天正十六年四月に河野通直の母（永寿）が、竹原で死去した通直を供養するために五輪塔を立てようと高野山に上っている。それに付き従った河野氏遺臣たちの中には、平岡氏、垣生《はぶ》氏、戒能《かいのう》氏などと並んで、忽那新右衛門尉《しんえもんのじょう》通保《みちやす》（恭）の名をみることができる（「高野山上蔵院文書」）。それを最後に河野氏との縁も切れたのではないだろうか。忽那氏にとっての中世の終焉といえよう。

2　もう一人の海の領主

二神島

いうまでもないことながら、中世の瀬戸内海において海の領主として活動していた勢力は忽那氏だけだったわけではない。それどころか、沿岸部や島嶼部に所領を有する領主の多くは、そこに優れた港湾機能をもつ入江や瀬戸が付属していれば、程度の差はあっても海上に進出し、海の領主として活動していたのではないかと推測される。その例の一つとして、忽那島の隣島二神《ふたがみ》島を拠点にした二神氏をあげることができる。二神氏や二神島については、網野善彦氏や神奈川大学日本常民文化研究所によって継続的に調査や研究が行なわれているが、ここでは、それらを参考にしながら、もう一人の海の領主としての二神氏について、忽那氏と比較しながらその活動を見てみることにする。

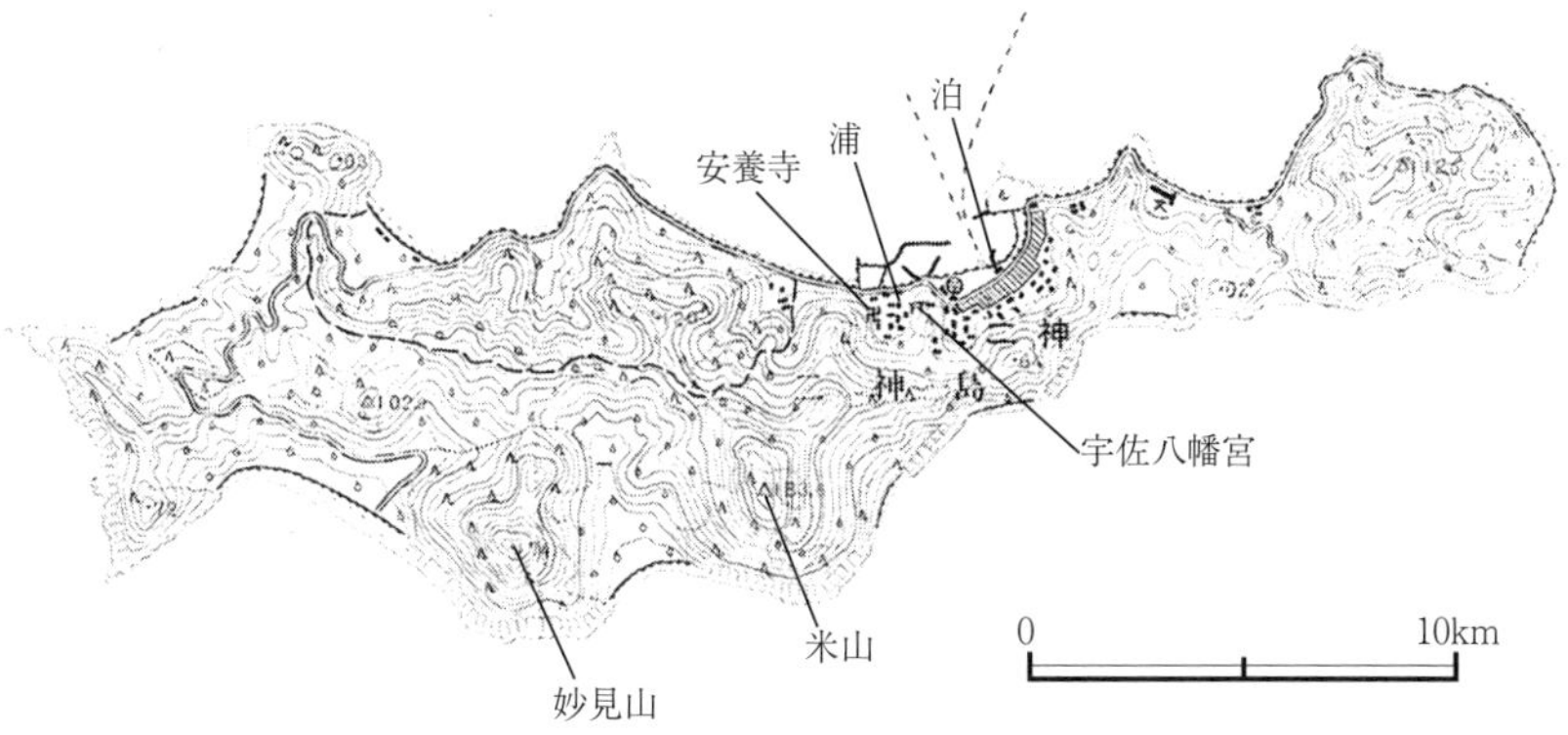

図4—1　二神島（国土地理院発行2万5千分の1地形図津和地を使用）

二神氏が本拠にした二神島は、忽那島と同じ忽那諸島に属し、忽那島から直線距離で約四キロメートル西方に位置する（15ページ、図1—1参照）。面積は、約二平方キロメートルで、忽那島の約一〇分の一の広さである。島は東西に細長く、近海を船で通過すると、二つの山が並んで突出する特徴ある島の姿を眺めることができ、この景観が島名の由来ではないかといわれている。島は、大部分が山に覆われ、北部海岸にわずかな平地が開けていて、その中央部に中心集落が営まれている。集落は、東寄りの泊、西寄りの浦とよばれる部分からなり、その前面の湾曲した海岸線沿いに港が開けている（図4—1、写真4—3）。

現在島に残されている寺社は、いずれも歴史が古く二神氏との縁が深い。浦集落の背後の丘陵上に社殿を有する宇佐八幡宮については、近隣の安養寺に伝えられた大般若経にいくつかの記述がみられる（この大般若経は本来、八幡宮に納められたもの）。一つは、元徳二年（一三三〇）に「二神島住人沙弥法善」が大願主として書写したとするもので、もう一つは、貞和二年（一三四六）に同じ沙弥法善が「二神島八幡宮御前」において修覆したとする記述である。これらを見ると、貞

写真4―3　海上から見た二神島

和二年はいうまでもなく、それに先立つ元徳二年においても、奉納の対象とする神社は存在していたはずだから、八幡宮はすでに鎌倉末期には島に建てられていた可能性が高い。

この八幡宮は一般的には、後述する豊田氏が自ら信仰していた神を長門国から勧請したものと考えられているが、どうであろうか。豊田氏の入部時期をどう考えるかにもよるが、それ以前から二神島に産土《うぶすな》的な神として存在していた可能性も考えられよう。大般若経を伝えている安養寺は、その奥書に沙弥法善が願主となって「浦御堂」で書写したとの記述もみえるので、その「浦御堂」の後身であろう。とすると安養寺も八幡宮と同じころにはすでに存在していたことになる。

このほかにも島には、厳島社と妙見社が所在していた。厳島社は、もとの位置から移されてはいるが、今も浦の集落の中に社殿を有している。妙見社は現在、社殿を残していないが、もとは島の西部に位置する妙見山の中腹に社殿があったという。「二神文書」のなかに、永禄十二年(一五六九)の神事の際に両社に捧げた供物の一覧が残されていて、それをみると、二神氏が両社に、菰、紙、かわらけ、酒、米など同量の供物をささげている。二神氏が両社を同格の社として位置づけていたことがわかる。

この二神氏が、忽那氏とよく似た由緒を主張しているのは興味深い。さきにも述べたように、忽那氏においては、藤原道長の曽孫親賢が故あって忽那島に「西遷」して忽那氏の祖となったとされているが、二神氏の場合は、道長の兄道隆《みちたか》の五世の孫輔長《すけなが》を家祖としている。このように瀬戸内海の代表的な海の領主である二氏がともに藤原北家との縁によって家の由緒をつくりあげていることには何か理由がありそうだが、今のところ明らかにすることはできない。

ただ、二神氏の由緒は忽那氏と異なる点もある。それは、忽那氏の場合、親賢が「開発領主」として忽那氏を名乗ったとしているのに対して、二神氏の由緒は、輔長の流れをくむのは長門国の豪族豊田氏で、その豊田氏が二神島に来住して二神氏を名乗るようになったという形をとっているからである。

豊田氏から二神氏へ

豊田氏というのは、長門国豊田郡(正しくは豊浦郡であるが、同郡の北部を豊田郡とする地域的な呼称があった。現在下関市豊田町)を本拠とする豪族である。前記のように豊田氏は藤原道隆の子孫を称し、鎌倉時代には豊田郡の開発領主として大内氏などと並ぶ長門国の有力豪族であったと思われるが、その実像は明らかではない。

鎌倉末期の元弘三年(一三三三)に、伊予の反幕府勢力を討伐するために長門周防探題北条時直《ときなお》が伊予に侵攻してきたことがあったが(56ページ参照)、その軍中にも豊田勢がいた(「博多日記」)。二度にわたって伊予に攻め込んできた北条軍だが、一度目の時に、北条軍の中に寝返る者が出そうなので、時直に撤退をすすめたのが豊田氏である。二度目の時は、伊予の平井城(伊予側の史料では星岡城)で、迎え討つ伊予の勢力との間で激戦が展開され、「豊田手の人々上下十人」が討死している。

建武期に豊田氏は足利方に転じたようで、建武二年八月には豊田種治《たねはる》が、足利尊氏から勲功賞として越前国主計保《かずえのほ》(福井市)の領知を認める旨の袖判下文を得ている。その後、南北朝の内乱期には、鎮西探題として九州で活動していた足利直冬《ただふゆ》が、九州での戦いに敗れて長門国に逃れた時に滞在したのが豊田城であった。このように豊田氏は、鎌倉末から南北朝期にかけて、長門国においてさまざまな勢力と結びつきながら活動をした一族であったことがわかる。

このような豊田氏が何らかの事情で二神島に移り、二神姓を名乗るようになったことは間違いないであろうが、それがいつ、どのような事情でなされたのか、またなぜ移住先として二神島を選んだのか、などの点については、わからないことが多い。「二神系図」は、前記豊田種治の甥にあたる種家《たねいえ》の項に「是より二神と号す、始めて伊予国二神島に居住す、故に豊田を改め、二神姓を起こす」と記している。もしこれを信じるならば、種治の年代から考えて、南北朝時代の中頃ということになるが、この時期の系譜には後世の手が加わっている可能性が高いので、断定的なことはいえない(萬井良大「解題『豊田藤原氏子孫系図次第・藤原氏嫡流系図』」)。

いずれにしても、二神姓の人物が見える一次史料の初見は、永享三年(一四三一)である。安養寺大般若経のいくつかの巻の奥書に、永享三年に二神長門守家経《いえつね》が「大檀那」あるいは「大願主」として「与州風早之郡二神之島八幡宮」の御経とした旨が記されている。一方、移住の理由を語る一次史料はないけれど、後世の伝承には、豊田氏の家督の継承について、当初実子がいなかったので養子に家を継がせたが、後に実子が誕生したので両者の間で惣領職をめぐる争いが生じ、両家とも没落して、そのうちの一方が二神島に移住したと記されている(菅菊太郎「二神島の研究」)。もとより具体性のある話ではない。

移住先が二神島になった理由についても定かではない。豊田氏と二神島の唯一の接点として考えられるのは、元弘三年に長門周防探題北条時直が伊予の反幕府勢力の討伐のために伊予に出陣した時である。北条軍は伊予の「水居津」(松山市三津)に上陸しているので、おそらく周防のどこかから出船したあと、防予諸島、忽那諸島沿いに東進して三津に達したはずである。とすると、さきに述べたように北条軍に加わっていた豊田氏も、二神島の近海を通過したことは間違いないであろうから、忽那諸島の一角に二神島が所在していること自体は知っていた可能性がある。

いずれにしても、こうして十五世紀前半には、二神氏が二神島に定着していることを確認できるが、このの ち二神氏は、島の開発を進めると同時に、新しい活動の舞台を求めて、島の外へも進出していくことになる。二神氏が進出先として選んだ場所は、ひとつは、伊予本土の風早郡《かざはや》(松山市北条地区)であり、もう一つは、西瀬戸内海の海上であった。

風早郡粟井郷への進出

まず、伊予本土への進出状況からみていくことにする。二神氏が二神島から離れて伊予本土へ進出しようとすると、守護河野氏とのかかわりを避けることはできない。二神氏と河野氏とのかかわりを示す最初の史料は次のようなものである。(4)

〔史料3〕(「二神文書」)

粟井安岡名、同友兼名、宮崎分等の事、充行う所也、当知行の旨に任せ、相違有るべからずの状件の如し

文明十一年十二月十三日　　刑部太輔(花押)

二神四郎左衛門尉殿

史料3は、当時の河野家の当主刑部大輔教通《のりみち》(当時は通直《みちなお》を名乗っていた)が文明十一年(一四七九)に発した充行状である。文明十一年といえば、教通が予州家の通春と戦っていた時期にあたるから、この充行状にはそうした状況の中で、二神氏を味方に誘うねらいがあった可能性も考えられよう(145ページ参照)。充行の対象になったのは、風早郡粟井郷の安岡名、友兼名、宮崎分等の地である。この地は、二神島の真東、海上約二〇キロメートルを隔てたところで、二神島から伊予本土に向かう場合には最短距離の位置にある(149ページ、図3―2参照)。ここは、古代には東大寺領風早郡粟井郷、鎌倉期には粟井保が所在しており、

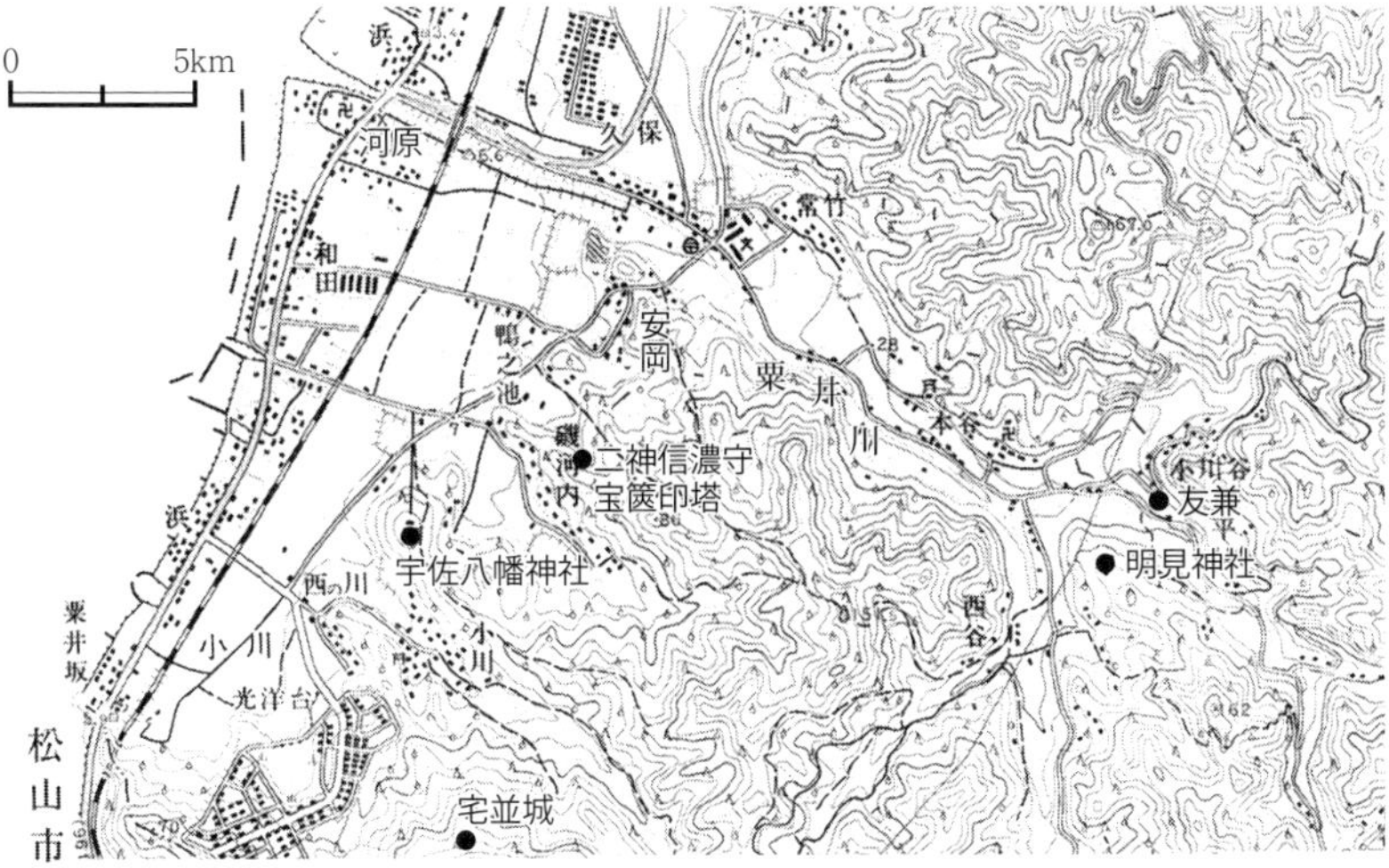

図４—２　二神氏の拠点となった粟井郷
（国土地理院発行２万５千分の１地形図伊予北条を使用）

風早郡のなかでは早くから開発が進んだ場所といえる。その郷内の安岡名は、近世村として残り、今も松山市北条地区の大字として地名が生きている（図４—２参照）。また、友兼名と宮崎分もその近隣の小字として地名が残っている。安岡名は、粟井郷の中心部を流れる粟井川が山間の谷部から平野に流れ出る地点、友兼名と宮崎分は、粟井川上流に開けた狭小な山間低地にあたる地点である。これらを見ると二神氏は、粟井川の流域一帯に所領を展開していたといえよう。

粟井郷内のこれらの所領は、こののちも河野氏歴代の当主によって安堵されていくことになるが、それを受け継いでいく一流が二神氏の惣領家になるものと思われる。

粟井郷支配が続く中で、次第に二神氏の粟井郷への定着が進み、同郷は二神島と並んで二神氏の重要な拠点となっていった。今も粟井郷の故地には、二神氏ゆかりの遺跡がいくつも残っている。たとえば、宇佐八幡宮、妙見社（明見社）、厳島神社などである。これらはいずれも当地方に多くみられる神社ではあるものの、二神島で二神氏が信仰した三社が限られた範囲内にそろっているのは、偶然ではあるまい（このうち厳島社は、現在は宇佐八幡宮に合祀されている）。また、郷内磯河内《いそこうち》の地に残る宝篋印塔を地元の人は二神信濃守の塔とよんでいる。二神信濃守は、戦国期の当主の一人である。

宅並城と鹿島城

栗井郷内の二神氏関係の遺跡で最も重要なのは、宅並《たくなみ》城であろう。同城は、栗井郷の背後の標高二〇〇メートルの地点に所在する山城である。遺構は最頂部の曲輪とその崖下のいくつかの小さな曲輪からなり、大規模なものではないが、そこからは膝下の栗井郷はもとより、風早郡の平野を一望することができる。そして西方に目を転じると、野忽那島、睦月島、忽那島が眼前に連なり、その向こうには二神島の姿も遠望することができる（図3―2参照）。

その宅並城の城主は、これまで述べてきた二神氏の惣領家とは別の一流らしい。二神氏には惣領家とは別に多くの庶流があったことがすでに明らかにされているが（福川一徳「伊予二神氏と二神文書」、萬井良大「中世二神氏の様相」）、そのうちの一つに宅並二神衆とよばれる一流があった。この宅並二神衆の中心人物は二神隼人佐《はやとのすけ》という者だったようで、隼人佐は、天文十五年（一五四六）に河野弾正少弼通直《だんじょうしょうひつみちなお》から親父信濃守が有していた所領や所従を安堵されている。

なお、近世地誌の中には、宅並城のほかに鹿島城についても、二神氏にかかわりのある城で、二神豊前守が城代として守っていたと記すものがある。鹿島城はさきに述べたように（161ページ参照）、明応八年（一四九九）の時点で、忽那氏が河野氏の命を受けて在番の任に当たっていたことが確認され、さらにこののち天正八年（一五八〇）頃には、来島一族の得居通幸《とくいみちゆき》が入って、来島城と並んで来島村上氏の重要な拠点となる城である。このことを考えると、得居通幸の入城以前に二神氏が、河野氏あるいは来島村上氏の城代として在城していたというのは、状況としてはありうる。

なお、二神豊前守は、関係史料から惣領家に近い人物だったようだから、あるいは、惣領家がかかわる城が鹿島城だったのかもしれない。もしそうであるとすると、惣領家＝鹿島城、隼人佐家＝宅並城という形で、二神氏が風早郡支配にかかわっていたことになる。

二神氏の伊予本土風早郡への進出と定着についてみてきたが、この間、本拠二神島における支配はどうなっていたのだろうか。

二神島の支配

二神氏による二神島支配の状況を直接示す史料は残されていないが、二神氏が島民から徴収した銭やモノについてはいくつかの手がかりが残っている。それは永禄二年（一五五九）になって、島において現地支配に当たっていた二神一族の者が作成した、夫銭《ぶせん》・年貢銭等注文や成物《なりもの》・節料《せちりょう》等注文である[5]（「二神文書」）。これらの史料によって、島の状況や島民の二神氏に対する負担などについて次のようなことがわかる。

○　島は、大きく「浦」と「泊」とよばれる二つの地区に分かれ、それぞれに三つの名《みょう》が成立していた。

○　このうち「浦」には、関連史料が残っていて、それによると、「浦」に所在したのは種長名《たねなが》、ともひら名、七郎左衛門名の三名で、これらの名が年貢を負担する単位となっていた。各名には数人の年貢負担者がいた。

○三名から年貢を徴収する権利を持っていたのは、二神氏と、そのほかに今岡氏、村上氏がいた。今岡・村上両氏の得分《とくぶん》(収入)は、二神氏の半分で、二神氏が優位な状況にあった。三名の住人らは稙長・ともひら・七郎左衛門の三氏に対して、「夫銭」という名目で納める銭、秋年貢が銭納化《せんのうか》したと思われる「秋銭納」(「年貢銭」とも記される)、現物で納める「夏年貢麦」、そして「成物」「節料」という名目で納めるたわらこ=なまこ、ひじき、かき(牡蠣)などの海産物、くず(葛)、わりき(薪)などを負担した。

○そのうち二神氏が徴収した額は、「夫銭」二貫文、「年貢銭」九五〇文、「夏年貢」三石二斗五升などであった。

なお、一連の史料の中には、部分的に「泊兵庫殿」へ年貢を渡す、などの記述がみられる。二神兵庫については、天文二十年に河野弾正少弼通直が二神島作職《さくしき》を安堵した文書が残されている(「二神文書」)。これらのことをふまえて網野善彦氏は、この時期の二神島の支配構造について、「寺地の周辺に若干の寺領田畠をもつ安養寺と宇佐八幡宮を背景に、「二神殿」は浦・泊にそれぞれ居屋敷を持ち、吉浦・小池、それに明見(妙見)社、厳島社の神田を手作《てづくり》田とし、経免《きょうめん》(大般若経免)をふくむ十箇所の畠地を手作としている。浦・泊の二つの集落の人々の信仰する二つの神社を支えつつ、居屋敷を通してこれを支配する島の領主のあり方を、これは見事に示しているといってよかろう。」と述べている(「伊予国二神島をめぐって」)。

また、前田禎彦氏はこれをうけて、「二神殿」は二神島ではなく、粟井に居るとみるべきだとしたうえで、宅並城で二神氏を率いる惣領家の「二神殿」が領主となり、傍系の二神兵庫助(泊兵庫殿)が作職を保持して実質的支配を行ない、その近臣で島在住の種長が、「浦」地区を管掌して三つの百姓名から年貢等の徴収・とりまとめにあたるという関係を復原できるのではないかとしている(「中世二神氏と二神島」)。惣領家や傍系をどうみるかについては議論があろうが、これらの研究によって、二神島の支配構造や二神島と栗井郷との関係が明らかになった。

このように二神氏は、根本所領二神島の支配をつづけながら、河野氏から認められた粟井川流域の安岡名などを伝領し、鹿島城を守っていたらしい惣領家、粟井郷の一角の宅並城を拠点としていた隼人佐家の二つの家を中心にして一族の支配を展開してきたといえる。

それでは、伊予本土風早郡と並ぶ、もう一つの進出先である西瀬戸内海における海上活動はどうなっていたのか。そちらに目を転じてみよう。

3　二神氏の海上活動

西瀬戸内海への進出

二神氏の海上活動の特徴的な姿を伝えているのは、時代的には少し先のことになるが、次のような史料である。(6)

〔史料4〕（「片山二神文書」）

近年在国の儀、存ぜしめ候、然れば分国中津々浦々万雑公事《まんぞうくじ》、前々の如く免許、聊《いささ》かも相違有るべから
ず候、恐々謹言

二月十五日　　　　　義統

二神修理進殿

本文書は、豊後の戦国大名大友義統《よしむね》が二神修理進（実名不明）にあてた書状である。修理進についてはのちほど詳しくふれるが、戦国末期の二神一族の中心人物の一人である。年代は、義統が父宗麟《そうりん》から実質的に統治権を継承した天正五年（一五七七）以降という程度のことしかわからないが、内容的には興味深い点がある。それは、「近年在国の儀」と述べられているように、二神修理進が大友氏の分国に滞在していることである。

二神氏が政治的理由で豊後に出向くことは後述するように何度かあったが、この場合はそれとは事情が異なっている。それは二神氏が、豊後国内の「津々浦々」で活動し、それに対して大友氏から、前々のごとく「万雑公事」を免除されているからである。つまりこの文書は、二神氏が豊後国内で何らかの経済活動を行ない、本来ならそのような活動に課されるはずの税を大友氏から免除されていることを示しているのである。この点に注目した網野善彦氏は、二神氏の船が以前から自由通行権を保証されて広域的な活動をしていたことが推測されると述べている（「「海の領主」をめぐって」）。

二神氏の船が出向いた先は、豊後方面ばかりではなかった。年未詳二月十日付の二神氏あて河野通直（弾

正少弼）書状は、「大通寺納所《だいつうじなっしょ》」（粟井郷近隣に所在する禅宗寺院大通寺の僧のことか）が周防逗留中にたびたび二神氏の船に世話になったことについて謝意を伝えている（「二神文書」）。二神氏が周防に滞在した理由は定かでないが、先の豊後の場合と同様、何らかの経済活動を行なっていた可能性も考えられる。ここにみられるのは、断片的な史料にたまたま残された限られた例であるが、これらから二神氏が豊後から周防にかけての西瀬戸内海で幅広く海上活動を展開していた状況を推測することができるのではないだろうか。

厳島神社への使者

このような二神氏の海上における幅広い経済活動の前提には、二神氏が来島村上氏のもとで行なった政治的・外交的活動があった。来島村上氏は、伊予国野間郡波止浜《はしはま》（今治市）沖に浮かぶ海城来島城を本拠とする海賊衆で、その全盛時代を築いたのは村上通康《みちやす》である。河野氏の重臣でもあった通康は、天文伊予の乱の時には一方の当事者となって一時は危機に陥ったが（172ページ参照）、乱後には河野一族としての扱いを受けることとなり、重臣の地位を回復していた。この村上通康に仕えた人物に二神田兵衛《でんべえ》がいる。この人物についてはすでに福川一徳氏によって紹介されているので（「伊予二神氏と二神文書」）、それに拠りつつ、その海上活動の一面を見てみよう。

天文十六年（一五四七）ごろと推測される年の九月に、村上通康が厳島神社の神官野坂房顕《のさかふさあき》にあてて書状を出している（「野坂文書」）。その中で通康は、近年厳島神社周辺の瀬戸内海が「物忩」（物騒）で厳島社への参詣人がいなくなっているとの厳島神社からの訴えをうけて、「国表衆」＝伊予の人々が以前のように参詣するように取り計らう、と述べ、委細は、二神田兵衛と原太郎左衛門が連絡すると伝えている。そして同じ日付で、二神田兵衛と原太郎左衛門が房顕あてに副状《そえじょう》を発して、通康の意向に従って対応すると述べている（「厳島野坂文書」）。なお、この連署副状への署判によって、二神田兵衛と原太郎左衛門の実名がそれぞれ種《たね》則《のり》、興生であることが判明する。

実は、来島村上氏から厳島神社神官にあてたこの一連の文書には、次のような歴史的背景がある。さきに、天文九～十年ごろに、大内氏と尼子氏の対立のあおりを受けて瀬戸内海で大きな騒動が持ち上がったことを述べた（170ページ参照）。尼子方についた能島村上氏をはじめとする海賊衆が厳島神社を攻撃し、それに反撃する形で大内氏の警固衆が芸予諸島や忽那諸島を攻撃した。また、このような対立関係は能島村上家や河野家の家督継承にも影響を与えた。能島家では庶子出身で大内方についた武吉が家督の地位を確保し、河野家においては、反大内の姿勢をとる弾正少弼通直や村上通康と、大内氏と結ぼうとする晴通や老臣たちが対立して天文伊予の乱がおこった。

このような争乱の影響で、伊予など周辺から厳島神社への参詣人がいなくなってしまったのである。そのような状況を厳島神社と親しい大内氏関係者は、「厳島神社の法会の時には、予州衆が参詣するのが習わしであったが、諸浦の警固衆が諸事違乱をなすので、近年予州船の着津がなくて、迷惑している」と述べている（「厳島野坂文書」）。このような河野氏、海賊衆村上氏、芸予諸島周辺の諸勢力を巻き込んだ大規模な争乱に決着がついたのが天文十六年頃で、この時期には大内方と反大内方の和睦に向けた動きが各所で見られることになる。

こうした動きの中で厳島神社の訴えをうけた大内氏は、周辺の海上勢力に「当時御和談」すなわち、これまでの対立状況が解消されて平穏になったのだから、伊予衆の参詣を妨げるようなことがあってはならない、という指示を出した。それをうけて出されたのが、上記村上通康の厳島神社あての書状であり、その対応にあたったのが通康の家臣であった二神種則と原興生であったということになる。二神種則や原興生がこのような役割を命じられたのは、もちろん彼らが、普段の海上活動によって厳島神社との間につながりを有し、芸予諸島周辺の海上勢力に対して一定の影響を及ぼしうる力があったからであろう。

大友宗麟との交渉

二神氏の政治的、軍事的な海上活動は、安芸・周防方面だけではなく、豊後方面でも行なわれた。それを示すのが次の三つの史料である。

① （年未詳）十一月八日　村上通康あて大友義鎮《よししげ》書状写（「彦根藩諸士書上」）
② （永禄六年）五月二十四日　田村宗切あて大友宗麟書状（「大友家文書録」）
③ （永禄六年）五月二十八日　田村宗切あて大友宗麟書状（「田村文書」）

①は、大友義鎮が村上通康にあてた書状で、「条々を以て御入魂に預かるの趣、具《つぶさ》に承知せしめ候」と述べて、両者が良好な関係にあることを示している。この中で義鎮は、委細は二神田兵衛入道に伝えると述べているから、田兵衛が両者の間に立っていることがわかる。年代ははっきりしないが、義鎮という名乗り、花押の形状、大友氏と来島村上氏の良好な関係などから判断して、永禄三年頃のものと推測できる。ここで

の二神田兵衛の役割は使者としてのそれにとどまっているが、②③には、豊後方面での二神田兵衛の活動が具体的に記されている。

②③はいずれも永禄六年(一五六三)に大友宗麟が、豊後の国人田村宗切にあてて発したものである。この時期宗麟は、将軍義輝《よしてる》のあっせんをうけて毛利元就との和平交渉に当たろうとし、仲介役の聖護院道増《しょうごいんどうぞう》と久我宗入《こがそうにゅう》(晴通《はるみち》)を受け入れようとしていたので、その両人の動向や、交渉相手である毛利氏周辺の軍事情勢などが話題となっている。このうち②においては、道増の「帰陣」にあたって船を用意すべきと考えているが、それについてちょうど田兵衛がこちらに逗留しているので船の調達には問題がない、などと述べている。二神田兵衛の水運力が大友宗麟によってあてにされていることがわかる。また、③においては、二神田兵衛方よりもたらされた情報によって、毛利軍が尼子氏と戦うために当時出陣していた出雲白鹿城《しらが》(松江市)で苦戦している様子などが述べられている。

大友氏と毛利氏の和平交渉に関する史料の中に突然二神田兵衛(種則)の名が出、しかもその田兵衛が宗麟にすこぶる近い位置にいる(何も知らずにこの文書を読めば宗麟の家臣かと誤認しそうである)ことに驚きを禁じ得ないが、その背景には、①に見られるような大友氏と来島村上氏の良好な関係とそれにもとづく交流、そこにおいて実務を担う二神田兵衛の役割があったのではないだろうか。それに関連して、永禄八年の三月五日付で将軍足利義輝から村上通康にあてて、使節として上野大蔵大輔を豊後に派遣するから渡海のことについて「馳走」するように命じた御内書《ごないしょ》が出されているのが注目される(「彦根藩諸士書上」)

この御内書は、幕府が肥後の相良《さがら》氏に対して修理大夫の官途を与えることにしたところ、豊後の大友氏が異議を唱えたので、大友氏を納得させるための使者として幕府が上野大蔵大輔を派遣したときに出されたものである。幕府が豊後に使者を派遣するにあたって来島村上氏が頼りにされていることがわかるが、村上通康の指示を受けて上野大蔵大輔を実際に豊後まで送り届けたのはおそらく二神田兵衛であろう。

このように、天文から永禄の時期にかけて二神田兵衛種則は、村上通康家臣として安芸の厳島神社や豊後の大友宗麟のもとに出向き、西瀬戸内海の政治情勢に深くかかわっていたが、意外なことに二神氏の系譜の中でその位置は明らかではない。福川一徳氏によると、近世久留島家に仕えた二神氏のなかに「二神伝兵衛」を名乗る者がいたというから、来島家の豊後への移封の際に行動をともにしたのかもしれない（「伊予二神氏と二神文書」）。

来島村上氏との結びつきを強め、その家臣として海上活動を展開した田兵衛種則家の活動についてみてきたが、一方では河野氏の支配に属しつつ、他方では同じ一族の者が来島村上氏の家臣として活動するというありかたは、ときには二神氏を難しい立場に追い込むこともあった。それは、河野氏と来島村上氏との間に疎隔が生じたときである。

河野氏と来島村上氏のはざま

たとえば、永禄十三年（一五七〇）十二月に河野氏の重臣が二神氏に文書を出していて、それには「上意の儀、来島相背《あいそむ》かる上は、向後牛松丸《うしまつまる》へ御対面あるまじく候」と記されている（「柳原二神文書」）。すなわち、来島家が上意に背いたので、今後河野氏の当主通直は、牛松丸に対面しないというのである。牛松丸というのは、村上通康の死後来島家を継いだ人物である（のちの通総《みちふさ》）。こうしたことを河野氏が二神氏に通告してきたということは、今後は来島家から離れて河野家に忠節を尽くせということにほかならない。

このような河野家、来島家間の不和の原因は、河野家の家督交替にあった。永禄十三年五月に死去した左京大夫通宣《みちのぶ》のあとを牛福丸《うしふくまる》（通直）が継いだが、血縁上来島家の牛松丸（通総）にも家督継承の資格があったので（134ページ、図3―1参照）、牛福丸を擁立しようとする勢力との間で対立が生じていたのであろう。さきの文書は、そのような対立に二神氏も巻き込まれたことを示している。

永禄期の二神一族においては、宅並城に拠る隼人佐家の勢力が大きかったようであるが、天正期に入ると、惣領家の左馬助種康《たねやす》とその近親らしい修理進の存在が大きくなる。彼らが発したり、受け取ったりした書状がいくつか残っているが、それらを見てみると、天正十年以前の二神氏は、一族の女性を河野氏の当主通直の母永寿《えいじゅ》の側に仕えさせ、さらにその永寿から所領の管理を依頼されるなど、河野氏当主にかなり近い家臣としての地位にあり、来島村上家の得居《とくい》通幸《みちゆき》から造船用材の調達に協力を求められるなど来島家にも近く、さらに村上武吉と「人舟」をやり取りするなど能島村上家とも付き合いがあるという多様な側面を有していたことがわかる。

二神修理進の武勲

このようななかで、天正十年四月に、来島家の村上通総が河野氏から離反した。この事態は、これまで述べてきたような二神氏の立場を大きく変えることになった。村上通総は、織田信長の命を受けて毛利攻めの先陣にいた羽柴秀吉の誘いを受けて河野・毛利陣営から離反したのであるが、このとき二神修理進が通総と行動をともにしたからである。

通総の離反を知った河野通直は、当時同盟関係にあった毛利氏の援助を得て来島村上氏の討伐に取りかかった。その先頭に立ったのは、河野・毛利陣営にあった能島村上氏であった（拙著『海賊衆来島村上氏とその時代』）。五月になると両軍の間で戦端が開かれ、能島の村上武吉らは、まず通総の庶兄得居通幸の居城鹿島城を攻め、ついで来島家の本城来島城に攻めかかった。この来島城周辺での戦いに二神修理進も来島方として加わったようで、通総（当時の名乗りは通昌《みちまさ》）から感状が出されている。それによると、毛利氏や能島村上氏の水軍が数艘の船で押し寄せてきて、伊予大島で合戦となったが、味方は無勢であったにもかかわらず奮戦したのは比類のないことであると述べている（「片山二神文書」）。

六月に入ると、毛利氏から援軍が派遣され、河野通直自身も軍勢を率いて出陣してきた。六月末には、毛利氏と能島村上氏の連合軍が来島の対岸大浦の鼻に上陸して、これを迎え討つ来島軍と衝突した。このとき通総は、修理進に対して、能島の手の者と「鑓合わせ」をし、さらに味方の手負い人数を引き取ったことを感賞している（「片山二神文書」）。これらを見ると、修理進らの二神勢が来島方として来島城周辺で活発な軍事活動を行なっていることがわかる。ただ一方では、天正十二年には、河野通直が二神亀松《かめまつ》に対して新四郎の仮名《けみょう》を与えているのが確認されるので、二神一族のすべてが来島方についていたわけではなさそうである（「二神文書」）。

秀吉からの誘いを受けて河野氏から離反した来島家は、河野氏、毛利氏、能島村上氏などの攻撃を受けて一時は非常に厳しい立場に追い込まれたが、本能寺の変後、秀吉が信長の後継者の地位を確立すると、流れが大きく変わった。そして、天正十三年七月に秀吉によって四国平定がなされると、通総はそれまでの行動を認められて、一万四千石を与えられ豊臣大名の地位を得ることになった。

この年の十一月に大友義統が二神修理進にあてて書状を出し、通総の帰国に対して祝意を示している(「豊後二神文書」)。さきに、大友義統が修理進に対して「分国中津々浦々」において万雑公事を免除する旨の書状を出していることを述べたが、そのような大友氏と修理進のつながりの延長上にこの書状も位置づけることができるのではないだろうか。

田坂鑓之介と村上吉継

このように、一方では、豊後大友氏との関係を維持しつつ、他方では来島村上氏の重臣としての役割を果たしてきた二神修理進は、戦国末期の二神氏の中心人物の一人であるが、その修理進について、近世成立の軍記「南海通記」は、興味深いことを記している。修理進の兄で、他家を継いだのが田坂《たさかやり》鎗(鑓)之助《のすけ》であり、修理進の舅が村上河内守(吉継《よしつぐ》)であるというのである。「南海通記」は物語性の強い軍記で、その記述は信用ならないといえばそれまでであるが、この記事には一概に否定しきれないところもある。田坂鑓之助は、たぶんに伝説的色合いの濃い人物であるが、関連史料がいくつかあるからである。

その鑓之助について、河野氏関係の軍記「予陽河野盛衰記」(「与陽盛衰記」と表記される場合もある)は、次のような話を載せている(拙著『海賊衆来島村上氏とその時代』)。

「久留島丹後守康吉」の家臣に、武芸を得意とし、とくに槍に優れた田坂鑓之助という者がいた。あるとき（鑓之助が物見の番所に在番していたところ）、侍数十人が乗った船が「迫戸通路」（狭い瀬戸の海上交通路）を通り過ぎようとした。鑓之助は小船に乗って追いかけ、「帆別割符《ほべつさいふ》」を点検しようとした。船に乗った者たちは、小船に侍一人従者一人が乗ってやってきたので、嘲笑って帆別銭の支払いを拒否した。鑓之助は腹に据えかね、槍を持って駆け向かい、たちまち二〇人の内の八人を突き殺し、六人を負傷させた。そのとき敵の者が、自分たちは船軍《ふないくさ》はしたことがない、陸で戦おうといったので浜に上がって戦うことになり、鑓之助は鬼神の如く戦ったが、陸では多勢に無勢でついに首を取られた。船の者たちは鑓之助の首を取って帰ったが、彼らの主人である豊後の佐伯《さえき》某は、法に背いたうえに、一人を相手にこのような汚き挙動は前代未聞と言って、帰って来た者たちを追放した。

「予陽河野盛衰記」もまた、物語性の強い軍記であるし、鑓之助の主君とされる「久留島康吉」などという人物も、その存在を一次史料で確認することはできない。そのようなことからすれば、この話をそのまま史実と見ることはできないであろう。ただ、似たような話が能島家にも伝えられていることは見逃し難い。

三島村上家の記録である「武家万代記」には、次のような話が記されている。

天文二十年（一五五一）冬、陶晴賢《すえはるかた》配下の廻船三十艘が米二千石を積んで周防上関を通りかかり、能島家の者が通行証の有無を点検しようとしたが、陶方の廻船は、上関の要害へ鉄砲を撃ちかけて強引に通過した。知らせを受けて立腹した能島の村上武吉（「武家万代記」では武慶）は、因島村上氏と連絡をとって安芸国蒲刈《かまがり》瀬戸で陶方の船を待ち受け、打ち滅ぼした。

これをみると、来島家の場合は田坂鐺之助一人、能島家の場合は能島家・因島家の者が総がかりという違いはあるにしても、通行料を払わずに通り過ぎようとした船舶に対して厳しい懲罰を加えたという点で、話の構造は共通している。このようなことから考えて、田坂鐺之助の話の基本的な部分、すなわち、来島村上氏が海の関所を設けていたこと、そこを通過するときには通行料(帆別銭、駄別銭《だべっせん》、津公事《つくじ》などさまざまな呼び方がある)を払うのが「法」であるとの認識が当時の社会にはあったことなどは、認めてよいのではなかろうか。

また、田坂鐺之助その人も伝承の衣をまとわりつかせてはいるものの、実在したことは間違いない。近世久留島藩士の由緒書き(「久留島藩士先祖書」)の田坂氏の項には、先祖に、田坂(村上)鐺之助貞縁という人物がいたこと、そしてその子貞興《さだおき》が実は二神修理進の兄で、鐺之助貞縁の養子になったと記している。このような田坂家の由緒が誤ってさきの「南海通記」の記述になったのであろう。

「南海通記」が二神修理進の舅であったとする村上河内守吉継は、来島村上家の重臣として知られる人物である。吉継は、多様な性格を持っていて、来島家の重臣として活動する一方、河野氏の奉行人としての顔をも持ち、さらに三島社の「地頭神主」などと史料に記される側面も持っていた。このような吉継はしかし、天正十年に村上通総が河野家に離反した時には、通総に従わず、河野氏側に残った。河野氏にも仕え、来島家の重臣でもあったという点では、二神修理進とよく似ているが、来島村上氏の離反時に両者は袂を分かった。

二神修理進との間に接点を有したと伝えられる田坂鐺之助と村上吉継という二人の人物についてみてきた。

このうち吉継との血縁関係は今のところ他の史料で傍証を得ることはできないが、修理進の周辺にこのような性格の人物たちがいたこと自体は、重要である。修理進にもこれらの人物たちと共通するような性格があったことが推測されるからである。

豊後二神氏

このように二神修理進は、天正初年から同十五年頃にかけて二神家、来島家の中で大きな役割を果たしてきた人物であるが、その実名や系譜上の位置については、わからないことが多い。一つはっきりしていることは、晩年に松山城主加藤嘉明に仕えていることである。それを示しているのは、元和八年（一六二二）正月に三上氏と連名で松山城下の石手寺《いしてじ》に出した掟状で、それには「二神修理進瑞庵《ずいあん》入」（入は入道の意か）と署名している（「石手寺文書」）。おそらく四国国分け後は、それまでの縁によって、豊臣大名となった来島家に仕え、関ケ原合戦後、来島家が豊後に転封になった時には、それに従わずに伊予に残り、新たに松山城主となった加藤嘉明に仕えたのであろう。

このような修理進のことは、後世の二神家の子孫たちにも強く記憶に残っていたようで、どの系図にも一応記述されているが、その系譜関係は混乱していて、実態はわかりづらい。

そのなかで注目されるのは、豊後の二神家に伝えられた系図である（竹野孝一郎「大分市府内町林四郎氏所蔵二神文書および二神系図について」）。そこには、二神種良《たねよし》の名があげられ、「法名瑞庵、久留島雲州公感状、大友義統状有之」との注記が付されている。豊後の二神家の先祖に法名瑞庵を名乗る人物がいたということである。おそらく修理進(法名瑞庵)の子孫のだれかが松山の加藤家を離れ、かつての縁で豊後の久留島家に召し抱えられ、その関係でこの系図が豊後に残されたのであろう。そこに、久留島雲州(来島の村上通総)の感状や大友義統の文書を持ち伝えていると記されているのが注目される。これらは注6で述べた修理進あての一連の文書のことに相違なく、本来修理進のもとにあった文書を豊後に移った子孫が持ち伝えたのであろう。

秀吉の四国平定とその後の四国国分けによって河野家が滅亡し、伊予国の支配構造が大きく変わったことは、忽那氏の場合と同様、二神氏の運命をも大きく変えた。宅並城などを拠点とする粟井郷支配は瓦解し、一族は四散を余儀なくされた。二神氏の本流は二神島に帰り、ここで帰農して近世二神島の庄屋として生きることになる。また、一部の者は、宅並城の膝下にそのままとどまり、片山二神家、柳原二神家などとして存続した。また、豊臣大名となった来島家に仕える者もいて、これらの者は、関ケ原合戦後、来島家が豊後国森(大分県玖珠《くす》町)に転封された時、当主とともに豊後に移り、豊後二神家として近世を歩むことになったが、なかには修理進家の子孫のように、いったん加藤嘉明に仕えたのち豊後に移った者もいる。

以上、二神島や風早郡粟井郷を拠点にしながら、時によって安芸・周防方面、あるいは豊後方面にも出向いて幅広く海の領主として活動してきた二神氏の姿を見てきたが、ここで一つの疑問がわいてくる。それは、海上を隔てることわずか四キロメートルのところに位置する隣島忽那島を拠点にして活動してきた有力な海の領主忽那氏との間に接点があまり見えないことである。二神氏に残された史料を見ていても、忽那氏が姿を見せることはほとんどない。敵対もしなければ、協力もしなかったように見えるが、実態はどうだったのだろうか。

実はそれぞれの伝来文書のなかに各一通ずつ、相手のことに触れたものがある。「忽那家文書」の中のそれは、享禄三年(一五三〇)に河野通直(弾正少弼)が、忽那氏に対して、二神弥次郎先知行分を与えたものである。また、二神氏側に残された史料としては、天文十四年(一五四五)に、同じ河野通直が二神左衛門尉に、忽那大浦八幡宮神主職を与えた文書がある(「二神文書」)。これらは、両者の関係を考えるうえでそれぞれ興味深いものではあるが、その両者の関係がそれ以上に展開した徴証はみられない。

このように見てくると、二神氏と忽那氏は、近隣に位置する同じ海の領主でありながら、特に戦国時代においては、互いの領分を侵さぬように気を使いながら、すみわけをして活動してきたようにみえる。

おわりに

最後に、これまで述べてきたことを整理し、海の領主の特質について考えてみることにする。

忽那《くつな》氏が海の領主として最も精彩を放ったのは、南北朝時代であろう。南朝と北朝のみならず、さまざまな勢力が入りまじって混乱が続いたこの時代は、陸の権力者の力が海に及びにくく、そのような社会情勢が忽那氏の活動を容易ならしめたものと思われる。

鎌倉末期に惣領の地位についた忽那重清《しげきよ》は、元弘三年(一三三三)二月に反幕府行動を始めた。元弘元年五月に鎌倉幕府討伐の行動をおこした後醍醐天皇が捕らえられて隠岐に流され(元弘の変)、畿内で楠木正成《まさしげ》らの動きが活発になり始めたころである。伊予は、赤松則村《のりむら》(円心《えんしん》)が蜂起した播磨とともに、最も早く反幕府の火の手が上がったところで、河野氏庶家の土居《どい》・得能《とくのう》氏などとともに、その先陣を切ったのが忽那氏であった。このののち重清は、守護宇都宮氏の拠点であった喜多郡根来城や府中の守護館への攻撃に加わり、長門周防探題北条時直《ときなお》が討伐軍を進めてきたときには、星岡山城《ほしのおかやま》でこれを撃退した。このような重清の行動は、鎌倉幕府滅亡後に成立した建武政権にも認められ、建武元年(一三三四)十二月には、後醍醐天皇綸旨が重清あてに出されている。

このように全国的にみても早い時期に重清が反幕府行動を起こした理由は定かでないが、当時河野氏庶家の土居・得能氏が、幕府と結んで伊予に君臨していた惣領家に対する不満を募らせていたようだから、そのような動きに乗じたのであろうか。重清はこのあと、建武二年七月の中先代の乱を契機に足利尊氏が建武政権から離反した時にも、政権側の立場に立って東山道に発向して信濃国で戦い、さらに足利軍が京都にもどって来た時にも洛中で足利軍と戦っている。

ところが、京都で敗れていったん九州に逃れていた足利尊氏が、建武三年五月の湊川の戦いに勝利して入京してくると、重清は突如足利方に転じる。同年六月には足利直義《ただよし》から軍勢催促状を受け、七月には洛中の各所で後醍醐天皇方軍と戦っている。これは、尊氏が瀬戸内海を東上してくるとき、河野氏惣領の通盛《みちもり》をはじめとする多くの西国の勢力が足利軍に身を投じたのと行動をともにしたのであろう。

このように忽那家の惣領重清は、鎌倉末期に反幕府の行動を起こし、後醍醐天皇方として活動したのち、建武三年に至って足利方に転じた。このような動きは、当時各地の武士に多く見られた行動パターンで、さして異とするに足りないが、惣領家が足利方に転じたあとも忽那氏の中には、後醍醐天皇に忠節を尽くす勢力が残っていたことは注目すべきことである。やがてそれは、忽那義範に率いられた勢力であることが明らかになる。

南朝方としての義範の姿が最初に見られるのは、重清がまだ足利方として行動していた延元二年(一三三七)のことである。同年六月に当時伊予にいた南朝方の貴族四条有資《ありすけ》と覚しき人物が義範にあてた軍勢催促状には、朝敵人河野通盛を追伐せよと記されている。その義範は、重清と比べて正体をつかみにくい人物である。系図上では、養子として重清の弟に位置づけられているが、それが事実を伝えているかどうかはわからない。また、「忽那下野房」「忽那下野法眼」などとよばれていることからも明らかなように僧形であったらしいが、そのような人物がなぜ忽那氏を率いることになったのかも定かではない。後世の伝承では、義範は京都の鞍馬寺を模して毘沙門天を本尊とする「精舎」を島に建てたというから、戦いの合間には毘沙門堂に籠って仏道修行に励んでいた姿を想像することができる。いずれにしてもこの義範がこののち忽那氏を率いることになり、その時代が忽那氏の海の領主としての性格が最も顕著に表われるときである。

義範の時代の最も大きなできごとは、九州下向の途上にあった懐良《かねよし》親王を延元四年(一三三九)から三年間にわたって保護したことである。その間には、安芸国の北朝方の勢力武田氏が島に攻め寄せるなどということもあったが、これを撃退し、興国三年(一三四二)の五月には、海路を無事に薩摩国まで送り届けた。さらに、そののち懐良親王が九州平定をめざして薩摩から北上を始めると、それを支援するために正平二年(一三四七)五〜六月には、熊野海賊と連携して薩摩に攻め入り、北朝方の島津氏の本拠東福寺《とうふくじ》城で激戦を展開した。また、観応の擾乱が始まると、当時九州で活動していた足利直冬《ただふゆ》から度々軍勢催促を受け、直冬方として国内の尊氏勢力と戦った。

義範の海の領主としての性格をよく示しているのが、その行動範囲の広さや優れた機動力である。義範は、一族の活動実績を「忽那一族軍忠次第」という記録に残したが、その史料と「忽那家文書」の中から、伊予国の外で活動した場所を拾ってみると、次のようなところをあげることができる。

讃岐国鳥坂山《とっさかやま》　紀伊国飯森城《いいもり》　信濃国大井庄《おおい》　京都と比叡山　淡路　和泉国堺
京都八幡城　周防国家室《かむろ》　安芸国波多見《はたみ》　周防国屋代島《やしろ》　備後国鞆《とも》
讃岐国塩飽《しわく》　薩摩国東福寺城

これらを見ると足跡は、瀬戸内海のみならず東は信濃国、南は薩摩国まで及んでいることがわかる。上陸しての活動であった信濃や洛中を除くと、その多くは、海上交通の要衝として知られる港やその周辺である。これは、義範の活動が、海を介してなされたものであり、それによって範囲が拡大していったことをよく示している。

また優れた機動力については、興国三年(一三四二)を例にとって見てみよう。この年は、忽那島に滞在していた懐良親王が薩摩に向かった年であるが、それにかかわった義範の動きにはまことに目まぐるしいものがある。まず懐良親王出立前の三月に河野氏の湯築城《ゆづき》を攻め、そのあと一行の「鎮西下向」に供奉したものと思われる。そして五月一日に薩摩に到着した後、すぐに引き返して、讃岐から伊予に侵入してきた細川軍との戦いに加わる。七月には道前土肥城《どい》(川之江城)の後詰めをし、細川軍と宮方軍が備後国鞆で戦った時にも宮方軍に加わった。さらに九月には、細川軍が大館氏明《おおだちうじあき》の籠る世田山城《せたやま》を攻めた「中道前懸合々戦」に宮方として参戦した。短期間の間に各地での転戦を繰り返していることがわかるが、これは義範の率いる忽那氏勢の機動力のなせる業であろう。

この機動性に優れた行動を可能にしたのは、船舶の調達力や操船技術、すなわち総合的な水運力だろうが、残念ながらそれらの実態については史料を欠いている。

このように重清や義範が活動した鎌倉末期～南北朝の時代は、海の領主としての忽那氏の活動が最も活発であった時期であるといえる。その活発な活動の背景には、彼らの先祖たちが鎌倉時代の忽那島において展開した領主支配や、それによって蓄積された有形無形の遺産があったはずである。そこで鎌倉時代にさかのぼってみることにするが、その時に重要なのは、忽那氏が鎌倉幕府から直接文書の発給を受ける本領安堵の御家人であったことである。

忽那氏が本領安堵の御家人だったのは、鎌倉将軍との間に直接的なつながりを持つことがなかった多くの西国御家人のなかでは、異例なことである。ただ、忽那氏がどのような事情でこの地位を手に入れたかは明らかではない。はっきりしているのは、幕府から発せられた最初の文書が元久二年（一二〇五）五月に出された関東下知状であって、そこに記されている俊平《としひら》が一次史料で確認できる最初の人物だということである。俊平は、平安末～鎌倉初期の人物であったということになろう。

忽那一族がのちに相論の場で述べた言葉によれば、俊平は、忽那島を長講堂《ちょうこうどう》に寄進し、忽那氏は長講堂領忽那島庄の下司《げし》になった。そして、鎌倉幕府成立後は、忽那氏は同庄の地頭職《じとうしき》の地位も手に入れた。忽那島庄は、大きく東浦と西浦に分かれ、それぞれに武藤名《たけふじみょう》、松吉名《まつよしみょう》という地頭名が設けられていた。鎌倉期の忽那氏は、荘園領主からしばしば荘園支配の不当を訴えられているが、おそらく地頭名の外へ所領を拡大しようとして荘園領主側と対立をきたしたのであろう。一方、一族内部では分割相続が進み、その過程で一族のなかで度々相論が起こっている。

鎌倉時代の忽那氏の姿を見るうえで興味深いのは、鎌倉幕府要人との結びつきが見られることである。一人は、幕府の実務官僚として重きをなした二階堂氏で、同氏は、伊予国守護にあてて忽那氏との「縁」を強調して便宜を図ることを求めたり、大番役《おおばんやく》勤仕について指示を出したりしている。もう一人は、北条氏の一族大仏《おさらぎ》氏で、同氏は忽那氏に対して度々文書を発し、その利益擁護に動いていた。

鎌倉時代の忽那氏の海の領主的性格は必ずしも顕著ではないものの、それでも随所に海の世界とのかかわりがうかがわれる。たとえば、二階堂氏が忽那氏に接近した理由として、各地の海上交通の要衝を確保して海上進出を図っていたらしい同氏が忽那氏の海上活動力を取り込もうとしたことが考えられるし、その二階堂氏の書状に、忽那氏が伊予の守護所の地に「船往還」をしていたと記されていて、船舶を使って伊予本土との間を行き来していたことがわかる。また、元応二年(一三二〇)に幕府が瀬戸内海における海上警固体制を強化しようとした際に、忽那島が警固所の一つとされていることなども指摘することができる。これらをあわせ考えると、鎌倉時代の忽那氏がすでにかなりの海上活動を展開していたことが推測されよう。

鎌倉後期の忽那氏は、分割相続を繰り返し、一方では荘園領主と争いながら島内の所領支配を強化し、さらには支配を忽那諸島の近隣の島々に拡大していった。分割相続によって一族の分散傾向が強まったようにもみえるが、それを惣領のもとに再統合したのが鎌倉末期の重清《しげきよ》だったのではないだろうか。このあと重清は一族を率いて反幕府行動を起こし、重清のあとには義範が出て、積極的に海の世界に進出していくことになるのである。

さて、南北朝時代を経て室町時代になると、南北朝期に最大限に発揮された忽那氏の海の領主的性格は次第に弱まっていくように思われる。それは、この時期伊予の守護の地位を確立した河野氏との結びつきが強くなることと関係していよう。河野氏との結びつきの強化を目に見える形で示しているのは、応永期の当主忽那通紀《みちのり》(通則)である。忽那氏は、このとき初めて河野氏の通字「通」の字を自らの実名《じつみょう》に取り入れ、それは戦国時代まで続くことになる。この時期の忽那氏は、歴史的に見れば守護河野氏配下の国人領主ということになろう。そのような立場にあった忽那氏は、こののち河野氏が惣領家と庶子家に分裂して争うなかで、一時庶子家に近い時期もあったが、多くの場合惣領家の立場に立ち、応仁の乱に際しても、一時西軍からの誘いを受けることもあったが、基本的に東軍方に属した惣領家と行動をともにした。

この時期の忽那氏は、かつてのように水運力を駆使して広く瀬戸内の各地に進出していくことはなくなったが、かといって海の領主としての性格をまったく失ってしまったわけでもない。それを示すのは、海城警固《うみじろ》である。忽那氏は、小さな島全体を要塞化した海城やそれに準じる海辺の城に入って在番の任に当たっていた。

そのような城としては、忽那諸島の一角に浮かんで同諸島を通過する船舶を監視していた海城久田子《くだこ》城、伊予本土の沖合四〇〇メートルに位置する島に築かれ、忽那諸島と芸予諸島双方の海域をにらむ役割をはたしていた海城鹿島《かしま》城、河野氏の外港ともいうべき三津《みつ》の港を眼下におさめる海辺の城湊山《みなとやま》城などがある。このような城に在番して、航路や港を監視したり、海域をにらんだりしていた忽那氏は、いわば海城警固のエキスパートであったといえよう。

以上、海の領主としての忽那氏の活動の跡を簡単に整理してきたが、このような忽那氏の歴史的性格についてはどのように考えたらよいのだろうか。そのことを考えるとき最初に問題になるのは、同じ海を活動舞台として活動してきた海賊とどう違うのかという点である。これを考えるためには、まず海賊とは何かということをはっきりさせておかねばならないだろう。

歴史上の海賊には、多様な側面がある（拙著『瀬戸内の海賊〈増補改訂版〉』）。航行する船舶から通行料を徴収する者を海賊とよぶこともあれば、藤原純友《すみとも》のように国家権力に反逆した者を海賊とよんだり、戦国時代に戦国大名のために水軍活動をした者を海賊とよんだりする場合もある。このようにさまざまな姿を見せる海賊の中で、どれが最も本源的な姿かというと、私は通行料を徴する海賊がそれにあたるのではないかと考える。

彼らは、海上交通の発達した浦々に拠点を構え、自分たちの〝ナワバリ〟を航行する船舶に対して通行料を要求した。この要求は、海賊の側からすると正当な経済行為であったが、航行する船舶の側からは略奪とみられることもあった。このような活動の中から成長してきた有力海賊が、権力に抵抗したり、逆に戦国大名の水軍の役割を果したりするようになったと考えることができよう。

海賊をこのようにとらえると、忽那氏の場合はどうであろうか。忽那氏を海賊とみる研究もあるが（岡田政男「中世海賊衆の形成と伊予国忽那氏」、濱田浩「伊予国の島嶼土豪忽那氏と海賊衆の形成」）、忽那氏を直接海賊とよんだ史料は見当たらないし（ただ、南北朝時代に、忽那氏を含めた勢力を敵対者が「四国中国海賊」とよんだ例はある）、忽那氏が航行する船舶から通行料を徴収したという徴証も見当たらない。したがって、忽那氏を厳密な意味での海賊ととらえるのは適切ではないというのが私の考えである。海賊とは区別して別の概念でとらえるべきであろう。

忽那氏と海賊のもう一つの相違点は、活動の〝場〟である。海賊の場合、活動の〝場〟は、海そのものである。芸予諸島を本拠にする海賊村上氏の例で見ると、彼らの主要な活動の場は、芸予諸島を中心にして東は讃岐国塩飽《しわく》、西は周防国上関《かみせき》に至る海域であった。その海域において、航行する船舶から通行料や警固料を徴収するのが彼らの行動スタイルである。彼らが陸に関心を持つことはあるが、それは通行料や警固料を徴収する場としての必要性からであって、陸地を領域的に支配することにはほとんど関心を持たなかった。

それに対して忽那氏の場合はどうであろうか。最も海上活動が活発であった南北朝期の例で見ると、主要な活動舞台は海であって、瀬戸内海はもとより南九州まで活動の場を広げていることが確認される。その一方で忽那氏は、忽那島内の所領を手放さなかったし、恩賞として与えられた所領にしても、必ずしも海辺の地ばかりではなかった。ましてや、鎌倉時代においては、彼らの活動の中心は地頭御家人として忽那島の所領を確保することであった。

このようなことを考えると、もっぱら海上支配を中心にして活動する海賊に対して、海上での活動を重視しながらも、陸上の支配にも関与し続ける忽那氏という対比が可能になる。この点からも、忽那氏は海賊とは異なる存在とみるべきであろう。

ただ、海賊村上氏と忽那氏の間には、共通点もある。それは海城である。海賊村上氏は、芸予諸島の各地に小さな島全体を要塞化した海城を築き、そこを海上活動の拠点にした。その意味では海城は、海賊村上氏の特性を最もストレートに反映した構造物といえる。それに対して忽那氏も、いくつかの海城を築き、そこに在番衆を置いていた。前記久田子城や鹿島城などがそれである。同じように海上活動を行なう者として、航行する船舶を監視したり、敵対する勢力の動きを見張ったりする機能をもつ海城の存在は、欠かすことができなかったということである。その点では、十五世紀末の明応期には忽那氏が在番衆を入れ置く城であった鹿島城が、十六世紀後半の天正期には、海賊来島村上氏の重要拠点に変わっているというのは興味深い。忽那氏と海賊村上氏の共通する性格をよく示しているといえよう。

　このように忽那氏は、海賊との間に相違点も共通点も有しているが、基本的には海賊とは別の存在で、海の領主ととらえるのが最もふさわしいといえる。

　なお、忽那水軍という言葉もよく耳にする。水軍というのは、本来戦国大名など上位権力のもとでの軍事的役割をさす用語である。忽那氏がさまざまな上位権力の水軍としての役割を果たすことはあったが、忽那氏がそれのみを事とする専門の海上軍事集団であったわけではない。忽那氏が持っていた多様な側面を見落としてしまわないためにも、忽那水軍という言葉の使用には慎重であるべきだろう。

　もう一人の海の領主として取り上げた二神氏についても簡単にまとめておきたい。二神氏が史料上に初めて姿を見せるのは室町時代であり、その活動が本格化するのは戦国時代になってからである。二神島という忽那諸島のうちの一つの島を本拠とし、そこでの領主支配を維持しながら海上活動を展開するという点では、忽那氏と同じであり、基本的に海の領主という共通の性格をもつ存在であったといえよう。

　二神氏の海上活動としては、天文十六年（一五四七）ごろ海賊来島村上氏の配下として、伊予から厳島神社への参詣人をめぐる厳島神社との交渉にあたったり、永禄六年（一五六三）ごろ将軍足利義輝《よしてる》の使者として大友氏と毛利氏の和睦交渉を担当していた聖護院道増《しょうごいんどうぞう》らの海上移動に便宜を図っていたことなどが確認できる。

二神氏は、来島村上氏の外交活動にかかわって安芸から豊後にかけての海域を行き来していたことがわかる。また天正十年(一五八二)に来島村上氏が河野氏から離反した時には、来島方に属して来島村上氏の拠点来島城や鹿島城の周辺で毛利氏や能島村上氏と海上戦を展開している。このような二神氏の活動をみると、戦国期においては忽那氏よりもむしろ二神氏のほうが海上活動を活発化させていたといえよう。

同じ海の領主としての性格を持ちながら、二神氏の活動には忽那氏のそれと相違する側面もみられる。ひとつは、本拠二神島のほかに第二の本拠ともいうべき風早郡粟井郷《あわい》にも所領を有していたことである。粟井郷は、二神島から最も近い距離に位置する伊予本土の地で、二神氏はここに河野氏から所領を与えられ、二神島とは異なる形で領主支配を展開した。忽那氏も、伊予本土の沿岸部にいくつかの所領を有していたが、二神氏の粟井郷支配はそれらよりもはるかに長期にわたり、定着度も強固であった。

もう一つは、二神氏においては、忽那氏ではあまり見えなかった交易活動への関与が認められることである。二神氏は、何らかの交易活動を目的に豊後周辺に進出することがあったようで、大友氏から豊後国内の津々浦々での「公事」を免除する文書が出されている。

さて伊予国では、天正十三年(一五八五)の豊臣秀吉の四国攻めによって、長く伊予の中央部を支配していた河野氏が滅亡し、支配秩序が大きく変化した。その混乱の中で、忽那氏・二神氏ともに中世の海の領主としての性格を失っていったのである。

以上、忽那氏を中心にして海の領主の姿を描いてきた。稿を閉じるにあたって、叙述の不十分さを痛感している点が二つある。一つは鎌倉時代において地頭館ともいうべき忽那氏の拠点の位置や構造を明らかにすることができなかった点、もう一つは、南北朝～戦国期において叙述が忽那氏の軍事活動に偏り、本来あったはずの海上交通や交易にかかわる活動を明らかにすることができなかった点である。これらについては、私自身の研究手法に問題があることを認めざるを得ない。それは、「忽那家文書」を読み込むことには熱心であったが、それ以外の関連史料に目を通すことにはあまり関心を寄せなかったことである。

第一の点については、おそらく近世史料に幅広く目を通し、歴史地理的手法を用いれば、ある程度の見通しを立てることは不可能ではなかったはずである。そしてそれらは、今後の考古学的調査によってより明確になる可能性がある。第二の点については、「忽那家文書」そのものの限界も関係していると思われる。同文書は、他の武家文書同様、一族内外の相論や軍事活動に関する文書を残すことには熱心であったが、それ以外の日常的な活動に関してはそれほどでもないからである。したがって、同文書のみに依拠した場合は、どうしても海上交通や交易などにかかわる日常活動を明らかにするには限界が生じるということになってしまうのである。これについても、「忽那家文書」以外の資史料から幅広く忽那氏を見てみるという作業が欠かせないといえる。これらについては今後の課題にしたいと思う。

注

第1章　内海島嶼の鎌倉御家人

（1）実際には、「忽那トラ家系図」の成立時期はもう少し具体的に詰めることが可能である。鎌倉期の女子の一人に「阿子、今尼新妙」という注記があり（18ページ、図1—3参照）、系図作成の時点で、この女性が生存しており、尼新妙とよばれていることがわかる。そしてこの尼新妙は、元亨四年（一三二四）に尼真妙という名前で養女如福女に譲状を作成している（後述44ページ）。この元亨四年の時点での年齢を仮に五〇歳とし、長寿で七〇歳まで生きたと仮定すると、「今」は、最も遅くても康永三年（興国五・一三四四）ということになる。実際には、それよりももう少し前に成立していたのではないだろうか。

（2）「忽那家文書」を翻刻したテキストとしては、景浦勉氏の先駆的業績『伊予史料集成第一巻　忽那家文書』、それに補訂を加えて収録した『愛媛県史資料編　古代中世』、別の史料集として『鎌倉遺文』『南北朝遺文　中国・四国編』『戦国遺文瀬戸内水軍編』があるが、本書においては、全時代にわたって「忽那家文書」を収録している『愛媛県史』を主たるテキストとして使用した。ただし、引用にあたってはできるだけ原文書の写真にあたり、場合によっては翻刻文に修正を加えた。また「開発記」を翻刻したテキストとしては、『続々群書類従』（第三史伝部）、景浦勉編『中島町誌史料集』があるが、前者には誤りが多いので、主として後者に拠り、必要に応じて写真版で補訂した。

（3）元久二年閏七月に幕府から河野通信に関東下知状が与えられた（「河野通尭文書」）。それは、「守護所の沙汰」をとどめて、通信の沙汰として御家人役を勤めるべきことが定められた三二人の国内御家人の名を列挙したものであるが（この関東下知状は、様式が異例なので、偽文書との意見もあるが、『吾妻鏡』にも載せられていて当時の社会では生きていた文書で

ことを考えれば、史料1に名の見えた忽那家平であると考えられる。

（4）鎌倉幕府が発給する文書は、将軍名で出される下文と、執権が将軍の意を受けて出す形をとる下知状があるが、忽那国重を地頭に任じた承元二年閏四月二十七日付の文書は、冒頭に「下　伊予国忽那島住人」と記し、発給者として政所の職員数人が連署するなど下文の特徴を有し、一方、文末には「鎌倉殿仰せに依り、下知件の如し、以て下す」と記されていて下知状の特徴をも有している古文書学上特異な文書である。このような様式の文書は、源実朝が将軍として政治にかかわり始めた時期に七通のみ残されているが、当該文書はそのうちの一通である。そのため、文書様式をどう理解するかについて研究者の意見が分かれ、将軍家略式政所下文と命名すべきであるとする意見、下文の範疇でとらえるべきとする意見、下知状の範疇でとらえるべきとする意見、などがある（杉橋隆夫「鎌倉執権政治の成立過程」、青山幹哉「「御恩」授給文書様式にみる鎌倉幕府権力」、佐藤秀成「鎌倉幕府前期発給文書と執権制」）。

（5）その経俊のもとに嫁した業光の娘について、中村直勝氏は治部卿局とし、石野弥栄氏は「せんさい御前」ではないかとする（前掲「伊予国の地頭御家人忽那氏について」）。判断は難しいが、吉田経俊が『経俊卿記』に記しているように、忽那島庄のことについてみずから西園寺実氏に申し入れをしていることをみると、経俊に嫁したのは忽那島庄を譲られていた「せんさい御前」である可能性が高いように思われる。

（6）この書状の差出者は、文書には前常陸介と記されているのみで実名がないから、それがだれにあたるかをめぐっていくつかの研究がある。通説的には「開発記」の記述に従って二階堂行顕とされてきたが、磯川いづみ氏は、文中に大番役についての記述があることから、前常陸介は大番役の指示を出すことができる人物、すなわち守護だから、二階堂氏ではなく、守護宇都宮氏の系譜につながる人物であるとし、宇都宮泰宗ではないかとする（「忽那家文書「前常陸介書状」の再検討」）。それに対して萬井良大氏は、文面から考えて前常陸介は守護とは認められないこと、「長隆寺文書」の中に、二階堂氏が忽那氏の文書を持ち伝えていたとの記述があること（これについては後述）などを根拠に、従来言われていたとおり、二階二階堂行顕とみてよいとする(「伊予忽那氏と大番催促」)。萬井氏の所説に従うべきであろう。発給年についても、萬井氏が指摘しているように、徳治三年(一三〇八)頃と考えることができる。それは、文中に六波羅奉行人の動向にふれる記述があって、行顕が東使(幕府の意向を六波羅探題や朝廷に伝える目的で京都に派遣された使者)として徳治三年に京都に遣わされたことに関係すると考えるからである(細川重男「政所執事二階堂氏の家系」)。

(7) 「忽那トラ家系図」は、図1―6に示したように、嫡男重俊から順次二男通重、三男盛重、四男慶詮房、五男重康の名を並べているが、前記正応元年六月に下された裁許状の中には、通重を嫡子、重康を三男とする文言がみられるので、これが正しい兄弟関係だったものと思われる。ただ通重―実重の流れは、実重の子性俊で途絶えたようで、その結果、重俊―久重の流れが惣領の地位に就き、それが反映されて上記のような系譜がまとめられたのであろう(濱田浩「伊予国の島嶼土豪忽那氏と海賊衆の形成」)。

第2章　南北朝の内乱と海上ネットワーク

(1) 同日付で、同筆・同文の熊谷直経あての令旨が残されている(「熊谷家文書」)。その時、直経は、幕府軍の一員として楠木正成の籠る千早城を攻める陣中にいて、その陣中において令旨の授受が行なわれたことが明らかにされている。それとの関連から、忽那孫九郎は熊谷氏同様に千早城攻めの陣中にいて、そこで当該の令旨を与えられた可能性が指摘されている(市沢哲「太平記とその時代」、永山愛「鎌倉幕府滅亡時における軍事編成」)。もしそうであるとすると、この時点では、忽那氏も一枚岩ではなく、幕府の命令に従って楠木正成を攻める一族もいたことになるが、これについては今後の検討課題にしたい。

(2) この時期の重清の軍事行動と足利直義から出された軍勢催促状の関係をみると、軍事行動が先にあってそれより後になって軍勢催促状が出されていることが明らかである。この点に注目した永山愛氏は、従来は、軍勢催促状はまだ味方になっていない勢力にあてて発せられ、各地の武士は軍勢催促状の発給を受けたのちに、軍事指揮官のもとに馳せ参じる(着到)

と考えられていたが、すでに着到している武士に対して軍勢催促状を発する場合があり、その場合は、軍勢催促状は、その受給者が一族や近隣の武士に対して軍勢を催促する大義名分を与える機能を有していたと述べている(「元弘・建武内乱期における軍事編成」)。

(3) 史料4よりも少し早く、一三三七年(延元二)二月三十日付で、中務大輔という人物が「忽那島東浦下野殿」にあてて、「高氏并びに直義以下凶徒等」の誅罰を命じた軍勢催促状がある。この文書も、早い時期に南朝方としての義範の姿を伝えるものとして注目すべきものであるが、一方では若干の疑問もある。それは、「忽那島東浦下野殿」となっている宛所のうちの肝心な「下野」の部分が、もとの文字が消されて新たに書き加えられているという点である。しかも、もとの部分の消し方がきわめて粗雑で、発給者ではなく受け取った側が手を加えたと疑われなくもない。また忽那義範の呼称に「東浦」を冠する例はほかに見当たらない。このようなことを考慮に入れると、この文書が本当に義範にあてて南朝方から発せられたのかどうか、若干慎重にならざるを得ない。

なお、岡野友彦氏は、この文書について、中先代の乱に敗れた北条時行が吉野の後醍醐天皇に降伏して勅免をうけたのち、西国に潜伏していた北条氏残党の中務大輔が南朝方として忽那氏に軍勢催促を行なった可能性が高いとしている(「二つの「中務大輔某奉書」」)。

(4) このうち河野城は、名前の通り、河野氏の本拠河野郷(松山市北条)に所在する城であろうが、現在遺構を残している城のどれにあたるかは特定しがたい。また、高井城は松山市高井、西条城は西条市に所在する城であろうし、播磨塚も現在松山市南・北梅本町に地名を残している。宮山城、左河々原については位置を確認することができない。

(5) ただ、長沼氏が、どう考えても無理な伊勢出港説を取るのには理由がある。それは次のような史料があるからである(「元弘日記裏書」)。

後七月廿五日、義良親王并びに入道一品以下顕信卿等、東軍を率いて勢州に下向、八月十七日解纜、九月十一日、伊豆崎に於いて大風に遇い、数船漂没、親王、顕信卿等の船、勢州に帰著、上野入道々忠等此の御船を艤し、入道一品

船、常陸国に著し訖ぬ、尊澄法親王、尊良親王第一宮遠江国井伊城に著御、花園宮四国に著御、牧宮同じく四国に著御、
鎮西に御下向有るべしと云々

これは、一三三八年(延元三)に東国に向かおうとした北畠親房らの動きを記した史料として著名なものである。そこには、閏七月二十五日に義良親王や北畠親房・同顕信らが「東軍」を率いて伊勢に下向し、八月十七日に伊勢を出船し、伊豆崎(遠州灘沿岸のどこかか)で大風に遭遇して各船散り散りになった様子が記されているが、そのあとには、花園宮が四国に着き、牧宮も同じく四国に着いたという記述も見られる。また、牧宮については、「鎮西に御下向あるべし」との追記もある。

長沼氏は、この牧宮を懐良親王とみて、北畠親房らと同様、伊勢大湊を出港したと理解するのである。私は、牧宮(懐良親王)らの行動について記した傍線部はその前の記事とは一連のものではないと理解し、懐良親王は北畠親房らと行動をともにしたわけではないと考える(この史料の解釈については、拙稿「懐良親王の九州渡海と海上交通路」において詳述した)。

(6) 『太平記』(巻二二)では、一三四〇年(暦応三)のこととされているが、義助の活動歴などからみて一三四二年(康永元)が正しい。

(7) ただし、四国の西南端から太平洋を横切って直接南九州へに向かうのは無理としても、四国の西南端から豊後水道を渡って九州沿岸に達する航路は機能していた可能性がある。明国の官人が戦国期の日本の国情を記した『日本一鑑』には、日向細島(宮崎県日向市)あるいは、豊後蒲江《かまえ》(大分県佐伯市)から豊後水道を渡って四国側の宿毛《すくも》湾(高知県宿毛市)に至る航路のことが記されている。

(8) それぞれについて現地調査の結果を記しておくことにする。①は、現在は真福寺境内に保存されているが、もとは他所にあったものを移したと伝えられている。石造物としては異例の形態をしているのでさまざまな呼び方がされているが、ここでは仮に五輪塔残欠と理解しておきたい。五輪塔の地・水輪に、円筒型で周囲に六地蔵を陽刻した別の石造物を組み

合わせたものとみることができよう。水輪に銘文が残されているが、凝灰岩質のもろい石質なので剥落が進み、きわめて読みづらい状況になっている。先学の読み方を参照してみると、『伊予史談』八六号（一九三六年）に掲載された富水老人（西園寺源透）の史料紹介では、

貞治〈乙巳〉正月十一日□□　（乙巳は四年、〈　〉は割書を示す）

と記されている。一方、正岡健夫『愛媛県金石史』（一九六五年、以下『金石史』と略記する）は、

貞治元年十一月十一日

と読み取っていて、西園寺氏の読みとの食い違いが大きい。『金石史』が掲載している写真では、「貞」「年」「十一（あるいは正）月十一日」などがかろうじて読めるが、近年筆者自身が実見したところでは、「十一日」が何とか読めるのみであった。このように正確な読み取りは困難であるが、二人の先人が読み取っているように「貞治」（一三六二〜六七）の年号が付されていたのは間違いないのではなかろうか。

②も①と同じく他所にあったものを真福寺境内に移したと伝えられている。板碑とよばれているが、よく知られている関東型の板碑とは異なり、高さ約一メートルの自然石に地蔵像が線刻され、簡単な銘文が付されたものである。銘文は摩滅が進んできわめて読みにくくなっており、読み方は、①同様、読み手によってかなり異なる。前記西園寺源透氏は、

貞治六年〈丁未〉正月十五日

と読み、『金石史』は、

貞治元年〈壬寸〉十一月五日

と読んでいる。現状からはどちらが正しいともいいづらいが、両者において貞治は共通しており、これは認めてよいのではなかろうか。なお、『金石史』に従うならば、①と②は、数日違いで立てられたことになる。

③は、小浜集落から長師集落へ向かう県道の峠の傍らに立てられている。これも一般に板碑とよばれているが、形状は板碑というよりも石柱に近いものである。高さ約一六〇センチメートル、幅約三〇センチメートルの安山岩製で、下部に

は線刻された地蔵像、その上に意味不明の文様、そして上部に銘文が記されている。その読みについては両先学の読み方は一致している。

文中元年〈壬子〉

八月　日敬白

筆者が実見したところでは、傍線部は読みづらいが、それ以外は先学の読みのとおりではないかと見えた。

第３章　守護河野氏との結びつき

（1）忽那氏が河野氏の支配下に入っていく過程については、山内治朋「南北朝・室町期忽那氏の守護河野氏従属について」が詳細に分析している。

（2）河野氏の歴史を記述した家譜としては、「予章記」、「予陽河野家譜」「改姓築山之事河野家之譜」（「築山本河野家譜」）の三本が重要である。「予章記」は、十五世紀の前半に原型ができ、同世紀の後半に最終的に成立したと考えられるもので、成立時期から考えて、室町期の記述については比較的信憑性が高い。「予陽河野家譜」と「築山本河野家譜」は近世になってからの成立で、「予陽河野家譜」は、記述は詳細であるが物語性が強く、「築山本河野家譜」は、記述は簡素であるが古文書史料を多く収録するという特色を有する。ここで、家督は通之から通久へ順当に譲られたと記すのは、「予陽河野家譜」で、通久が通之のもとから脱出して自立したと記すのは、「予章記」の異本の一つ増補本「予章記」の増補部分と「築山本河野家譜」である。

（3）通春書状と同じ正月二十五日付で、房景・房近が連署して忽那通光にあてた書状は、これまで、両名の名に付された「平岡」という付箋の影響を受けて、河野氏家臣平岡氏（のちの荏原城主）と考えられてきたが、記されている内容や通春書状との関連から考えて、大内氏の家臣が出した文書とみるべきである。通春書状のなかに、「大内新介状を進せ候」とあって、大内政弘が忽那氏に書状を出したことがわかるが、この「状」が房景・房近連署書状を指す可能性も考えられる。

（1）「三島衆」を「みしましゅう」と読んで三島社神主家にかかわる勢力とみるか、「さんとうしゅう」と読んで村上海賊三家の勢力とみるかは判断が難しい。それによって本文書の理解もかなり変わってくるが、ここでは判断を保留しておきたい。「中島」についても、後述するようにこの時期の「中島」が必ずしも現在の中島＝忽那島を指すわけではないので一様にはいかないが、本史料の場合は、文脈から考えて現在の中島＝忽那島を指すと考えてさしつかえないであろう。また、「発火」についても、従来は「発炎」と読まれることが多かったが、ここでは原文書を精査してこのように読んだ。

（2）卯月一日付の村上吉継書状を「来島狼藉」と関連付けて天正十三年のものとみる私見については、桑名洋一氏の批判がある（「元亀年間争乱時における河野氏家中の混乱について」）。桑名氏は、当該文書の年代を、元亀元年九月二十日付毛利元就・輝元あて村上武吉起請文（「毛利家文書」）、同九月二十五日付村上武吉あて毛利元就・小早川隆景・毛利輝元連署起請文（「屋代島村上文書」）ならびに同年九月二十六日付乃美宗勝あて平岡房実・同通資連署書状（「乃美文書」）との関連から元亀元年のものとするが、その関連が十分に説明できているとは思えない。

（3）山内治朋氏は、忽那氏と海賊衆村上氏の活動拠点や範囲に重なる部分が多いことを指摘し、村上氏を中心にして語られることの多い戦国期の瀬戸内海を、忽那氏の活動を視野に入れてみていくことが重要であると指摘している（「忽那氏の海上支配」）。

（4）二神氏に関係する文書はいくつかの家にわかれて伝来していて、さまざまな呼称がなされている。最も重要なのは、近世以降二神島に在住した二神本家の伝来文書である。現在この文書を所蔵している神奈川大学日本常民文化研究所の報告書では、最後の当主の名を取って「二神司朗家文書」と呼称しているが（『二神司朗家文書　中世文書・系図編』。以下『二神司朗家文書』と略記する）、ここでは従来使われてきた「二神文書」の呼称を採用し、他の分家筋の文書をこれと区別して「片山二神文書」「柳原二神文書」とよぶことにする。また、これらの文書の引用にあたっては、『愛媛県史資料編古代中世』に収録されているものについてはそれに依拠し、適宜『二神司朗家文書』に掲載されている写真を参照した。

また、二神家の諸文書については、その伝来事情や信憑性について検討しなければならない問題が多々あるが、それらについては本節のもとになった拙稿「中世の二神氏とその史料」において詳述したので、ここでは史料上の問題については、関連する箇所において簡単にふれるにとどめる。

（5）夫銭・年貢銭等注文には、永正二年（一五〇五）の年紀が記されているが、『二神司朗家文書』の編者が指摘しているように、年紀を記した部分は他の部分と比べて紙質が異なっていて写しの部分と判断できることなどから、本来永禄二年であった年紀が永正二年と誤記されたものとみることができよう。

（6）本文書は、「片山二神文書」に収められた、四通の文書を一紙に写したものの一通である。四通は、以下のようなものである（宛先はすべて二神修理進）。

a　（天正十三年）十一月十日　大友義統書状
b　（年未詳）二月十五日　大友義統書状（本文書）
c　天正十年五月十九日　村上通昌書下
d　天正十年六月晦日　村上通昌書下

この四通は、戦国期の軍記「南海通記」にほぼ同じものが載せられていて、そこから転写された可能性が高い（萬井良大「中世二神氏の様相」）。ただ、文書aについては、裏づけとなる正文が「豊後二神文書」中に残されているので、a〜dとも、もとになる原本は存在していたと考えてよいと思う。

文献・史料一覧

引用・参考文献

はじめに

網野善彦「西海の海民社会」(網野善彦ほか『海と列島文化4 東シナ海と西海文化』小学館、一九九二年)
網野善彦「海の領主、海の武士団」(『朝日百科日本の歴史別冊8 武士とは何だろうか―「源氏と平氏」再考―』朝日新聞社、一九九四年)
景浦 勉編『伊予史料集成第一巻 忽那家文書』(伊予史料集成刊行会、一九六四年)
中島町誌編集委員会編『中島町誌』(中島町役場、一九六八年)
山内 譲『瀬戸内の海賊―村上武吉の戦い―〈増補改訂版〉』(新潮社、二〇一五年)

第1章 内海島嶼の鎌倉御家人

網野善彦「鎌倉幕府の海賊禁圧について―鎌倉末期の海上警固を中心に―」(『悪党と海賊―日本中世の社会と政治―』法政大学出版局、一九九五年、初出は一九七三年)
青山幹哉「「御恩」授給文書様式にみる鎌倉幕府権力―下文と下知状―」(『古文書研究』二五号、一九八六年)
網野善彦「太平洋の海上交通と紀伊半島」(『海と列島文化8 伊勢と熊野の海』小学館、一九九二年)
網野善彦「「海の領主」をめぐって―忽那氏・二神氏に関連して―」(『芸備地方史研究』二〇〇号、一九九六年)
石野弥栄「伊予国の地頭御家人忽那氏について」(『国学院大学大学院史学研究収録』二号、一九七三年)
石野弥栄「中世瀬戸内島嶼群の史的性格について―いわゆる「三島七島」・「忽那七島」の形成―」(『神奈川大学日本常民文化研究所論集 歴史と民俗』三五号、二〇一九年)
磯川いづみ「忽那家文書「前常陸介書状」の再検討―伊予守護の確定に向けて―」(『鎌倉遺文研究』二二号、二〇〇八年)
入間田宣夫「延応元年五月廿六日平盛綱奉書について」(日本古文書学会編『日本古文書学論集5 中世Ⅰ』吉川弘文館、一九八六年、初

出は一九七八年）
景浦　勉編『伊予史料集成第一巻 忽那家文書』（前掲）
河合佐知子・遠藤基郎「建長二年十月宣陽門院領六条殿分公事注進状の成立―「建久二年十月日長講堂領目録」の再検討―」（『鎌倉遺文研究』四号、二〇二〇年）
佐藤秀成「鎌倉幕府前期発給文書と執権制―下知状を中心に―」（『鎌倉幕府文書行政論』吉川弘文館、二〇一九年）
杉橋隆夫「鎌倉執権政治の成立過程―十三人合議制と北条時政の「執権」職就任―」（御家人制研究会編『御家人制の研究』吉川弘文館、一九八一年）
高橋典幸「文書にみる実朝」（『アジア遊学』二四一号、二〇一九年）
中村直勝「勧修寺家領に就いて」（『中村直勝著作集』第四巻、淡交社、一九七八年）
濱田　浩「伊予国の島嶼土豪忽那氏と海賊衆の形成」（『法政史学』三七号、一九八五年）
細川重男「政所執事二階堂氏の家系」（鎌倉遺文研究会編『鎌倉遺文研究Ⅱ 鎌倉時代の社会と文化』東京堂出版、一九九九年）
松岡久人「忽那水軍と南北朝の動乱」（松岡久人ほか『河野氏と伊予の中世』愛媛県文化振興財団、一九八七年）
萬井良大「伊予忽那氏と大番催促」（『四国中世史研究会発表レジュメ』二〇一七年）
山内　譲「塩入荒野の開発」（『中世瀬戸内海地域史の研究』法政大学出版局、一九九八年）

第2章　南北朝の内乱と海上ネットワーク

網野善彦「太平洋の海上交通と紀伊半島」（前掲）
網野善彦「小山家文書について―調査の経緯と中世文書―」（『日本中世史料学の課題―系図・偽文書・文書』弘文堂、一九九六年）
市沢　哲「太平記とその時代」（市沢哲編『太平記を読む』吉川弘文館、二〇〇八年）
漆原　徹「軍忠状に関する若干の考察」（『古文書研究』二一号、一九八三年）
岡田政男「中世海賊衆の形成と伊予国忽那氏」（『岡山史学』二三号、一九七〇年）
岡野友彦「二つの「中務大輔某奉書」」（『日本歴史』八三三号、二〇一七年）
香川県教育委員会編『香川県中世城館跡詳細分布調査報告書』（二〇〇三年）
景浦　勉編『伊予史料集成第一巻 忽那家文書』（前掲）

景浦　勉「忽那重清・同義範の動静(1)」(『伊予史談』三〇四号、一九九七年)
神奈川大学日本常民文化研究所編・刊『熊野水軍小山家文書の総合的研究』(二〇二一年)
亀田俊和『征夷大将軍護良親王』(戎光祥出版、二〇一七年)
瀬野精一郎『足利直冬』(吉川弘文館、二〇〇五年)
高橋修編『熊野水軍のさと―紀州安宅氏・小山氏の遺産―』(清文堂出版、二〇〇九年)
谷口雄太「足利氏御一家考」(佐藤博信編『関東足利氏と東国社会』岩田書院、二〇一二年)
谷口雄太「足利氏御一家補考三題」(『十六世紀史研究』二号、二〇一三年)
長井数秋『松山市内の中世様式石造塔』(愛媛考古学研究所、二〇一九年)
長沼賢海「懐良親王の征西路考」(『史淵』一三輯、一九三六年)
永山　愛「鎌倉幕府滅亡時における軍事編成―護良親王令旨の検討を中心に―」(『鎌倉遺文研究』四一号、二〇一八年)
永山　愛「元弘・建武内乱期における軍事編成―南北朝最初期の軍勢催促状の検討―」(『歴史学研究』九八六号、二〇一九年)
藤田　明『征西将軍宮』(東京宝文館、一九一五年)
三浦龍昭「征西府における人的基盤―令旨奉書を中心として―」(『征西将軍府の研究』青史出版、二〇〇九年)
村井章介「南北朝の動乱」(村井編『日本の時代史10　南北朝の動乱』吉川弘文館、二〇〇三年)
正岡健夫『愛媛県金石史』(愛媛県文化財保護協会、一九六五年)
宮家　準「中世期の熊野修験と海上交通―瀬戸内海を中心として―」(『山岳修験』七号、一九九一年)
森　茂暁『懐良親王』(ミネルヴァ書房、二〇一九年)
山内　譲『海賊と海城―瀬戸内の戦国史―』(平凡社、一九九七年)
山内　譲『中世瀬戸内海の旅人たち』(吉川弘文館、二〇〇四年)
山内　譲「一紙に書かれた二通の軍勢催促状」(『古文書研究』七四号、二〇一二年)
山内　譲『瀬戸内の海賊―村上武吉の戦い―〈増補改訂版〉』(前掲)
山内　譲『海賊の日本史』(講談社、二〇一八年)
山内　譲「「忽那一族軍忠次第」の成立」(『古文書研究』九一号、二〇二一年)
山内　譲「懐良親王の九州渡海と海上交通路」(『四国中世史研究』一六号、二〇二一年)

第3章　守護河野氏との結びつき

今谷　明『守護領国支配機構の研究』（法政大学出版局、一九八六年）
小林可奈「伊予守護と忽那氏」（『史艸』四九号、二〇〇八年）
佐伯真一・山内　譲校注『伝承文学注釈叢書1　予章記』（三弥井書店、二〇一六年）
山内治朋「南北朝・室町期忽那氏の守護河野氏従属について」（『愛媛県歴史文化博物館研究紀要』八号、二〇〇三年）
山内　譲「守護家の内紛にまきこまれた城主」（『中世伊予の領主と城郭』青葉図書、一九八九年）
山内　譲「応仁の乱と守護勢力の分裂」（『中世瀬戸内海地域史の研究』法政大学出版局、一九九八年、初出は一九九一年）
山内　譲『「予章記」の成立』前掲（佐伯真一・山内　譲校注『伝承文学注釈叢書1　予章記』）
山内　譲「河野通久の時代―「予章記」編纂との関連―」（『四国中世史研究』一五号、二〇一九年）
山内　譲『伊予の中世を生きた人々―鎌倉～南北朝時代―』（愛媛文化双書刊行会、二〇二一年）

第4章　西瀬戸内海の戦国

網野善彦「伊予国二神島をめぐって―二神氏と「二神文書」―」（『日本中世史料学の課題―系図・偽文書・文書―』弘文堂、一九九六年、初出は一九八六年）
網野善彦「「海の領主」をめぐって―忽那氏・二神氏に関連して―」（前掲）
石野弥栄「中世瀬戸内島嶼群の史的性格について―いわゆる「三島七島」・「忽那七島」の形成―」（前掲）
磯川いづみ「河野弾正少弼通直の花押について」（『四国中世史研究』一三号、二〇一五年）
神奈川大学日本常民文化研究所編・刊『二神司朗家文書 中世文書・系図編』（二〇一六年）
川岡　勉「天文期の西瀬戸地域と河野氏権力」（『中世の地域権力と西国社会』清文堂出版、二〇〇六年、初出は二〇〇三年）
川岡　勉「天文伊予の乱と河野氏権力」（『四国中世史研究』一五号、二〇一九年）
菅菊太郎「二神島の研究」（『伊予史談』七二号、一九三二年）
桑名洋一「元亀年間争乱時における河野氏家中の混乱について」（『四国中世史研究』一五号、二〇一九年）
竹野孝一郎「大分市府内町林四郎氏所蔵二神文書および二神系図について」（『玖珠郡史談』一二号、一九八四年）

中野良一『湯築城跡』（同成社、二〇〇九年）
福川一徳「伊予二神氏と二神文書」（『四国中世史研究』六号、二〇〇一年）
前田禎彦「中世二神氏と二神島」（神奈川大学日本常民文化研究所編『歴史と民俗』三五号、二〇一九年）
萬井良大「中世二神氏の様相」（神奈川大学日本常民文化研究所編・刊『論集「瀬戸内海の歴史民俗」』二〇一六年）
萬井良大「解題『豊田藤原氏子孫系図次第・藤原氏嫡流系図』」（前掲神奈川大学日本常民文化研究所編・刊『二神司朗家文書 中世文書・系図編』）
山内治朋「南北朝・室町期忽那氏の守護河野氏従属について」（前掲）
山内治朋「忽那氏の海上支配」（山内譲編『古代・中世伊予の人と地域』関奉仕財団、二〇一〇年）
山内　譲「伊予国三津と湊山城」（『四国中世史研究』七号、二〇〇三年）
山内　譲『海賊衆来島村上氏とその時代』（自家版、二〇一四年）
山内　譲『瀬戸内の海賊―村上武吉の戦い―〈増補改訂版〉』（前掲）
山内　譲「中世の二神氏とその史料」（『ソーシアル・リサーチ』四六号、二〇二一年）

おわりに

山内　譲『瀬戸内の海賊―村上武吉の戦い―〈増補改訂版〉』（前掲）
岡田政男「中世海賊衆の形成と伊予国忽那氏」（前掲）
濱田　浩「伊予国の島嶼土豪忽那氏と海賊衆の形成」（前掲）

引用史料の典拠（『愛媛県史史料編古代・中世』に収録されているものについては省略した）

「阿蘇家文書」瀬野精一郎編『南北朝遺文 九州編』（第一巻、第二巻、東京堂出版、一九八〇～八一年）
「愛媛県歴史文化博物館所蔵文書」同館所蔵写真
「延喜式」『新訂増補国史大系』
「大友家文書録」大分県教育庁文化課編『大分県先哲叢書 大友宗麟資料集』（第三巻、一九九四年）

「賀茂別雷神社文書」奥野高広・岩沢愿彦校訂『史料纂集 賀茂別雷神社文書』（第一、続群書類従完成会、一九八八年）

「旧記雑録前編」巻二二　鹿児島県維新史料編さん所編『鹿児島県史料（旧記雑録前編1）』（一九八〇年）

「楠木合戦注文」『正慶乱離志』（文科大学史誌叢書、一九〇八年）

「久留島藩士先祖書」福川一徳・竹野孝一郎校注『九州史料落穂集第八冊 久留島藩士先祖書』（文献出版、一九九二年）

「元弘日記裏書」『大日本史料』第六編之四、五

「五条家文書」村田正志・黒川高明校訂『史料纂集 五条家文書』（続群書類従完成会、一九七五年）

「吉川家文書」『大日本古文書 吉川家文書』（東京大学出版会）

「斎藤基恒日記」『増補続史料大成』（第一〇巻、臨川書店、一九七八年）

「三代実録」『新訂増補国史大系』

「三藐院記」近衛通隆・名和修・橋本政宣校訂『三藐院記』（続群書類従完成会、一九七五年）

「島津家文書」『大日本古文書 島津家文書』

「大乗院日記目録」『続々群書類従』第三

「太平記」後藤丹治ほか校注『日本古典文学大系 太平記』（第一～第三、岩波書店、一九六〇～一九六二年）

「棚守房顕日々記」『広島県史 古代中世資料編Ⅲ』（広島県、一九七八年）

「田村文書」大分県教育庁文化課編『大分県先哲叢書 大友宗麟資料集』（第三巻、一九九四年）

「西向小山家文書」日置川町史編さん委員会編『日置川町史』（第一巻中世、二〇〇五年）

「日本一鑑」木村晟ほか編『日本一鑑の総合的研究』（棱伽林、一九九六年）

「梅松論」『群書類従』巻三七一

「博多日記」『正慶乱離志』（前掲）

「彦根藩諸士書上」村井祐樹ほか編『戦国遺文（瀬戸内水軍編）』（東京堂出版、二〇一二年）、および東京大学史料編纂所所蔵写真帳

「房顕覚書」『広島県史 古代中世資料編Ⅲ』（前掲）

「豊後二神文書」竹野孝一郎「大分市府内町林四郎氏所蔵二神文書および二神系図について」（『玖珠郡史談』一二号、一九八四年）

「法隆寺伽藍縁起并流記資材帳」竹内理三編『寧楽遺文（中巻）』（東京堂出版、一九六二年）

「都城島津家所蔵文書」『宮崎県史 史料編中世1』（一九八一年）

「宗像大社文書」同文書編纂刊行委員会編・刊『宗像大社文書』（第三巻影印本、二〇〇九年）
「米良文書」『熊野那智大社文書』三（熊野那智大社、一九七四年）
「予章記」伊予史談会編・刊『予章記・水里玄義』（一九八二年）
「予章記」佐伯真一・山内譲校注『伝承文学注釈叢書1 予章記』（三弥井書店、二〇一六年）
「予陽河野家譜」景浦勉校訂『予陽河野家譜』（歴史図書社、一九八〇年）
「鹿苑院殿厳島詣記」『群書類従』巻三三三

関係略年表

西暦	年号	できごと	関連事項
一一八五	文治1		3月　平家滅亡、治承寿永の内乱が終わる 11月　源頼朝、守護・地頭を設置する権限を認められる
一一九一	建久2	長講堂所領注文に忽那島庄がみえる	
一二〇三	建仁3		9月　源実朝、将軍になる
一二〇五	元久2	5月　幕府によって忽那島西方松吉名に対する兼平の干渉が停止される 11月　源実朝、忽那兼平を地頭職に補任	閏7月　北条時政失脚
一二〇八	承元2	閏4月　幕府、忽那国重を地頭職に補任	
一二二一	承久3		5月　承久の乱
一二三二	貞永1	7月　幕府、領家の訴えを退けて忽那国重の地頭職を認める	
一二五四	建長6	3月　幕府、忽那重俊と同重康の相論に裁許を下す	
一二七四	文永11		10月　文永の役
一二八一	弘安4		6～閏7月　弘安の役
一二八八	正応1	6月　幕府、忽那実重と同遠重の相論に裁許を下す	
一三〇二	正安4	7月　幕府、忽那島庄雑掌と忽那重義らとの相論に裁許を下す	

一三〇八	徳治3	この頃　二階堂行顕から忽那氏あてに書状が出される	
一三一六	正和5	忽那島損毛検見目録が作られる	
一三一九	元応1	6月　忽那氏の所領に関する大仏宣時の文書が出される	
一三二一	元応3	2月　幕府が伊予国海上警固に関する忽那島役人注文について河野通有らに指示を出す	
一三二二	元亨2	8月　大井郷塩別府に関する道一・道覚連署譲状が作られる	
一三三一	元弘1		5月　元弘の変
一三三二	元弘2		3月　後醍醐天皇、隠岐に流される
一三三三	元弘3	2月　忽那重清、喜多郡根来城を攻める 閏2月　重清、府中守護館を攻める 3月　重清が再び根来城を攻め、ついで長門周防探題北条時直と星岡山で戦う 4月　忽那重明に護良親王令旨が出される。また忽那重義に後醍醐天皇綸旨が出される	5月　鎌倉幕府滅亡 6月　後醍醐天皇、京都還幸
一三三四	建武1	12月　重清に後醍醐天皇綸旨が出される	
一三三五	建武2	12月　重清、足利尊氏・直義誅伐のため東山道に発向し信州で戦う	7月　中先代の乱が起こる

一三三六	建武3	1月　重清、新田軍に属して洛中で尊氏軍と戦う 6月　足利直義から重清に軍勢催促状が出される 7月　重清、足利軍に属して洛中、比叡山で戦う	1月　京都で、足利尊氏軍と新田義貞・北畠顕家軍の合戦が行われる 5月　湊川の戦 6月　足利尊氏、入京 10月　後醍醐天皇、尊氏と和睦し比叡山をおりる 11月　尊氏、建武式目を定める 12月　後醍醐天皇、吉野へ移る
一三三七	建武4 延元2	6月　河野通盛の誅伐を求める四条有資軍勢催促状が忽那義範に出される	
一三三八	暦応1 延元3	3月　重清、足利軍に属し安芸国沼田庄内妻高山で戦う	この頃　懐良親王、九州に向けて出船 12月　懐良親王、讃岐に着く
一三三九	暦応2 延元4	この頃　懐良親王忽那島に到着か 4月　忽那義範にあてて征西将軍宮令旨が出される	
一三四〇	暦応3 興国1	10月　安芸武田勢が忽那島に攻め寄せ、泰ノ山合戦が行われる	
一三四二	康永1 興国3	この頃　懐良親王、忽那島を出船か 4月　脇屋義助、伊予に来国 5月　懐良親王、薩摩に着く 7～9月　義範、川之江城・備後国鞆・世田山城などで戦う	
一三四七	貞和3 正平2	5月　四国中国海賊が日向沖を通過する 6月　四国中国海賊・熊野海賊等が薩摩東福寺城を攻める	12月　懐良親王、肥後に進出
一三四八	正平3	4月　義範、讃岐国塩飽島を攻める	

一三四九	貞和5 正平4		9月　足利直冬、九州へ下る
一三五〇	観応1 正平5	7月　足利直冬の感状が義範に出される	11月　観応の擾乱が始まる
一三五二	文和1 正平7		11月　直冬、九州から長門へ逃れ、南朝に降る
一三五六	延文1 正平11	3月　直冬、義範に芸州下着を知らせる	
一三八〇	康暦2 天授6		4月　河野通義、伊予国守護職を得る
一三九二	明徳3		閏10月　南北朝の合一
一四〇五	応永12	9月　河野通之、忽那通紀に西浦地頭職を与える	
一四一九	応永26	10月　河野通元・同通久が相次いで忽那氏や山狩寺に文書を発する	
一四三一	永享3	二神家経の名が安養寺大般若経奥書にみえる	
一四四四	文安1		この頃　守護の地位をめぐって河野教通と同通春が対立する
一四六五	寛正6		2月　河野教通と同通春が和睦し、細川勝元との争いが始まる
一四六六	文正1	11月　河野教通、忽那通光の恵良城での忠節をたたえる	
一四六七	応仁1		5月　応仁の乱が始まる
一四六九	応仁3	1月　河野通春、忽那通光に西軍への同心を求める	

一四七〇	文明2	12月　細川政国、久田子衆に書状を出し大内道頓への加勢を求める	
一四七九	文明11	12月　河野教通、二神氏に風早郡粟井郷の所領を充行う	
一四八三	文明15	5月　長隆寺縁起が作られる	
一四九九	明応8	12月　河野通宣（刑部大輔）、賀島衆に対して掟書を定める	
一五四〇	天文9	8月　大内氏、忽那島周辺を攻める	
一五四一	天文10	7月　大内氏、芸予諸島周辺を攻める	この頃　天文伊予の乱がおこる
一五四七	天文16	9月　二神種則、村上通康から厳島神社との交渉役を命じられる	この頃　河野氏と大内氏が和睦
一五五五	天文24		10月　厳島合戦
一五五九	永禄2	10月　二神島の夫銭・年貢銭等注文が作られる	
一五六三	永禄6	5月　二神種則、大友宗麟のもとに出向く	
一五七〇	元亀1	12月　二神氏、河野氏と来島村上氏の対立に巻き込まれる	
一五八二	天正10	5月　二神修理進、来島村上氏に味方し毛利・能島村上氏と戦う	4月　来島村上氏、河野氏から離反 6月　本能寺の変
一五八三	天正11	6月　来島村上氏の忽那島周辺での狼藉が始まる	
一五八四	天正12	10月　村上武吉、忽那島俊成名などを俊成氏に与える	
一五八五	天正13	11月　大友義統、二神修理進に対し村上通総の帰国を祝す	7～8月　豊臣秀吉の四国平定。河野氏の伊予国主の地位が奪われる
一五八八	天正16	4月　忽那通保（恭）、河野通直母の高野山参詣の供に加わる	

初出一覧

どの論稿も、本書に収めるにあたっては、読みやすい表現に改めるため、あるいは、表記上の統一を図るため、大幅に加筆・修正を施した。

第1章　内海島嶼の鎌倉御家人
　新　稿

第2章　南北朝の内乱と海上ネットワーク
1　忽那重清の軍忠　4　軍忠の記録　5　熊野海賊との連携
　過去に発表した諸論稿を部分的に取り入れて書き改めた。
2　忽那義範の台頭
　新　稿
3　懐良親王の来島
「懐良親王の九州渡海と海上交通路」(『四国中世史研究』一六号、二〇二一年)をベースにして再構成した。
6　足利直冬からの誘い
　新　稿

第3章　守護河野氏との結びつき
　新　稿

第4章　西瀬戸内の戦国
1　海城と港の支配
　新　稿
2　もう一人の海の領主　3　二神氏の海上支配
「中世の二神氏とその史料」(『ソーシアル・リサーチ』四六号、二〇二一年)をベースにして再構成した。

あとがき

本書を書こうと思い立ったのには二つの理由がある。ひとつは研究上の理由であり、もう一つは個人的な理由である。

研究上の理由というのは、瀬戸内海の海上勢力の多様性についての関心である。私はこれまで、中部瀬戸内海の芸予諸島を主たる活動舞台にした海賊村上氏を中心にして海上勢力についての研究を進めてきた。芸予諸島の海城を拠点にして主として戦国時代に、海上軍事や海上交通の面でさまざまな活動をした村上氏の姿は次第に明らかになってきたが、一方では、それに伴って新たな問題関心が生まれてきた。芸予諸島以外の海域では、どのような海上勢力の活動が見られたのか、戦国時代だけでなく、もっと長いスパンで海上勢力の活動を見る必要があるのではないか、海賊村上氏はもっぱら海上での活動をこととしたが、海上と陸上のつながりにも目を向けて海上勢力の活動をみることも必要ではないのか、などの諸点である。

そのような問題関心から忽那島や忽那氏に目を向けるようになったことについては、個人的な理由がある。それは、かつて地元の人たちと一緒になって地域調査をした記憶である(当時は愛媛県温泉郡中島町といった)。私が最初に忽那島に足を踏み入れたのは二〇年以上も前のことである。きっかけは、私が忽那氏に関心を持っていることを知った地元の歴史愛好家の方々が、泰ノ山城調査に誘ってくれたことである。それをきっかけにして機会があるたびに声をかけていただき、シーズンになったら特産のミカンをいっぱい積んで運ぶ農業用トラックに便乗させてもらって、島内を駆けめぐった。私が忽那島について一定の土地勘を持つことができるようになったのはそのおかげである。

調査の仲間たちは、調査の合間に、お国自慢ではない、きちんとした忽那島や忽那氏の歴史を自分たちにもわかるように書いてほしいと私に求めた。そのたびに私はそのうちに、いつか、と言葉を濁すのが常であったが、あれから多くの時間が経過した。その間にともに島の調査をした人々の多くは故人になってしまった。そのことを思うと全く遅きに失してしまったが、今になってやっと、そのころの調査の成果をベースにして「忽那家文書」を読み込めば、それなりのものが書けるのではないかという気がして、筆を執った次第である。あの頃、調査をともにした人々は空の上から本書を見て、よくぞ書いたと言ってくれるだろうか、それとももっとわかりやすく書いてくれと叱られるだろうか。

本書執筆にあたっては多くに方々のお世話になった。特に文書所蔵者である忽那肇氏と令息定範氏には、たびたび原本調査の機会を与えていただき、文書の写真掲載にも便宜を図っていただいた。また、高志書院の濱久年氏には、拙い原稿の形を整えて一書に仕上げていただいた。深く感謝申し上げたい。

令和四年一月二十日

山内　譲

人　名　索　引

・「忽那氏」,「二神氏」など全体にかかわるものは，立項しなかった。
・研究者名も含めた。

ア　行

青山幹哉　218
赤松則祐　113
赤松則村(円心)　50, 58, 205
飽浦(佐々木)信胤　78~80, 109, 112, 115
足利尊氏　58, 61, 64~66, 75, 86, 110, 114~117, 127, 182
足利直冬　112, 114~117, 119, 124, 130, 182, 207
足利直義　64, 66, 114~117, 155, 206, 219, 220
足利義詮　114
足利義輝　194, 214
足利義教　142
足利義政　146
足利義視　146
足利義満　122, 128, 132, 133
足利義持　142
阿蘇惟時　75, 87
阿蘇氏　76, 79, 82
安宅氏　108
尼子詮久　170
尼子氏　172, 192, 194
網野善彦　2, 3, 33, 38, 109, 110, 178, 188, 190
安藤氏　2
石野弥栄　13, 39, 218
磯川いづみ　165, 218
市沢　哲　219
一条氏　167
一色範氏　116
今岡氏　188
今川直貞　117
今谷　明　148
入間田宣夫　34
岩松頼有　73~75
因島村上氏　162, 171, 172, 199
上野大蔵大輔　194
宇都宮貞宗　56
宇都宮貞泰　56
宇都宮氏　54, 205
宇都宮美濃入道　56
宇都宮泰宗　218
宇都宮頼綱　30~32
鵜殿氏　108
永寿(河野氏)　178, 196
円成　37
遠藤基郎　22
大内氏　145, 152, 170~172, 174, 192
大内教幸(道頓)　151, 163
大内政弘　146, 147, 151, 223
大内持盛　143
大内持世　143
大内義隆　171
大館氏明　82, 83, 90~92, 208
大友氏　88, 169, 214

大友宗麟　190, 193~195
大友親繁　150, 151
大友政親　150
大友義統　190, 198, 201, 202, 225
小笠原貞宗　61
小笠原宗信　157
岡田政男　69, 212
岡野友彦　60, 220
興良親王　113, 119, 125
大仏維貞　39
大仏氏　38, 48
大仏宣時　36, 37
織田信長　196
越智益躬　167

カ　行

戒能氏　178
景浦　勉　3, 69, 97, 217
賀島衆　162, 163
片山二神氏　202
加藤嘉明　167, 177, 201, 202
金谷経氏　92
金沢貞顕　44
懐良親王　75~77, 79~84, 86~88, 90~93, 94, 96, 104, 106, 107, 111, 116, 127, 133, 207, 208, 221
亀田俊和　113
河合佐知子　22
河内道覚　84
川岡　勉　172, 174
菅　菊太郎　183
機雲殿(忽那氏)　47
菊池武光　116
北畠顕家　61, 74
北畠顕信　220, 221
北畠親房　77, 221
吉良貞義　67, 69, 96
吉良氏　72
吉良満貞　96
楠木正成　50, 64, 219, 205
久田子衆　148, 151, 163, 211, 213
忽那家平　20~23, 25~27, 218
忽那兼平　20~23, 25, 27, 31, 153
忽那亀寿　12, 13, 174
忽那義範　67~72, 82, 84, 90~93, 95, 97~99, 101, 103, 104, 112, 113, 116~120, 123~128, 130, 146, 206, 207, 210
忽那国重　22, 25~34, 39~41, 43
忽那慶詮房　219
忽那実重　37, 42, 43, 219
忽那重明(道覚)　47, 48, 56, 60, 73, 117, 219
忽那重勝　125, 127
忽那重清　14, 50, 54, 56~67, 69, 70, 73, 96~98, 118, 121, 123, 125, 126, 155, 205, 206, 209, 219
忽那重澄　126
忽那重継　46
忽那重俊(西願)　40~42, 46, 219
忽那重則　44
忽那重康　40~42
忽那重義(道一)　46~48, 57, 121, 135
忽那静慶　153
忽那性俊　43, 219
忽那真妙(新妙)　43, 44, 57, 217
忽那忠重　43
忽那辰熊　43
忽那親克　136
忽那親重　127, 128, 132

忽那親茂　135, 136
忽那道一→忽那重義
忽那道覚→忽那重明
忽那遠重　42
忽那俊平　20~22, 27, 28, 209
忽那朝信　132, 136
忽那如福女　43, 217
忽那則平　121
忽那久重　33, 34, 37, 121, 219
忽那通著　13, 173, 175
忽那通賢　144, 145
忽那通勝　157
忽那通定　144
忽那通重　41~43, 219
忽那通辰　144
忽那通経　135~144
忽那通光　144~147, 223
忽那通紀(道紀)　128, 132~136, 154, 211
忽那通恭(保)　173~175, 177, 178
忽那盛重　41, 219
忽那康久　46
忽那了儀房　113, 116
忽那蓮生　46
熊谷直経　219
熊野海賊　99, 104~108, 111, 112, 207
来島村上氏　86, 161, 162, 171, 175, 187, 191, 214, 215
久留島氏　195, 202
黒河隆尚　170, 171
桑名洋一　224
合田氏　92
河野牛福丸→河野通直
河野教通　143~147, 152, 160, 166
河野晴通(通政)　172~174, 192
河野通篤　160
河野通有　38
河野通堯(通直)　125, 126, 133
河野通朝　127, 133
河野通直(弾正少弼)　165, 172, 173, 186, 188, 190, 192, 203
河野通直(牛福丸)　177, 195~197
河野通信　25, 27, 101, 217
河野通宣(刑部大輔)　160, 162, 164
河野通宣(左京大夫)　161, 196
河野通春　143~147, 152, 160, 166, 223
河野通久　133, 137, 138, 142, 143, 223
河野通政→河野晴通
河野通元　137~143
河野通盛(善恵)　58, 66~69, 73, 86, 91, 116, 127, 133, 206, 207
河野通之　134, 135, 137, 141, 223
河野通義　134, 136, 137
河野通生　145
高　師秋　110
高　師直　74, 75, 114, 115
高　師泰　74, 115
久我宗入(晴通)　194
五条頼元　76, 81, 83, 87
後白河上皇　21, 22, 28, 44
後醍醐天皇　11, 35, 50, 56~66, 68, 69, 74~76, 83, 84, 91, 98, 205~209
近衛信尹　89
小早川氏　171, 175
小早川隆景　12, 13, 167, 176, 177
小林可奈　142, 151
後村上天皇　78, 80, 83, 93, 109, 113, 119
小山氏→西向小山氏

サ　行

西園寺公経　29
西園寺源透　118, 222
西園寺実氏　29, 218
相良氏　194
佐々木盛綱　32
佐々木信胤→飽浦信胤
佐藤秀成　218
塩崎氏　108~110
重野安繹　94
四条有資　68, 69, 83, 89~91, 95, 206
四条隆資　68, 91
斯波高経　58
渋谷重興　106
渋谷氏　107
島末近重　119
島末近行　119
島津貞久　61, 63, 104~106
島津氏　107, 111
島津道鑑→島津貞久
島津義弘　89
少弐頼尚　116
白井氏　171
陶晴賢　199
杉橋隆夫　218
杉原氏　115
瀬野精一郎　115
宣陽門院　28, 44
宋希璟　122

タ　行

泰地氏　108, 109
平　高顕　93, 119, 123
平　業兼　28
平　業光　28, 29, 45, 218
高階栄子(丹後局)　28
高橋党　63
高橋　修　108
高橋典幸　24
尊良親王　75
武田氏(安芸)　84, 86, 207
竹野孝一郎　201
田坂鐉之介　198~200
谷口雄太　96, 97
谷山隆信　103
田村宗切　193, 194
湛誉　78
千種忠顕　58
長宗我部氏　176
長宗我部元親　175
恒良親王　75
寺町氏　101, 102
土居氏　54, 56, 57, 66, 92, 205, 206
土居通増　38, 58
洞院公賢　115
洞院実世　61, 63, 96, 97
道増(聖護院)　194, 214
藤堂高虎　177
得居通幸　161, 187, 196, 197
得能氏　54, 56, 57, 67, 92, 205, 206
得能通綱　58
俊成氏　175
戸田勝隆　177
土肥氏　92
友田興藤　170, 171
豊田氏　180~183
豊田種家　182
豊田種治　182

豊臣秀吉　12, 89, 167, 177, 197, 198, 215

ナ　行
長井数秋　130
長崎氏　171
長沼賢海　76, 77, 83, 87, 89, 220, 221
中院定平　119
中院内大臣　87
中院通顕　57
中村直勝　28, 218
永山　愛　219
名和長年　57
二階堂行本　34~36
二階堂氏　29, 36, 37, 48, 210
二階堂行顕　33~35, 219
二階堂行政　30~3 2, 34
二階堂行村　22, 33
西向小山氏　2, 78, 80, 110, 111
新田義貞　58, 61, 64, 68, 75, 78
野坂房顕　170, 171, 191
能島村上氏　134, 135, 162, 170~172, 192, 197, 199, 200, 215
能勢判官代　37
野辺盛忠　104, 105
乃美氏　171
乃美宗勝　224
義良親王　83, 220

ハ　行
柏林長意　153
柱　俊宗　117, 119, 120, 124
畠山政長　146
畠山持国　145
畠山義就　146
花園宮　221
垣生氏　100~102, 178
濱田　浩　212, 219
原　興生　191, 192
久木小山氏　108
日野資朝　50
平岡氏　178, 223
平岡房実　224
平岡通資　224
平賀朝雅　24, 31
福川一徳　186, 191, 195
福島正則　177
藤田　明　76, 77, 88, 89
藤原鎌足　12
藤原純友　212
藤原親賢　12, 14, 18~20, 152, 153, 181
藤原道隆　181
藤原道長　18, 19, 152, 173, １８１
二神家経　183
二神亀松　197
二神信濃守　186
二神修理進(瑞庵)　190, 196~198, 200~202
二神種長　189
二神種則(田兵衛)　191~195
二神種康　196
二神種良　201
二神隼人佐　186, 187, 189, 196
二神兵庫助　188, 189
二神豊前守　186, 187
北条重時　42
北条高時　56, 57, 61
北条時直　54, 56, 166, 182, 183, 205
北条時房　36
北条時政　21, 24, 25, 30, 56, 57

北条時行　61, 220
北条時頼　42, 36
北条政子　24
北条守時　44
北条義時　24, 25
法善(二神島)　179, 180
祝氏　54, 57
祝　安親　56, 60, 66, 68, 95
細川勝元　145, 146
細川清氏　127
細川皇海　67, 109
細川氏　72, 81, 109
細川重男　219
細川正氏　127
細川政国　148, 150, 151, 163
細川満元　139
細川持賢　148
細川頼春　91, 92, 133
細川頼之　127, 133
本田久兼　63

マ　行
前田禎彦　188
牧宮　221
正岡健夫　222
松岡久人　33
松浦党　2
萬井良大　34, 182, 219
満済(三宝院)　141, 142
湊山衆　164, 165
南　通具　13
南氏　139, 140
源　実朝　21, 23, 31, 35, 36
宮家　準　109
宗良親王　76
村上牛松丸→村上通総
村上海賊　1, 122, 149, 162, 172, 174~176, 192, 213, 224
村上武吉　172, 175, 192, 197~199, 224
村上信貞(信濃)　61
村上通総(牛松丸)　195~198, 200~202
村上通昌→村上通総
村上通康　173, 191~194, 196, 225
村上元吉　176
村上吉継　176, 198, 200, 224
毛利氏　167, 175, 197, 214
毛利輝元　224
毛利元就　170, 194, 224
森　茂暁　77
護良親王　50, 56, 58, 113

ヤ～ワ行
柳原二神氏　202
山内治朋　169, 223, 224
山狩寺→長隆寺
山名宗全(持豊)　146
湯浅氏　77
湯浅定仏　78
吉田経俊　29, 218
吉田俊定　29
吉見氏頼　65
吉見頼隆　64, 65
脇屋義助　68, 77~80, 90~92, 110, 111, 115, 207
渡辺党　2

地　名　索　引

・「忽那島」,「二神島」など全体にかかわるものは，立項しなかった。

ア　行

赤坂城(河内)　50
秋穂(周防)　176
赤滝城(伊予)　60
赤間関(周防)　16
飽浦(備前)　80, 109
安宅庄(紀伊)　108
尼崎(摂津)　109
甘崎(伊予)　171
粟井郷(伊予)　184~186, 188, 200, 202
淡路島　78, 79
安養寺(二神島)　179, 180
飯盛城(紀伊)　58, 208
伊賀野(讃岐)　127
石手寺(伊予)　201
伊勢湾　108
斎灘　161, 162, 168, 170
厳島・厳島神社(安芸)　122, 170, 191~193, 195, 214
厳島神社(粟井郷)　185, 186
厳島神社(二神島)　180, 188
伊保庄(周防)　120
今治浦(伊予)　78
伊予灘　165, 169, 170
色川郷(紀伊)　108
岩国(周防)　71
石清水八幡宮　74
因島(備後)　171
宇佐八幡宮(粟井郷)　185, 186
宇佐八幡宮(二神島)　179, 180, 183, 188
内野(京都)　63
内之浦(大隅)　104, 105
宇土(肥後)　111
鵜殿(紀伊)　108
梅児島(伊予)　171
宇和庄(伊予)　89
宇和間城(忽那島)　170
恵良城(伊予)　86, 88
老ノ坂(京都)　63
大井庄(信濃)　61, 208
大浦(忽那島)　17, 19, 21, 40, 85, 155, 169, 170
大島(伊予)　149, 197
大隅半島　105
大三島(伊予)　171
大湊(伊勢)　77, 221
大山庄(丹波国)　37
岡村(伊予)　171
隠岐　50, 57
尾道(備後)　92
小浜(忽那島)　17, 40, 128, 222
飫肥南郷(日向)　104
音戸の瀬戸(安芸)　113

カ　行

灰田郷(備後)　113, 119, 120
鏡社(肥前)　33
神楽岡(京都)　63
鹿児島院　106
鹿児島湾　105, 107
笠置山(山城)　50
笠島城(讃岐)　112
鹿島・鹿島城・賀島(伊予)　161~163, 170, 186, 187, 189, 197, 211, 213~215
賀集庄(淡路)　110
主計保(越前)　182
蒲江(豊後)　221
蒲刈島・蒲刈瀬戸(安芸)　122, 199
竈門関(周防)　109, 122
上御霊社(京都)　146
上関(周防)　176, 199, 213
家室(周防)　112, 122, 208
亀頸(安芸)　38, 39, 122
賀茂川(京都)　62, 63
賀茂神社(周防)　120
川之江城(伊予)　88, 91, 92, 208
菊池(肥後)　116
客天神(忽那島)　156
久田子城・クダコ島(伊予)　147~151, 161~63, 168, 170
忽那島庄　22, 25, 28, 29, 44, 48, 209, 218
忽那八幡宮　45, 154, 155, 203
衛山城・忽那山(伊予)　168, 169
熊野　78, 79, 109, 111
熊野三山　107, 108
熊野灘(浦)　38, 108, 111
倉橋島(安芸)　39, 71, 113, 122
鞍馬山・鞍馬寺(京都)　62, 72, 207
来島海峡　149
来島城(伊予)　149, 173, 187, 191, 197, 215
黒岩城(忽那島)　170
桑名神社(忽那島)　156
郡家(讃岐)　127
神浦(忽那島)　70, 72, 114, 118, 123, 137, 156
河野郷(伊予)　220
河野城(伊予)　74, 220
高野山(紀伊)　177, 178
郡山城(安芸)　170
興居島(伊予)　14, 121, 165, 169
古座川(紀伊)　78, 108
児島(備前)　78~80, 110
小湊(伊予)　144

サ　行

西条城(伊予)　74, 220
西条庄(伊予)　74, 75
堺(和泉)　74, 77, 208
佐賀関(豊後)　89
坂本・東坂本(近江)　61, 64, 65
桜尾城(安芸)　170
佐田岬半島(伊予)　89
佐多岬(大隅)　89
佐土原(日向)　89
潮岬(紀伊)　77, 108, 111
塩別府(伊予)　47
四条河原(京都)　63
実際寺(忽那島)　154
篠村(丹波)　63
志布志湾(大隅)　105
島末庄(周防)　117, 119~121, 124

下鴨神社(京都)　62, 65
小豆島　79~81, 92, 109~110
塩飽・塩飽島(讃岐)　81, 112, 208, 213
真福寺(忽那島)　128, 156, 221, 222
周防大島→屋代島
宿毛湾(土佐)　221
世田山(伊予)　92, 93, 208
船上山(伯耆)　57
善応寺(伊予)　130

タ　行

大通寺(伊予)　191
大日堂(忽那島)　156
泰ノ山・泰ノ山城(忽那島)　71, 84~86, 168~170
高井城(伊予)　74, 220
瀧宮(忽那島)　118, 156
宅並城(伊予)　186, 189, 196, 202
竹ノ下(相模)　61
竹原(安芸)　177, 178
武藤名(忽那島)　20, 21, 40, 41, 46, 119, 156, 209
大宰府　127
糺河原(京都)　65
棚林要害(伊予)　171
田辺(紀伊)　77, 78
谷山城(薩摩)　103, 106
千早城(河内)　219
長講堂(京都)　21, 22, 26, 27, 48, 209
長隆寺・長龍寺(山狩寺)(忽那島)　14, 19, 45, 135, 152~156
鶴岡八幡宮(鎌倉)　19, 153, 154
津和地島(伊予)　15, 16, 71, 89, 119, 121, 122
豊島(讃岐)　80
土肥城→川之江城(伊予)
都井岬(日向)　105
道後(伊予)　86, 88, 167
東福寺城(薩摩)　106, 111, 207, 208
得丸保(伊予)　116, 119, 120
俊成名(忽那島)　175
鳥坂山(讃岐)　58, 208
土庄(小豆島)　80
鞆(備後)　92, 115, 208

ナ　行

長師(忽那島)　128, 137, 156, 168, 222
長野郷(周防)　113, 125
名越城(伊予)　93, 95
那智山(那智大社)　108
鳴門海峡　79
西坂本(京都)　62, 65
西向浦(紀伊)　108
丹生城(淡路)　110
沼島(淡路)　78, 79, 92, 109~111
沼田庄(安芸)　73
怒和島(伊予)　15, 71, 121, 122, 148, 163, 170
根来城(伊予)　54, 205
能礒城(忽那島)　168, 169
野忽那島(伊予)　15, 186
能島・能島城(伊予)　149, 171, 197

ハ　行

柱島(周防)　70~72, 117, 119~121
幡多(土佐)　89
波多見(安芸)　113, 208
八幡城(山城)　74, 208

馬頭宮(忽那島)　156
垣生郷(伊予)　101
浜崎城(薩摩)　106
播磨塚(伊予)　74, 220
比叡山　65, 66, 75, 208
日置川(紀伊)　108, 111
毘沙門堂(忽那島)　207
姫嶽(豊後)　143
日向灘　89
福岡(備前)　116
二間津・二名津(伊予)　89
府中(伊予)　31, 56, 74, 75, 205
懐島(相模)　33
豊後水道　221
宝珠寺(伊予)　144
豊予海峡　16, 89, 90
法隆寺　17
星ヶ城山(小豆島)　80
星岡(伊予)　56, 58, 205
細島(日向)　221
保戸島(豊後)　89, 90
堀江(伊予)　167

マ　行

松前(伊予)　144, 167
増田庄(伊勢)　33
松吉名(忽那島)　20, 21, 25, 27, 37, 40, 41, 46, 119, 156, 209
三島神社・三島新宮(忽那島)　45, 129, 138, 156
三島社(大山祇神社)(伊予)　54, 66, 95, 129, 171, 200, 224
三津・三津浜(伊予)　14, 165~168, 183, 211
湊川(摂津)　64, 206
湊山・湊山城(伊予)　152, 165~170, 211
宮山城(伊予)　74, 220
妙見社(粟井郷)　185
妙見社(二神島)　180, 185, 188
睦月島(伊予)　15, 121, 171, 186
無動寺(比叡山)　65
目井浦(日向)　104, 105
妻高山城(安芸)　73
本山城(忽那島)　168, 170
森(豊後)　202

ヤ～ワ行

薬師堂(忽那島)　156
八島(周防)　120
屋代島(周防大島)　15, 71, 112, 117, 120, 165, 170, 208
安田郷(備後)　93, 119, 120
柳井(周防)　168
山崎(伊予)　144
湯浅(紀伊)　77
湯築城(伊予)　13, 86~88, 167, 173, 186, 208
吉木(忽那島)　21, 40
吉野(大和)　77, 78, 66, 68, 83, 90, 91, 98, 99, 103, 220
若宮八幡宮→鶴岡八幡宮
和気浜(伊予)　67, 73

【著者略歴】
山内　譲（やまうち ゆずる）
1948年愛媛県生まれ。京都大学文学部卒。愛媛県内の高校教員等を経て、松山大学法学部教授。2017年退職。専門は日本中世史。博士（文学）

主な著書
『中世瀬戸内海地域史の研究』（法政大学出版局、1998年）
『瀬戸内の海賊－村上武吉の戦い－〈増補改訂版〉』（新潮社、2015年）
『豊臣水軍興亡史』（吉川弘文館、2016年）
『海賊の日本史』（講談社、2018年）
『伊予の中世を生きた人々－鎌倉～南北朝時代』（愛媛文化双書刊行会、2021年）

海の領主忽那氏の中世

2022年5月10日第1刷発行

著　者　山内　譲
発行者　濱　久年
発行所　高志書院
〒101-0051 東京都千代田区神田神保町2-28-201
TEL03(5275)5591　FAX03(5275)5592
振替口座　00140-5-170436
http://www.koshi-s.jp

印刷・製本／亜細亜印刷株式会社
ISBN978-4-86215-228-2